한국의 명저

언론가

이율곡

어론곡가
잉율곡

한국의 맹자

임철순 지음

열린책들

이 책은 한국언론진흥재단의 저술 지원으로 출판되었습니다.

일러두기

1. 이 책은 언론 활동을 중심으로 율곡의 생애를 이야기한 저술이다. 사상가, 철학자로서의 율곡은 전혀 다루지 않았다.
2. 이 책에서 인용한 조선왕조실록과 이율곡의 글(경연일기, 상소, 계 등)은 한국고전번역원의 DB 자료를 토대로 정리했다.
3. 필요에 따라 중요한 부분에는 한문 원문을 뽑아 실었다.

책을 내면서

금년 초 갑자기 율곡에 대해 관심을 갖게 됐습니다. 특별한 계기가 있었던 건 아닙니다. 힘에 부치지만 율곡에 관해 책을 쓰려고 이것저것 찾고 뒤지다 보니 내가 사실은 그전부터 율곡에 관심이 많았다는 사실을 알게 됐습니다. 나는 〈밥을 먹다 보니 배고픈 줄 알겠다〉, 〈자다 보니 졸립다〉는 말을 흔히 합니다. 바로 그런 경우라고 할 수 있습니다.

율곡에 관해 글을 쓰면서 율곡과 동양의 고전을 제대로 아는 게 별로 없다는 걸 알게 됐지만, 할 수 있는 만큼 해보기로 하고 독서와 집필을 계속했습니다. 율곡을 읽는 동안 지금 우리 시대 상황에는 율곡의 언어와 개혁 방략이 절실하게 필요하다는 생각이 더 커졌습니다. 그리고 율곡과 같은 인물이 갈수록 더 그리워지고 있습니다.

내보이기 부끄럽고 조심스럽지만 그런 작업의 결과물이 이 책입니다. 책을 낼 수 있게 지원해 준 한국언론진흥재단과, 율곡 관계 자료와 문헌을 알려 주신 언론학계, 사학계의 여러 선생님들께 깊이 감사드립니다. 특히 10만 양병설에 관한 글을 전재할 수 있게 허락해 주신 다산연구소 박석무 이사장님, 전주대 역사문화콘텐츠학과 오항녕 교수님, 율곡 시장(諡狀) 번역문 전재를 허락해 주신 한국고전번역원 이상하 교수님, 늘 용기를 불어넣어 주시는 서예가 하석 박원규 선생님과 우리 가족에도 고마움을 표합니다. 이 책은 한 번 발간으로 끝나는 게 아니라고 생각합니다. 많은 질정과 조언을 기다립니다.

2020년 10월 임철순

들어가는 말

1963년에 개봉된 「율곡과 그 어머니」라는 영화(이종기 감독, 김석훈·주증녀·이민자 출연)가 있다. 제목은 〈栗谷과 그 어머니〉, 이렇게 한자가 섞여 있었다. 초등학교 6학년이던 나는 그 제목을 〈표속과 그 어머니〉라고 읽었다. 栗谷을 票俗으로 잘못 안 것이다. 초등학교 입학 전에 할아버지로부터 한자를 배우긴 했지만, 어떻게 율곡을 글자가 더 어려운 표속으로 잘못 읽었을까. 몇 학년 때였는지는 가물가물한데 율곡(栗谷) 이이(李珥, 1536~1584)와 그의 10만 양병설에 대해서는 이미 배운 바 있었다. 그런데 정작 율곡의 한자는 몰랐던 것이다.

이 이야기를 왜 하는가? 율곡에 대한 나 자신의 이해가 그만큼 모자라거나 왜곡 또는 과장돼 있었던 것이다. 그러면 나만 그럴까? 우리나라 사람들 대부분이 율곡에 대해서는 과거에서 아홉 번이나 장원을 한 천재, 임진왜란을 내다보고 10만 양병설을 주창한 사람, 퇴계 이황과 함께 우리나라 성리학의 두 기둥을 이루는 명현(名賢)이라는 정도로 알고 있다.

이렇게 교과서적 지식만으로 율곡을 대하다 보니 그가 실은 경세제민(經世濟民)의 탁월한 개혁가였다는 사실을 간과하게 된다. 나라와 백성에게 필요한 일이 무엇인지 잘 알고, 시대의 문제를 개혁하기 위해서는 어떻게 해야 하는지 그 방략을 갖춘 인물이 율곡이었다. 율곡의 본령을 잘 알게 하는 게 식시무(識時務)*와 정귀지시 사요무실(政貴知時 事要務實)**, 계지술사(繼志述事)***이다. 이런 현실 인식과 역사 의식으로 율곡은 나라와 백성을 위해 노심초사하다가 몸이 먼저 죽어 장한 뜻을 끝내 이루지 못했다.

오히려 그는 질시와 배척, 몰이해로 사류들의 탄핵을 받았고, 그토록 막아 보려 했던 동서 붕당 때문에 결정적 피해를 봤다. 그의 생애를 살펴보면 안타깝다.

새삼 강조할 필요도 없이 율곡은 우리 역사에 우뚝한 인물이다. 〈전하, 아니 되옵니다〉로 시작해서 〈통촉하소서〉로 끝나는 보통 사대부들, 자리나 지키는 구신(具臣)들, 학식과 덕망은 있지만 일을 모르는 선비들과 근본적으로 다른 점은 율곡이 그 시대에 가장 중요하게 다루어야 할 시무(時務)를 알고, 국가를 경장할 방략을 갖춘 분이라는 점이다. 역사학자 한영우는 『율곡 평전』에서 〈정도전을 알면 조선 전기를 알 수 있고, 율곡을 알면 조선 후기를 이해할 수 있다〉며 율곡을 조선 중기 최고의 경세가이자 위대한 스승이라고 평했다.

율곡은 12년이 조금 안 되는 벼슬살이 기간에 임금을 바른길로 이끌어 〈무너져 가는 집〉 조선을 다시 세우려 진력했고, 동서 붕당을 보합(保合)하려고 애썼다. 특히 경제사(經濟司)**** 설치, 과

---

* 그 시대의 급한 일을 잘 아는 것.
** 정치에는 때를 아는 게 귀하고 일에는 실질을 힘쓰는 것이 중요하다.
*** 선인의 뜻을 계승해 선인의 사업을 잘 발전시키는 것.
**** 정부의 종합 비상대책회의 같은 기구.

세제도와 인사제도 개혁, 서얼 허통책(양반 첩의 자식인 서얼에게 관직을 고루 주자는 정책) 실시, 10만 양병설(지금도 허위라는 사람들이 있지만) 등 현실에 바탕을 둔 구체적 개혁안을 제시했다.

그러나 선조는 어둡고 우유부단했고, 동과 서로 편이 갈린 사림은 율곡의 말을 받아들이기보다 시비하고 탄핵하기 바빴다. 각 단계의 과거에서 아홉 번 장원한 빛나는 경력과, 명민하고 직설적인 율곡의 태도가 질시와 반감을 산 점도 있다. 결국 율곡은 큰 뜻을 제대로 펼치지 못한 채 49세로 병사하고 말았다. 율곡은 가장 존경했던 정암(靜庵) 조광조(趙光祖, 1482~1519)의 묘지명(墓誌銘)을 쓰면서 그의 좌절을 한탄했지만, 자신도 그와 비슷하게 배척당해 꺾이고 말았던 것이다.

퇴계(退溪) 이황(李滉, 1501~1570)과 율곡을 비교해 보자. 1567년 선조 즉위 직후 퇴계는 예조판서에 임명됐으나 병을 이유로 물러난다. 이때 율곡은 35세 연상인 퇴계에게 머물러 일할 것을 권하면서 〈벼슬이란 남을 위한 것이지 어찌 자기를 위한 것이겠습니까?〉라고 말한다. 퇴계는 〈벼슬은 진실로 남을 위하는 것이지만, 남에게 이로움이 미치지도 못하고 자신에게 근심만 절실해진다면 할 수 없는 일이네〉라고 답한다. 율곡이 〈선생이 조정에 계시면 아무것도 원대한 계획이 없다 하더라도 상(왕)이 마음으로 중하게 의지하고 사람들이 기뻐하며 신뢰할 것이니 이 또한 이익이 남에게 미치는 것입니다〉라고 했으나 퇴계는 끝내 뜻을 굽히지 않았다.

퇴계는 물러나고 물러남으로써 더욱더 높아지고 존경을 받았지만, 율곡은 물러났다가도 다시 나와 현실과 싸우며 상처받고 피 흘리는 삶을 살았다. 나라 사랑은 같아도 출처(出處)*는 이처럼 달랐다. 율곡인들 물러나 후학이나 기르면 명예롭고 편안하리라는 걸 몰랐을까? 벼슬을 하지 않으면 안 될 만큼 가난하기도 했지만, 율곡은 나라와 백성의 참담한 현실을 끝내 외면할 수 없었던 것이다. 열 살 때 지은 「경포대부(鏡浦臺賦)」에 〈선비가 세상에 태어나 그 자신을 사사로이 하지 않고, 혹시 풍운제회(風雲際會)**를 이룬다면 마땅히 사직의 신하가 되어야 하리〉라는 말이 이미 나온다.

소설가이자 시인이면서 드라마 작가로 잘 알려진 신봉승(1933~2016)의 대표작은 48권이나 되는 실록 대하소설 『조선왕조 오백년』이다. 그만큼 조선 시대에 정통한 그가 『세종, 대한민국 대통령이 되다』(2012)라는 책에서 대한민국 미래를 열 정치가의 표상을 제시했다. 그는 빈곤하고 가난했던 조선 왕조가 500년간 유지될 수 있었던 것은 〈양식을 지닌 지식인들의 나라 경영〉 덕분이라고 분석했다. 『천자문』, 『명심보감』, 『소학』 등을 몸에 배도록 외우고 통감과 사서오경을 철저히 공부해 인문학적 지식을 갖추고자 노력한 사람들에 의해 다스려짐으로써 조선은 오랫동안 예가 살아 있는 나라로 존재할 수 있었다는 주장이다.

그러면서 그는 세종대왕을 대통령으로 상정하고, 조선 시대의 명현들을 기용해 내각을 구성해 본다. 〈이런 이들이 21세기의 대한민국을 경영한다면?〉 하는 차원의 발상이다. 율곡은 이 명단에서 행정안전부 장관으로 올라 있다. 세종대왕 내각과 인물별 기용 사유는 다음과 같다(2012년 정부 조직 기준).

* 벼슬살이와 물러남.
** 밝은 임금과 어진 정승의 만남.

국무총리: 청렴·책임감의 영의정 세 차례 이원익(李元翼), 특임장관: 직언의 이항복(李恒福), 기획재정부 장관: 덕망과 학문의 이황(李滉), 교육과학부 장관: 예학·법도의 김장생(金長生), 외교부 장관: 고종조의 개화승(開化僧) 이동인(李東仁), 통일부 장관: 청나라에 볼모로 다녀온 최명길(崔鳴吉), 법무부 장관: 단식으로 순국한 최익현(崔益鉉), 국방부 장관: 상소문 도끼를 든 조헌(趙憲), 행안부 장관: 왕도를 일깨운 이이(李珥), 문체부 장관: 『열하일기』의 박지원(朴趾源), 농수산부 장관: 정조 시대를 연 채제공(蔡濟恭), 복지부 장관: 김인후(金麟厚), 환경부장관: 성혼(成渾), 노동부 장관: 김굉필(金宏弼), 여성부 장관: 박세채(朴世采), 국토부 장관: 홍대용(洪大容). 그밖에 검찰총장은 조광조(趙光祖), 감사원장은 조식(曺植) 이런 구성이다.

그러나 필자는 이 명단에 부분적으로 동의하기 어렵다. 기획재정부 장관 이황, 법무부 장관 최익현은 어울리지 않는다. 학식과 덕망, 지조와 기개만으로는 시무를 처리할 수 없다. 이황은 차라리 총리를 시키든지 교육부 장관을 맡기는 게 좋겠다. 그러면 율곡은? 행안부 장관 정도로는 부족하다. 국무총리를 맡겨도 좋을 인물이다.

국무총리로 〈기용〉된 오리(梧里) 이원익(李元翼, 1547~1634)은 율곡 이이(1536~1584)보다 11년 늦게 태어난 후배다. 둘은 서로 잘 알았다. 선조 7년(1574), 율곡이 황해감사로 부임하면서 오리를 군관(軍官)으로 데리고 가 군적(軍籍, 요즘의 兵籍)을 정리하게 했다. 이후 황해도의 군적이 전국에서 가장 잘 정비됐다는 평을 들었다. 그가 유능한 것을 안 율곡의 천거 덕분에 오리는 2년 뒤 정6품 사간원 정언(正言)이 되고 1578년 홍문관에 들어갔으며 1583년엔 승지가 됐다.

두 사람의 공통점은 공리공론에 머무르지 않고, 배우고 궁리한 것을 실제적으로 정치와 행정에 활용하는 데 중점을 둔 점이다. 둘 다 유능하고 헌신적이었다. 오리와 비교할 때 율곡은 내각을 이끌어가는 원만함이나 조화 능력, 유머가 부족할지 모르지만 나라의 틀을 바꾸고 개혁을 해야 하는 상황이라면 오리보다는 율곡과 같은 인물이 더 필요할 것 같다. 그에게 맡겨 보자. 기회를 주어 보자. 그러면 오리는? 직위가 뭐가 됐든 중용해야 할 분이다. 대통령 비서실장, 아니면 기획재정부 장관으로 율곡과 함께 일을 해나가면 좋겠다.

율곡은 공물(貢物) 변통, 즉 공안(貢案) 개혁을 체계적으로 주장하고 10만 양병설을 제시한 탁월한 관료이자 이황과 쌍벽을 이루는 학자였다. 율곡의 개혁이 좌절된 이유는 그의 이상적 성향과 함께 〈성격이 굳세고 과격하다〉는 평을 들을 만큼 친소(親疏)와 관계없이 사람들에 대해 가혹할 정도로 비판적인 태도를 취한 것이다.

특히 선조는 율곡을 존중하면서도 실은 아무것도 하지 않았다. 입으로만 대우할 뿐 개혁 의지를 보이지 않았다. 율곡의 『경연일기(經筵日記)』를 읽으면 선조의 하는 말과 행동에 울화가 치밀 정도다. 선조는 끝내 풍운제회의 왕이 아니었던 것이다.

좋은 군주와 좋은 신하가 만나기는 아주 어렵다. 율곡의 저서 『동호문답(東湖問答)』에는 그 어려움에 대해 논한 「논군신상득지난(論君臣相得之難)」이라는 장이 따로 있을 정도다. 율곡은 이 장에서 요순우(堯舜禹) 삼대시대 외에는 그런 만남이 없었다며 유일하게 한 소열제(昭烈帝, 劉備)와 제갈량의 만남을 높이 평가했다. 소열제가 삼고초려(三顧草廬)와 같은 정성으로 진유(眞儒)를 알아보고 공경하면서 그 말을 받아들였다는 것이다. 율곡은 우리나라의 경우 세종을 예로 들며 위에 요순 같은 성군이 있었으나 그 아래에 후직(后稷)이나 설(契)과 같은 좋은 신하가 없었다고 썼다.

율곡 사후 150년 가까운 1731년 경연에서 율곡의 저서 『성학집요(聖學輯要)』를 읽은 영조는 다음과 같이 말한다. 〈옛적에 우왕(禹王)은 좋은 말을 해주면 절을 했는데, 나는 이 책에 대해 또한 경탄을 금치 못하는 바이다. 그 조리가 정제(整齊)하고 안설(按設)*이 격절(激切)한 것을 볼 때에, 선정(先正)**이 그 당시 성조(聖朝)에게 권권(眷眷)하였던 바가 거의 마치 나에게 친히 고하는 것과 같으니, 그 사람과 같은 시대에 태어날 수 없었던 점을 한스럽게 여긴다.〉 율곡을 선정이라고 불렀던 영조가 율곡과는 반대 처지에서 왕으로서 풍운제회를 얻지 못할 걸 아쉬워하는 말이지만, 달리 해석하면 선조에 대한 대단한 비판으로 읽힌다.

이어 영조는 선정신(先正臣)의 자손의 유무와 사는 곳의 지명과 서원의 칭호 등에 대하여 물었다. 또 하교하기를 〈선정이 반드시 조정을 화해시키고자 했던 것은 더욱 세상에 보기 드물게 서로 감통(感通)하는 바가 있다. 근래 서원에 온갖 폐단이 한꺼번에 발생하기 때문에 내가 몹시 싫어하지만, 만일 이 일로 인해 나의 의사를 표시하지 않는다면 밥 먹을 때 목이 멘다 하여 먹지 않는 것과 같을 것이다. 더구나 파평(坡平, 파주)은 바로 저번에 연(輦)이 경유했던 곳으로 고(故) 상신(相臣) 황희(黃喜)의 묘소에

---

* 자기가 생각하고 있는 의견.

** 선대의 현인. 선정신(先正臣)도 같은 말이다.

도 오히려 치제(致祭)토록 하였으니 더구나 선정이겠는가? 자운서원(紫雲書院)에 제사를 올리게 하라〉고 말했다.

영조는 이듬해 1월 경연에서 〈옛사람이 이르기를《진정표(陳情表)를 읽고 몹시 슬퍼하는 마음이 없으면 효자가 아니며, 출사표(出師表)를 읽고 격렬해지는 마음이 없으면 충신이 아니다》라고 하였는데, 나도 말하기를,《선정의 차자(箚子)를 읽고 흥기(興起)하는 마음이 없으면 학문에 나아갈 수 없다》하였다. 내가 선정의 자운서원 편액(扁額)을 쓰려 했는데 효종께서 이미 사액(賜額)하셨음을 들었기 때문에 특별히 『성학집요』의 서문을 지어 표장(表章)하는 뜻을 보인다〉고 말했다.

율곡이 여덟 살 때 지은 「화석정(花石亭)」 시는 다음과 같다.

林亭秋已晚	숲속 정자에 가을이 이미 깊어
騷客意無窮	시인의 생각 끝이 없네
遠水連天碧	먼 물은 하늘에 닿아 푸르고
霜楓向日紅	서리 맞은 단풍 햇빛 받아 붉구나
山吐孤輪月	산은 외로운 달을 토해 내고
江含萬里風	강은 만 리 바람을 머금는데
塞鴻何處去	변방의 기러기는 어디로 가나
聲斷暮雲中	저녁 구름 속에 소리 끊기네

사람들은 이 시에서 소년 율곡의 천재를 읽지만 필자는 가을과 황혼, 울음소리 끊긴 기러기의 이미지가 정말 가슴 아프다. 사람의 운명이 그가 지은 시대로 된다는 시참(詩讖)도 생각난다. 율

곡은 임진왜란 8년 전에 졸(卒)했는데 더 살았더라면, 영의정(사후에 추존됨)에까지 올라 좀 더 나라에 기여할 수 있었다면 나라 꼴이 많이 달라지지 않았을까 하는 생각을 자꾸 하게 된다.

율곡의 그 시를 읽으면 고운(孤雲) 최치원(崔致遠, 857~?)의 시 「추야우중(秋夜雨中)」이 함께 떠오른다.

秋風唯苦吟	가을바람에 괴롭게 읊고 있건만
世路少知音	내 마음 알아줄 이 세상에 드물구나
窓外三更雨	한밤중 창밖엔 비가 내리는데
燈前萬里心	등불 앞 내 마음은 만 리 먼 곳에

시간상 700년 떨어져 있지만 좌절과 절망은 똑같았던 두 천재를 생각하면 마음이 아리고 아프다. 통일신라시대에 당나라 유학과 벼슬살이까지 마치고 돌아온 최치원은 진성여왕에게 「시무십여조(時務十餘條)」를 올리며 신라의 개혁을 적극 추진했지만 끝내 좌절하고 말았다. 상소의 내용은 오늘날 전해지지 않으며 골품제의 질곡 속에서 최치원은 방랑과 은거의 삶을 택함으로써 말년의 행적도 확인되지 않고 있다. 이율곡도 시무 상소를 올리며 조선의 개혁을 위해 진력하다가 좌절했다.

우리는 어찌 이다지도 사람을 길러내고 키우고 인물을 존중하는 전통이 약한가. 정부가 선한 것을 선하다고 하고 악한 것을 악하다고 하여 바르고 옳은 것이 틀린 것과 간사한 것을 이기는(율곡의 『경연일기』에 나오는 말) 세상을 고대하며 저녁 구름 속에 끊긴 율곡의 목소리를 되살리고자 한다. 그리고 그 목소리를 확성(擴聲)해 널리 전파하려는 게 『한국의 맹자 언론가 이율곡』을 집필하는 의도이다.

    왕도 정치를 구현하려는 치열한 노력, 그러나 좌절과 실패를 맛본 율곡의 삶은 맹자를 닮았다. 〈한국의 맹자〉 율곡은 지금도 말을 하고 있다. 400여 년 후의 우리에게 열과 성을 다해 말을 걸어 깨우치고 있다.

식시무(識時務)

시대의 가장 중요하고 시급한 일을 알라는 뜻으로,
율곡을 상징하는 말이다. 저자의 졸필.

정귀지시 사요무실(政貴知時 事要務實)

정치에는 때를 아는 게 귀하고 일에는 실질을 힘쓰는 것이
중요하다. 율곡의 「만언봉사」에 나온다. 저자의 졸필.

차례

1

한국의 맹자·조선의 주필

이당(以堂) 김은호(金殷鎬)의 「율곡 이이 초상」(1965년)

조선의 언론 제도와 언관 율곡

　조선은 건국 초부터 언로(言路)를 중시한 〈언론 국가〉였다. 우선, 나라의 언론 제도로 사간원과 사헌부에 대간(臺諫)이라는 벼슬을 두었다. 사간원은 왕에게 충고하고 간언하는 임무, 즉 간쟁(諫爭)를 맡은 곳이며 사헌부는 관료의 비행을 감찰하고 탄핵하는 역할을 한 곳으로, 요즘으로 치면 〈감사원+검찰〉이라고 말할 만하다.

　조선의 기틀을 마련한 정도전(鄭道傳, 1342~1398)은 개국 직후인 태조 2년(1393)에 지어 바친 악장(樂章) 「문덕곡(文德曲)」에서 조선 창업을 송축하며 태조의 문덕을 찬양했다. 정도전이 꼽은 것은 네 가지로, 개언로(開言路), 보공신(保功臣), 정경계(正經界), 정예악(定禮樂)의 4장으로 구성돼 있다.

　개언로 장에서는 태조가 민정을 파악하고자 언로를 크게 열고 널리 여론을 청취함으로써 그 덕이 순(舜)임금과 같다고 했다. 즉 작개언로 달사총(作開言路 達四聰), 언로를 항상 열어 두어 사방 만민의 소리를 듣는 것을 새로운 나라 조선이 유교 이념을 구현할 통치 철학으로 삼도록 한 것이다. 이에 따라 조선은 개국부터 나라가 망할 때까지 언로가 트였는지 막혔는지가 늘 현안이었던

〈언론 국가〉가 될 수 있었다. 언로는 많은 의미가 함축되어 있지만 기본적으로 〈신하나 백성이 군주에게 정책이나 시책을 건의하거나 임금의 잘못을 비판할 수 있는 제도적 확립〉을 의미한다.

사간원에는 정언(正言, 정6품)부터 시작해 헌납(獻納, 정5품), 사간(司諫, 종3품), 대사간(정3품, 당상)의 직제를 두었다. 간관은 왕의 언행과 시세의 득실을 간쟁하며, 범국가사의 시비를 논박하고, 인물의 현부(賢否)를 평가하는 역할을 했다. 윤리적으로 흠결이 없어야 했던 간관은 다른 관리에 비해 업무량이 적었다. 원내의 상하관 간에도 지위의 고하와 무관하게 최상의 대우를 받았다.

심지어 공무 중에도 음주를 허락받은 특별 대우 관원이었다. 간관에게 이러한 기개가 없다면 직위와 생명을 걸고 왕의 과실을 논쟁하기 어렵기 때문이다. 사간원을 달리 일러 〈미원(薇院 또는 薇垣)〉이라 했는데, 이는 원나라 행정기구인 행중서성(行中書省)의 별칭에서 가져온 것이다.

사헌부의 직제는 감찰(監察, 정6품)에서 시작해 지평(持平, 정5품), 장령(掌令, 정4품), 집의(執義, 종3품), 대사헌(大司憲, 종2품)으로 관직이 높아진다. 감찰은 사헌부의 별청으로 간주된다. 언관으로 분류되는 대관(臺官)은 대사헌 이하 지평까지의 벼슬을 말한다. 대간(臺諫)*은 언론이 강개한 자를 뽑아서 임명했다. 대간은 누구 앞에서나 떳떳하게 직무를 수행하도록 제도적으로 엄격하게 규정했다. 사헌부의 별칭 상대(霜臺)도 서릿발같이 규율이 엄정하다는 뜻을 지닌 말이다.

---

* 관료를 감찰·탄핵하는 임무를 맡는 대관과, 국왕을 간쟁·봉박하는 임무를 맡는 간관을 합쳐 부르는 말.

홍문관은 조선 시대 언론 삼사의 하나로, 집현전의 직제로부터 유래한다. 세종 20년 이후에는 집현전이 대간보다 더 강력한 언론 기관이었는데, 그 역할이 홍문관에 계승됐다. 홍문관은 궁중의 경서와 사적의 관리, 문헌의 처리와 왕의 자문에 대응했다. 홍문관의 관리는 왕과 직대해 국가 대소사에 관해 논의할 수 있었다. 임금 중심의 경연이나 조정회의는 가장 효과적이고 직접적인 언론 정치의 현장이었다.

홍문관의 직제는 정9품인 정자(正字)부터 시작해 저작(著作, 정8품), 박사(博士, 정7품), 부수찬(副修撰, 종6품), 수찬(정6품), 부교리(副校理, 종5품), 교리(정5품), 부응교(副應敎, 종4품), 응교(정4품), 전한(典翰, 종3품), 부제학(副提學, 정3품), 제학(종2품), 대제학(정2품), 영사(領事, 정1품)로 돼 있다. 홍문관의 별칭 옥당(玉堂)은 청요직(淸要職)의 상징이었다.

조선은 이처럼 언론을 맡는 기구를 운영하는 한편 구언(求言)을 통해 수시로 국정 운영의 방책을 모았다. 구언은 나라에 재앙이 있을 때, 혹은 국정에 필요한 경우 수시로 정치의 잘잘못에 대해 널리 신하들로부터 비판의 말을 구해 정책에 반영하는 장치였다. 자연재해가 심하면 구언을 하고, 죄수들을 사면하는 동시에 임금이 근신을 하는 식이었다. 태조 4년 4월 25일 실록에 최초의 구언이 나온다. 〈간관 이고 등이 상언하기를 《언관의 직책을 가졌으니 종묘·사직의 안위에 관한 일에 대해 감히 입을 다물고 있을 수 없는바 이제 바른 말을 구하는 말씀이 내렸으니 삼가 어리석은 충심으로 천총(天聰)을 번거롭게 할까 하옵니다》하였다[諫官李皐等上言 冒職言官事 有關於宗社安危者 不敢含默矧今有求言之敎 謹以愚衷 仰瀆天聰].〉

율곡의 관직 종사 기간은 1564년 8월부터 1584년 1월 타계할 때까지 총 11년 9개월로 그리 길지 않다. 『율곡전서』에 실린 연보를 중심으로 정리하면, 1564년 8월부터 1567년 11월까지 3년 3개월, 1569년 6월부터 1570년 10월까지 1년 4개월, 1571년 6월부터 1572년 6월까지 1년, 1573년 9월부터 1574년 4월까지 7개월, 1574년 10월부터 1575년 3월까지 5개월, 1575년 3월부터 1576년 2월까지 11개월, 1578년 3월부터 5월까지 2개월, 1580년 12월부터 1584년 1월 세상을 떠날 때까지 4년 1개월 등이다.

1564년(명종 19년) 29세로 문과에 급제한 율곡은 명종이 승하하고 선조가 즉위할 때까지 3년간 호조좌랑, 예조좌랑, 병조좌랑, 이조좌랑을 지냈다. 이 벼슬은 모두 정6품직이었는데, 사간원 정언은 청직이고 육조의 낭관(郎官)은 요직으로 알려진 자리다. 첫 직위 호조좌랑은 오늘날의 기획재정부 사무관급이라고 보면 된다. 과거의 수석 합격자였던 율곡은 처음부터 청요직, 즉 엘리트 코스를 밟아 성장했던 것이다. 특히 이조좌랑과 병조좌랑은 인사권이 있어 요직 가운데서도 선망을 가장 많이 받는 자리였다. 두 번째 자리인 예조좌랑일 때는 요승 보우(普愚, 1509~1565)와 권간(權奸) 윤원형(尹元衡, 1503~1565)을 축출하라는 상소를 올릴 만큼 율곡은 처음부터 언론 활동이 매섭고 왕성했다.

율곡은 관직 생활의 대부분을 언론 기관인 삼사(三司)에서 보냈고, 세 기관을 책임지는 수장 직을 두루 거쳤다. 39세(1574)와 43세(1578), 44세 때 사간원 대사간을 지낸 데 이어, 46세 때는 사헌부 대사헌과 홍문관 대제학을 역임했다. 삼사의 관료는 간쟁(諫爭), 즉 언론을 통해 왕과 관리들의 잘못과 비리를 감시하고 비판하는 게 주 임무다. 사림이 공론 정치를 펼친 주 무대가 삼사였다. 율곡의 본령이 잘 드러나는 것은 역시 왕을 보필하고 충언하는 간언 직이었다.

율곡은 만년에 병조판서를 맡는 등 임명받은 관직이 매우 다양하다. 분야별·업무별로 나열하면 다음과 같다.

■ 호조좌랑, 예조좌랑, 이조좌랑, 이조정랑(X)

■ 이조참의(X), 호조판서, 이조판서, 형조판서, 병조판서

■ 의정부 우참찬, 검상사인(X), 우찬성, 동지중추부사

■ 사간원 정언, 사간, 대사간, 사헌부 지평, 대사헌

■ 홍문관 부교리, 교리, 응교(X), 전한(X), 부응교지제교(X), 부제학, 직제학, 예문관제학

■ 경연시독관, 경연시강관(X), 경연참찬관

■ 춘추관 기주관, 수찬관, 편수관(X)

■ 서장관, 원접사 종사관(X), 원접사

■ 승정원 동부승지, 우부승지

■ 황해도 관찰사, 청주목사, 전라감사(X)

표1 율곡이 생전에 임명받은 관직(X 표시를 한 것은 임명됐지만 취임하지 않은 자리)

율곡을 왜 언론가라 하나

언론이란 말과 글을 통한 인간의 표현 행위 혹은 반대로 그런 행위를 통한 표현 그 자체를 말한다. 조선 왕조 시대의 언론이라면 ① 말과 글을 통해 드러난 각 개인들의 의견이나 행적, ② 언론을 담당하는 기구, 이른바 언론 삼사(三司, 사헌부·사간원·홍문관)의 의견 개진을 통해 형성된 여론을 뜻하는 경우가 대부분이다.

율곡은 타계한 퇴계에게 시호를 내려 줄 것을 왕에게 청하면서 〈이황(李滉)은 일생 동안 의리의 학문에 침잠하였고 그 언론과 풍지(風旨)는 옛날의 명현(名賢)에 비교해도 손색이 없다〉고 칭찬했다. 정조의 홍재전서 제171권 『일득록(日得錄)』 11에는 〈남명(南冥) 조식(曺植)은 호걸스러운 선비이다. 그의 언론과 풍채는 사람을 용동(聳動)*시키는 점이 많았다〉는 평이 나온다.

논어 선진(先進) 편에서 공자는 〈언론이 독실한 것만 가지고는 그가 군자인지, 외모만 그럴듯하게 꾸민 사람인지 알 수 없다[言但以其言論篤實而與之 則未知爲君子者乎 爲色莊者乎 言不可以言貌取人也]〉는 요지의 말을 한다. 이런 것이 ①의 예라고 할 수

* 놀라거나 기뻐서 몸을 솟구쳐 뛰듯 움직임, 또는 그렇게 움직이게 함.

있다.

②의 예로는 아래와 같은 글을 꼽을 수 있다. 학봉(鶴峯) 김성일(金誠一, 1538~1593)은『퇴계선생 언행록』에서 〈내가 여쭙기를,《유생들이 공관(空館)*하는 것은 어떻습니까?》하니 선생께서 말씀하시기를,《언론의 책임을 맡은 자는 임금에게 간하다가 듣지 않으면 떠나는 것이 옳다. 벼슬을 하지 않는 선비는 본디 언론을 맡은 책임이 없으니, 상소를 올려서 논열(論列)**하는 것은 그들의 직분이 아니다》라고 했다〉고 썼다.

또 임금의 명령이나 정부의 중대한 언론을 〈후설(喉舌)〉이라 하는데 승지(承旨)를 달리 이르는 말로 쓰인다. 미암(眉庵) 유희춘(柳希春, 1513~1577)의 1573년 일기에 장령 김관(金瓘)이 대궐에 나아가 혐의를 피해 아뢰기를, 〈대저 대간(臺諫)에게 실수가 있으면 반드시 사양하고 피해야 하니, 이것은 언론의 중책을 맡은 사람이 태연하게 직책에 있을 수 없기 때문입니다〉라는 말을 한다. 이런 것들이 ②의 예라 하겠다.

이런 예와 달리 오늘날 일상적인 사용례에서는 언론이란 말과 글을 통해 대중에게 뉴스나 개인 또는 집단의 의사를 전달하며 보도하고 논평하는 행위를 의미한다. 그리고 언론인은 신문, 방송, 통신, 잡지 따위의 언론 기관에 관계하거나 종사하여 언론으로써 업(業)을 삼고 생계를 꾸리는 사람을 말한다. 언론인은 제도와 직업인의 명칭인 것이다. 신문 방송에서는 뉴스를 보도하는 사람을 기자, 뉴스를 논평하는 사람을 논설위원이나 해설위원, 뉴스를 편집하는 사람을 편집자 또는 데스크라고 한다.

* 성균관의 유생들이 불평이나 항의할 일이 있을 때 시위하느라고, 대성전의 문밖에서 사배례(四拜禮)한 뒤 모두 관에서 물러나던 투쟁 방식.

** 죄목을 들춰내어 죽 늘어놓음.

언론은 정치적·경제적·사회적·문화적 파급력과 영향력이 큰 사회 기제이다. 언론이 정보를 독점적으로 확보해 대중에게 배달하던 종래의 일방적 소통 방식이 더 이상 유효하지 않을 만큼 시대가 달라졌다 해도 언론의 고유 기능과 책임은 달라질 수 없고, 달라져서도 안 된다. 당연히 언론인은 지식인으로서의 자부심을 갖고 전문인으로서의 역량을 길러 취재와 보도 논평에서 객관성·공정성·전문성을 유지, 향상시켜야 할 책무가 있다.

언론이 갖고 있는 권한은 국민의 알 권리를 보장하기 위한 것이므로 국가나 기업의 편에 서서 국민들의 눈과 귀를 오도하지 말고 국민의 행복과 존엄성, 인권 향상을 위해 봉사해야 한다. 예컨대 「한국신문윤리강령」은 〈신문인은 공공성에 비추어 마땅히 높은 품격과 긍지가 요구되며 특히 저급한 행동이나 그 요인이 되는 행동은 일절 용인되지 않는다〉고 규정하고 있다. 「한국기자협회 윤리강령」의 전문(前文)도 〈기자는 국민의 알 권리를 충족시키고 진실을 알릴 의무를 가진 언론의 최일선 핵심 존재로서 공정 보도를 실천할 사명을 띠고 있으며〉라고 시작된다. 모두가 언론의 중요성과 책임을 강조하는 규정과 지침이다.

조선 시대의 사대부는 모두 정치가요 경세가이면서 문인이었다. 당연히 정도와 수준 차이가 있고, 그중 어느 부문에 특장이 있는지는 사람마다 다르다. 각각의 활동이 직업으로서 분화되지 않은 상태에서 한 사람의 생애와 행적은 다각도로 분석될 수 있다. 조선을 대표하는 사상가인 율곡은 16세기 조선을 대표하는 정치가이기도 했다. 국가와 민생을 위해 〈시의변통(時宜變通)〉, 즉 시대의 문제 해결에 적합한 법과 제도의 개혁을 위해 노력하고 헌신한 경세가이다. 그렇다고 그의 시문이나 문학적 재능이 남들보다 못하다고 할 수 없다. 사상가, 경세가로서의 면모가 너무나 우뚝해 그 점이 덜 부각될 뿐이다.

이런 사상이나 경세의 재주도 언론을 통하지 않으면 제대로 드러낼 수 없고, 후세에 전해지기도 어렵다. 효과적 언론 활동이 밑받침되지 않으면 경장과 변통을 통한 국가 재정비를 기약하기 어렵다.

이런 차원에서 필자는 율곡을 언론가로 보고 그 활동과 업적을 분석하려 하는 것이다. 그런데 왜 언론인이 아니고 굳이 언론가라고 부르려 하는가. 우선 오늘날의 직업인 개념으로서의 언론인이라는 말이 율곡과 어울리지 않을 수 있다. 생업이나 생계의 한 방편으로서 언론 활동을 한 인물로 율곡을 한정하기 어렵다.

그보다 더 중요한 이유는 율곡의 활동과 기여에 대한 높은 평가와 존중이다. 家라는 글자는 다양한 의미를 갖고 있다. 단국대 『漢韓대사전』의 풀이 중 필요한 것을 추출하면 ① 한 분야의 전문 지식을 가졌거나 전문 분야에 종사하는 사람, ② 어떤 사업을 경영하는 집이나 어떤 신분을 가진 사람, ③ 명사 뒤에 쓰여 어떤 종류의 사람임을 나타내는 말, 이 세 가지를 율곡의 경우에 원용할 수 있다. 또 네이버 한자사전에는 〈전문가〉, 〈정통한 사람〉, 〈용한〉이라는 풀이가 있다. 간단히 말해서 필자는 율곡이 정치가·사상가·경세가이면서 언론가였다고 주장하는 것이다.

율곡은 어떤 언론가였나. 조선 시대 선비를 언론의 관점에서, 언론인이라는 시각에서 분석한 연구는 흔하지 않다. 그런 점에서 고려대 미디어학부 심재철 교수의 「언론인으로서 류성룡의 리더십」 연구*는 주목할 만하다(논문 인용 부분은 원문대로 류성룡

---

* 송복, 심재철 외, 『서애 류성룡의 리더십』, 법문사, 2019

이라고 표기한다). 심재철은 이 논문에서 서애의 생애사적 전쟁 기록인 『징비록』(국보 132호)을 언론 보도로 간주하고 프레임 분석을 시도한다. 심재철의 논문에서 주요 문장을 발췌해 소개한다.

언론인의 관점에서 본다면 『징비록』은 류성룡이 직접 종군 기자가 돼서 임진왜란의 실상을 전한 국보급 역사서이다. 류성룡이 직접 참여해 눈으로 봤고, 귀로 듣고, 전시 재상으로 보고 받고, 명령한 내용을 모아 작성했다. 류성룡의 이러한 기록에는 언론 삼사의 경험이 배어 있다고 가정한다.

언론 삼사에서의 활동을 현대적으로 해석한다면 발로 뛰는 평기자로부터 정치, 사회, 경제, 국제부장과 편집국장, 그리고 발행인의 역할까지 수행했다. 조선과 현대의 언론 체제를 일대일로 비교할 수 없다. 하지만 류성룡은 홍문관 활동을 통해 임진왜란을 효과적으로 대비할 수 있는 지력과 세계관을 갖추었다. 그곳에서 쌓은 실력과 경험을 바탕으로 임진왜란의 실상을 『징비록』과 징비록의 초고에 해당하는 『난후잡록』에 남겼다.

류성룡은 조선의 언론 삼사인 사헌부, 사간원, 홍문관을 거쳐서 조정의 중신으로 거듭났다. 당쟁의 와중에도 객관적이며 중립적인 시각을 지속적으로 유지해 조정의 실세로 부상했다.

류성룡의 상소문은 조선 시대 소통 문학의 진수였다. 류성룡은 〈탁월한 문장력과 시대를 간파하는 국량〉을 갖췄다. 선조와 명의 황제에게 전해진 상소문은 〈웅지의 설계와 경륜을 바탕으로 현실을 직시하는 시각〉*이 없으면 성공할 수 없었다.

언론인이라면 정치권과 불가근불가원의 원칙을 지켜야 한다. 류성룡은 조정에서 물러난 후 더 이상 현실 정치에 참여하지 않았다. 그 이후 류성룡은 인생의 말년에 조선이 어떻게 전쟁을 치렀으며, 왜 그리고 어떻게 일본의 침략을 받았는지를 소상하게 기록하는 『징비록』이라는 대작을 남겼다.

류성룡은 홍문관 관리로 공론의 자유를 주창했다. 표현과 사상의 자유는 보호받아야 한다는 입장이다. 또한 조정의 공론과 민심을 존중했다. 그래서 〈공론을 멸시하고 조정에 들 수 없다〉고 했으며, 〈옳고 그름을 가리는 일보다 더 큰 이치는 없다〉고 했다.

왜란이 일어나기 전 류성룡이 언론 삼사에서 주로 한 일은 시시비비를 가리는 일이었다. 시시비비를 가리는 일은 주필이나 논설위원이 사설을 통해 주로 신문에서 해왔다. 조선 시대의 언론관이 정신적 유산으로 한국의 근현대 언론에 이어지고 있다.

『징비록』은 1592년(선조 25년)부터 1598년까지 7년에 걸친 전란의 원인, 전황 등을 기록한 책이다. 유성룡이 벼슬에서 물러

---

* 신두환, 「서애 유성룡의 상소문을 통해 본 소통의 미학: 임진왜란을 중심으로」, 『동방한문학』 65권, 2015, 255~300면

나 낙향해 있을 때 집필한 것으로, 제목 〈징비〉는 시경(詩經) 소비(小毖) 편의 〈예기징이비역환(豫其懲而毖役患)〉, 즉 〈미리 징계하여 후환을 조심한다〉는 구절에서 따온 것이다. 유성룡은 수많은 인명을 앗아가고 비옥한 강토를 피폐하게 만든 참혹했던 전화를 회고하면서, 다시는 같은 전란을 겪지 않도록 지난날에 있었던 조정의 여러 실책을 반성하고 앞날을 대비하기 위해 책을 저술하게 됐다고 밝혔다. 이처럼 뚜렷한 목적 의식을 가지고 저술된 점에서, 『징비록』은 우리나라의 여러 기록 문학 중에서도 그 가치와 의미가 두드러진다.

조선 시대의 기록 문학 작품으로는 이순신 장군의 『난중일기』, 병자호란의 참상을 궁녀가 기록한 『산성일기(山城日記)』, 사도세자의 부인 혜경궁 홍씨(惠慶宮 洪氏)가 궁중 생활을 기록한 『한중록(閑中錄)』 등을 대표적으로 꼽을 수 있다. 『난중일기』는 국보 제76호, 『징비록』은 국보 제132호다.

영조실록 26년(1750) 1월 기록을 보면 경연에서 율곡의 저서 『성학집요』를 읽은 영조가 검토관 임석헌(林錫憲, 1698~?)에게 이렇게 묻는다. 〈만약 임진왜란 때 율곡 선생이 살아 있었다면 왜변에 어떻게 대처했을까?[先正若在於壬辰之世 則倭變何以周旋乎?]〉 이에 대해 임석헌은 〈나라에 액운이 있어서 그런 것이지만, 율곡 선생이 계셨다면 그토록 나라가 파탕(波蕩)*하는 지경에까지 이르렀겠습니까?[此乃我國厄數所關 而先正若在 豈至波蕩乎?]〉라고 대답했다.

정말 궁금한 일이다. 율곡이 임란 때 살아 있었다면 어떤 활약을 했을까. 임석헌의 말대로 나라가 그토록 망하지 않게 어떻게

* 정처 없이 떠돌아다님.

든 막았을 것이다. 하지만 막지 못했다 해도 최소한 율곡은 임진 왜란의 시말과 경과에 대해 『징비록』 이상 가는 정확하고 면밀한 기록을 남기지 않았을까. 그가 명종 20년(1565)부터 선조 14년 (1581)까지 썼던 『경연일기』에 나타난 치열한 기록 정신이 이런 추론을 가능하게 한다. 경연은 임금이 학문이나 기술을 강론·연 마하고 더불어 신하들과 국정을 협의하던 일, 또는 그런 자리를 말한다. 조선의 경우 경연을 담당하는 부서는 집현전 홍문관이었 다. 이 부서는 춘추관의 사관, 사간원 사헌부의 언관과 함께 언론 국가 조선을 지탱케 한 세 발의 정족(鼎足)이었다.

율곡은 언론 삼사는 물론, 낙향해 있던 시기나 황해도 등지에 지방관으로 나갔던 잠깐 동안을 제외하면 거의 춘추관을 겸하는 관직, 즉 사관을 맡았던 사람이다. 이조와 병조의 낭관, 홍문관 사 헌부 사간원 관원, 의정부 사인(舍人), 6승지, 나아가 서장관까지 율곡은 거의 모든 관력을 겸춘추(兼春秋)로 지냈다. 율곡이 재상 인 호조판서를 맡으면서 『경연일기』의 기록이 끝난 것은 그가 이 제 더 이상 사관이 아니며 그동안 사관으로서 역사를 기록한다는 자세와 책임감으로 『경연일기』를 썼다는 방증이다.

이순신의 일기가 임진란 전쟁 기간에 진중에서 쓴 난중일기라 면 율곡의 『경연일기』는 국가 변란과 망국의 위기를 체감하며 쓴 〈파국 기간의 난중일기〉와 다름없다. 그의 『경연일기』는 명종- 선조 연간의 조선을 가장 정확하게 파악하게 해주는 기록물이다. 이 시기의 1차 사료다. 광해군 때 편찬한 선조실록은 임진왜란 때 사초가 불타거나 산일되는 바람에 매우 부실하다. 그래서 1643년(인조 21년)에 시작해 중단됐다가 1657년(효종 8년)에 완성된 선조수정실록 편찬에는 율곡의 『경연일기』가 중요한 사료로 이용됐다.

뉴스를 전하고 논평하는 신문의 역할에 대해 〈사회의 일지 되고 역사의 거울 되자〉는 말(한국일보 창간발행인 백상 장기영 어록 중)이 있다. 율곡의 『경연일기』는 그런 사회의 일지이면서 역사의 거울이 된 기록 자료다. 오늘날 언론의 눈에서 볼 때, 서애가 종군기자였다면 율곡은 다음과 같이 말할 수 있겠다. ① 시의에 맞는 상소(「만언봉사」 등)와 특별한 저술(『동호문답』, 『성학집요』 등)을 통해 정론직필을 펼친 논설위원이자 오피니언 칼럼니스트, ② 객관적인 기술과 사실 묘사(『경연일기』)로 역사 기록을 남긴 현장 기자, ③ 냉엄한 인물 평가(『경연일기』)를 통해 국정과 용인의 잘잘못을 가린 분석·해설가, ④ 일상의 언행과 국왕 면대를 통해 할 말을 다한 실천 지성, ⑤ 철저한 현실 감각을 바탕으로 국가와 사회 개혁 방략을 제시한 대기자(大記者). 요컨대 율곡은 언론인에게 필요한 자질을 두루 갖추고 시종여일 언론의 역할에 충실했던 사람이다. 조선이라는 신문사의 주필이었다고 해도 과언이 아니다. 이 모두를 아우르는 개념이 언론가인 것이다.

율곡은 평생에 걸쳐 벼슬살이를 하는 것과 물러가는 것, 즉 출처 사이에서 갈등과 고민을 많이 했던 사람이다. 그런데도 끝내 벼슬을 그만두지 않은 것은 대장간을 스스로 경영했을 만큼 집이 어려운 점도 있었지만, 나라를 위한 소명 의식 때문이었다. 1576년(선조 9년)에 친구 송익필(宋翼弼, 1534~1599)에게 보낸 편지에서 율곡은 이렇게 말했다. 〈출처의 의리로 생각하면 당연히 물러가야 하며 다시 의심할 여지가 없습니다. (중략) 그러나 나와 같은 사람은 나라의 두터운 은혜를 입었으니 마땅히 몸을 잊고 나라에 목숨을 바쳐야 할 듯합니다.〉 그러면서 율곡은 〈국세(國勢)가 만약 오늘보다 한 단계만 더 내려간다면 장차 생명을 버리고 난리에 나가야 할 일이 있을 것이니 이미 패망한 후에 생명을 버리는 것보다는 차라리 패망하기 전에 구제하는 것이 좋을 듯합니다〉라고 썼다.

평시에 위기와 파국을 생각하는 거안사위(居安思危)의 우환(憂患) 의식과, 현장을 떠나지 않고 밀착해 상황을 파악하고 대책을 모색하는 언론 감각이 율곡의 생애를 형성하고 관통한 요소였다.

더 읽어 보기
시호는 이렇게 정한다

　시호(諡號)는 벼슬한 사람이나 관직에 있던 선비들이 죽은 뒤 그 행적에 따라 임금으로부터 받은 이름, 혹은 전대 군주가 죽은 다음에 후대 군주가 선대에 올리는 호칭을 말한다. 조선 초기까지는 왕과 왕비, 왕의 종친, 실직에 있었던 정2품 이상의 문무관과 공신에게만 주어졌으나 후대로 내려오면서 그 대상이 완화, 확대되었다. 시호 내리는 일을 증시(贈諡)라 하고, 후대에 추증하면 추시(追諡)라 한다.

　시호의 기원은 중국이지만 그 시기는 확실하지 않다. 우리나라에서는 신라 법흥왕 원년(514)에 죽은 부왕에게 지증(智證)이라고 증시를 했다는 기록이 효시이다. 시호 제도에 관한 상세한 내용은 조선 시대에 와서 정비되었다. 특히 국왕이나 왕비가 죽은 경우 시호도감(諡號都監)을 설치하고 도제조(都提調), 제조(提調), 도청(都廳), 낭청(郞廳) 등을 임명해 시책(諡册)*을 올리도록 했다.

　국왕을 제외한 일반인의 경우 봉상시(奉常寺)가 주관해 증시하였다. 그 절차는 통상 다음과 같다. ① 시호를 받을 만한 사람이

---

* 국왕과 왕비가 죽은 뒤 시호를 올릴 때 쓰는 책.

죽으면 그 자손이나 인척 등 관계있는 사람들이 행장(行狀)을 작성해 예조에 제출한다. ② 예조는 행장을 검토한 뒤 봉상시에 보낸다. 봉상시는 행장에 근거해 합당한 시호를 평론해 세 가지 시호를 정해 홍문관에 보낸다. 이를 시장(諡狀)이라고 한다. ③ 홍문관은 응교(應敎) 이하 3인이 삼망(三望)을 의논한 뒤 응교 또는 부응교가 봉상시정 이하 여러 관원과 다시 의정한다. 의정부의 사인(舍人), 검상(檢詳) 중 1인이 이에 서경(署經)해 시장과 함께 이조에 넘긴다. ④ 이조는 시호망단자(諡號望單子)를 작성해 국왕에게 올려 낙점을 받는다. ⑤ 낙점 후 대간의 서경을 거쳐 확정되면 국왕의 교지로 증시된다.

이순신의 경우 봉상시가 논의한 세 가지 시호는 충무(忠武), 충장(忠壯), 무목(武穆)이었다. 〈일신의 위험을 무릅쓰고 임금을 받드는 것[危身奉上]〉을 〈忠〉이라 하고, 〈쳐들어오는 적의 창끝을 꺾어 외침을 막는 것[折衝禦侮]〉을 〈武〉라 한다. 〈적을 이겨 전란을 평정함[勝敵克亂]〉을 〈壯〉이라 하고, 〈덕을 펴고 의로움을 굳게 지킴[布德執義]〉을 〈穆〉이라 풀이하였다. 시호 서경을 거쳐 확정된 게 〈충무〉였다.

세종대왕의 경우 성은 이, 휘(諱)는 도(祹), 자(字)는 원정(元正), 사후 묘호(廟號)는 세종(世宗), 시호(諡號)는 장헌대왕(莊憲大王)이다. 정식 시호는 세종장헌영문예무인성명효대왕(世宗莊憲英文睿武仁聖明孝大王). 선조의 시호는 정말 거창해 선종소경정륜입극성덕홍렬지성대의격천희운현문의무성예달효대왕(宣宗昭敬正倫立極盛德洪烈至誠大義格天熙運顯文毅武聖睿達孝大王), 휘는 연(昖)이다.

이이(李珥)의 자는 숙헌(叔獻), 호는 율곡(栗谷), 아명은 현룡

(見龍), 시호는 문성(文成)이었다. 문성의 文은 도덕박문(道德博聞), 도덕이 뛰어나고 학식이 넓다는 말이며 成은 안민입정(安民立政), 백성을 편안하게 하고 정사를 세웠다는 뜻을 담고 있다. 1624년(인조 2년) 당시 율곡의 시호를 정할 때 봉상시가 후보로 올린 것은 문성과 문정(文靖), 문충(文忠) 세 가지였는데, 인조가 문성으로 결정했다.

文簡	김창협, 서유구, 성혼, 이수광
文康	이지함, 장현광
文敬	김굉필, 김집, 백인걸, 이현일
文度	정약용
文成	안향, 윤증, 이이, 정인지
文肅	윤관, 채제공
文順	이규보
文純	박세채, 이황
文烈	이계전, 이조년, 조헌
文元	김장생, 이언적
文翼	이덕형, 이시백, 정광필, 조엄
文節	박세당, 유희춘
文靖	서명응, 윤두수, 이색, 이식
文貞	김육, 맹사성, 신흠, 윤근수, 조식
文正	김상헌, 김인후, 송시열, 송준길, 조광조, 허목
文淸	이후백, 정철

文忠	권근, 김류(金瑬), 김상용, 김성일, 김수항, 김종직, 남구만, 박순, 서거정, 신숙주, 심환지, 유성룡, 이경석(李景奭), 이산해, 이원익, 이정귀, 이항복, 장유, 정몽주, 조인영, 최명길
文憲	기대승, 정도전, 최충
文獻	권돈인, 박연, 이행, 정여창
文孝	이곡, 조익, 하연
肅定	송순
翼成	황희
淸簡	김시습, 조인보
忠文	김조순, 성삼문
忠獻	김창집, 김홍집, 박준원
孝節	이현보

표2 우리나라 여러 문신들의 시호

율곡의 소통 정신과 언론관

율곡의 공직 활동은 처음부터 끝까지 군주·사림(관료)·백성, 이 삼각 소통을 중심으로 전개됐다. 그 가운데서도 율곡은 당연히 군주와의 소통을 매우 중시했다. 왕이 세상의 중심이며 생사여탈권을 가진 최고 결정권자인 시대이니 당연한 일이다. 〈하늘 아래 왕의 땅이 아닌 것이 없는[普天之下 莫非王土]〉 세상에서는 어떤 임금이 어떤 정사를 펼치느냐에 따라 시대와 역사가 달라진다.

그래서 율곡은 임금을 이끌어 도에 이르게 한다는 이른바 인군당도(引君當道)의 정신으로 임금을 바르게 하고 바로잡는 정군(正君) 격군(格君)의 노력을 기울였다. 율곡의 『경연일기』에 의하면 서애 유성룡이 근본적인 장책(長策)을 물은 데 대해 율곡은 〈위로는 임금의 마음을 바로잡고 아래로는 조정을 맑게 하는 것이 근본적인 장책이오[上格君心 下淸朝廷 是根本長策]〉라고 말한 적이 있다.

율곡은 도학 정치의 신념에 따라 성인 군주를 주장한 사람이다. 군주는 최선을 다해 수신과 수양을 해야 하며, 현명한 신하를 등용하고, 백성들의 소리를 적극 수렴해야 한다. 이것이 군주가 갖추고 실천해야 하는 소통의 정신이다. 신하(선비, 관료)는 최선을 다해 군자가 되기 위해 수양하고, 백성들의 여론이 군주에게 정확하고 객관적으로 수렴되도록 해야 한다. 왕도 정치를 실현하기 위해서는 먼저 백성들의 생업을 안정시킨 후에 가르쳐야 한다. 율곡은 양민(養民)이 교민(教民)보다 우선한다고 보았다. 그래서 맹자가 말한 〈항산(恒産)〉을 강조했다.

율곡은 주인과 손님의 대화 형식으로 쓴 『동호문답』의 첫머리 「군주의 길을 논하다[論君道]」편에서 이렇게 말했다. 〈군주의 재능과 지혜가 출중해 뛰어난 영재들을 잘 임용할 수 있으면 치세(治世)가 될 것이고, 비록 군주의 재능과 지혜가 모자란다 하더라도 현자를 임용할 수만 있으면 치세가 될 것이다.〉 그런데 이런 치세도 두 가지로 나눌 수 있다는 것이다. 〈인의를 몸소 실천하고 남에게 차마 어쩌지 못하는 정치[不忍之政]를 행함으로써 천리의 바름을 지극히 하는 것은 왕도 정치이고, 인의의 이름만 빌리는 정치를 행해 권모술수로 공리의 사익만 채우는 것은 패도 정치다.〉

율곡은 왕도 정치를 실현해야 하며 그 실현을 위해서는 무엇보다 언론의 자유가 보장돼야 한다고 주장했다. 〈언론 국가〉 조선에서 가장 중요한 사람은 역시 왕이다. 왕은 어떻게 해야 되는가. 율곡은 『동호문답』 제8장에서 ① 사람들을 많이 만날 것과 ② 말을 아끼지 말 것, 두 가지를 주문하고 있다. 〈오늘날의 대책은 무엇보다 상규(常規)를 고치되 번거로운 절차는 생략하고 경연 자리 이외에서도 유신(儒臣)들과 만나 조용히 도를 의논하여 정무에 적용하는 방법만 한 것이 없소. 주상께서는 침묵해서는 안 되며 신하와 더불어 수작하기를 메아리치듯이 하여 상하의 실정이 통하고 속내를 시원스럽게 알도록 해야 하오. 이렇게 되면 사특하고 올바른 이들이 하늘의 눈길을 피하기 어려워 용사(用捨)*가 성상의 권한 내에서 조용히 결정돼 성덕을 이루시는 데 크게 도움이 되지요. 정자(程子)가 《주상이 하루 동안 어진 사대부를 접하는 시간이 많고 환관이나 궁녀들과 가까이하는 시간이 적으면 기질을 함양하고 덕성을 훈도(薰陶)할 수 있다》고 했으니 이 말은 진실로 약석(藥石)**일 것이오.〉

그런데 실제로는 그렇지 못하니 문제라는 것이다. 〈지금 군주께서는 오직 경연에서만 어진 선비를 응대하시는 데다 그나마 예가 엄하고 말씀을 간단하게 하셔서 신하들이 떼 지어 줄 맞춰 앞으로 나아갔다가 물러나오는 식이오. 그 결과 신하들의 뜻이 모두 주상께 전달되기 어려운 상황이니 밝은 성상이실지라도 어찌 모든 상황을 살필 수 있겠소?〉

왕이 백성들에게 말을 할 수 있게 하는 조치, 즉 언론의 자유에 대한 율곡의 자세는 매우 단호하며 현대적이다. 율곡이 주장한 여론 정치는 언로의 확대, 곧 언론의 자유 보장, 공론의 소통, 군주와 신하의 공론 수렴, 정명(正名)에 근거한 공론의 형성을 강조하는 내용이다. 율곡은 어진 지도자, 훌륭한 신하, 자유롭고 정의로운 언론에 대한 기준을 제시해 주었다.

〈공론은 국가의 원기〉라고 말했던 율곡은 국시(國是) 정립을 위해서는 공론이 형성돼야 하며 공론 형성을 위해서는 언로가 개방돼야 한다고 주장했다. 〈국시의 정립은 더욱이 구설(口舌)로써 다툴 수 없는 것입니다. 인심이 한가지로 그러한 바를 일러 공론

---

* 사람을 쓰거나 내침.
** 약과 돌침이라는 뜻으로, 온갖 약재와 치료의 통칭.

이라 하고 공론의 소재를 일러 국시라 합니다. 국시란 한 나라 사람들이 꾀하지 아니하고도 한가지로 옳다고 하는 것이니 이익으로 유혹하지 않고 위력으로 두렵게 하지 않는데도 삼척동자 어린아이들까지도 또한 그 옳음을 아는 것이니 이것이 곧 국시입니다.〉1579년(선조 12년) 5월에 대사간의 직을 사양하며 겸하여 동서를 타파하기를 진달하는 상소, 즉 「사대사간겸진세척동서소(辭大司諫兼陳洗滌東西疏)」에서 한 말이다.

율곡의 공론관이 특별한 점은 〈한 나라 사람들〉이라는 동의의 양만을 말한 게 아니라 〈옳음〉이라는 동의의 질을 강조한 것이다. 다수결이라는 원칙만 추구할 경우 현대 민주주의에서 흔히 나타나는 중우(衆愚) 정치의 유혹과 위험성에 빠질 수 있다. 설령 만인이 동의하는 것이라도 그것이 옳지 않으면 공론이 될 수 없다는 것이다.

이렇게 공론을 강조한 율곡은 나라를 망치는 부의(浮議), 속견(俗見), 여론(餘論)을 경계했다. 부의는 근거가 없어 믿기 어려운 의논, 즉 불확실한 이야기를 말한다. 요즘 말로 하면 가짜 뉴스다. 속견은 속된 견해, 여론은 근본이 되는 사상이나 학설 이외의 의견을 뜻한다. 공론의 확립과 활발한 소통, 부의 등의 추방을 통한 국가 경장이 율곡 언론 활동의 핵심이었다.

율곡은 1582년(선조 15년)에 올린 「진시폐소(陳時弊疏)」에서 이렇게 말했다. 〈소위 부의라는 것은 어디서 생겨난 것인지 알 수 없으며, 처음에는 미약하나 점차 성하여 묘당(廟堂)을 동요시키고 대각(臺閣)*을 뒤흔들게 되면 온 조정이 이에 휩쓸려 감히 막아 내지 못합니다. 허황된 의론의 권세는 태산보다도 무겁고

* 사헌부와 사간원.

칼날보다도 날카로워[浮議之權 重於太山 銛於鋒刃] 그에 한번 부딪히면 공경(公卿)도 그 높음을 잃고 현준(賢俊)도 그 이름을 잃으며 장의(張儀) 소진(蘇秦) 같은 사람의 웅변도 소용이 없고, 맹분(孟賁) 하육(夏育) 같은 사람의 용맹도 베풀 바가 없어져 마침내 그 까닭을 알 수가 없습니다.〉

원래 부의는 떠다니는 것이므로 날개 달린 것처럼 번져 나가는[羽進] 속성이 있다. 숙종 21년(1695) 남구만(南九萬, 1629~1711)을 다시 영의정으로 삼았다는 실록 기사에는 그가 〈당파에 물들지 않고 부의에 움직이지 않았다[不染於黨私 不動於浮議]〉는 평가가 나온다. 부의를 경계한 것은 율곡만이 아니었다. 벼슬을 하는 사람은 지위 고하를 막론하고 이렇게 되도록 노력해야 하며 왕이 부의에 빠지지 않도록 공을 들여야 한다.

『경연일기』에 이런 말이 나온다. 〈공론이 있는 곳이라면 나무꾼이나 김매는 사람에 대해서도 소홀히 하지 못할 것이고, 사사로운 의도에서 나온 것이라면 만승(萬乘)의 제왕이라도 바로잡지 않을 수 없다.〉(『경연일기』 선조 7년 7월) 공론의 중요성을 환기하면서 나라의 공론을 주도하는 사람들의 말에 앞뒤가 다른 점이 없어야 한다는 점을 지적한 내용이다.

사사로운 의도를 꼬집어 말한 것은 율곡이 공론의 주체를 사림으로 인식하고 있었기 때문이다. 중우에 의한 여론의 타락 위험성, 지배자에 의한 여론 조작의 위험성을 제거 방지하고 공론의 형성에 기여해야 할 주체는 사림이라는 것이다. 공론이 국가의 원기이듯 사림도 국가의 원기다.

사림에 대해 율곡은 〈마음으로는 옛날의 법도를 사모하고 몸으로는 유행(儒行)을 실천하며 입으로는 법언(法言)을 말함으로써 공론을 유지하는 자〉(「옥당진시폐소」, 1569)라고 정의했다. 따라서 공론의 주도층인 사림의 존재 여부, 그 정직성과 공정성 여부, 사림의 화목 여부가 국가 치란의 관건이 된다. 공론이 조정에 있으면 나라가 다스려지고 공론이 시골에 있으면 나라가 혼란해지며 위아래에 모두 공론이 없으면 나라가 망하게 된다는 것이다.

율곡보다 200여 년 후에 다산(茶山) 정약용(丁若鏞, 1762~1836)도 아들에게 보낸 편지에서 사림이 어떻게 해야 하는가를 다음과 같이 언급했다. 〈언관(言官)*의 지위에 있을 때에는 아무쪼록 날마다 적절하고 공정한 의론을 올려서 위로는 임금의 잘못을 공격하고 아래로는 백성들의 숨겨진 고통을 알리도록 해야 한다. 혹 사악한 관리를 공격하여 제거해야 하는 경우는 반드시 〈극히 공정한 마음[至公之心]〉으로 해야 한다. 남의 잘못을 지적하는 경우에는 탐욕스럽고 비루하고 음탕하고 사치스러운 점만 지적해야지 편파적으로 의리에만 의거하여 자기와 뜻이 같은 사람이면 편들어 주고, 뜻이 다른 사람이면 공격해서 함정에 몰아넣는 식으로 해서는 안 된다.〉(「시학연가계(示學淵家誡)」)

왕이 할 일은 이런 역할을 해야 할 사람에 대해 말을 제대로 할 수 있게 언로를 개방하는 것이다. 왜 언로를 개방해야 하는가? 율곡에 의하면 〈임금은 묘연(渺然)**한 몸으로 억조(億兆)의 위에 처해 있으므로 그 자신의 총명은 모든 것을 다 듣고 볼 수 없다. 그러므로 옛날의 성왕은 반드시 국인의 귀를 자신의 귀로 삼아 듣지 아니함이 없고, 국인의 눈을 자신의 눈으로 삼아 보지 아

* 사간원과 사헌부에 속하여 임금의 잘못을 간(諫)하고, 모든 관리들의 비행을 규탄하던 버슬아치, 오늘의 언론인.
** 아득히 멂.

니함이 없으며, 국인의 마음을 자신의 마음으로 삼아 알지 못함이 없음에 천지도 족히 크다고 생각되지 않고, 해와 달도 족히 밝다고 생각되지 않는다〉(「옥당진시폐소」)는 것이다.

율곡은 왕에게 〈거리낌 없이 문호를 활짝 열어 위로는 조정의 신하로부터 아래로는 서민에 이르기까지, 안으로는 서울로부터 밖으로는 먼 곳에 이르기까지 모두 각각 시국의 폐단을 올리게 하시라〉고 함으로써 보편적인 언론의 자유를 역설했다. 1566년(명종 21년) 「간원진시사소(諫院陳時事疏)」에서 한 말이다. 율곡은 〈비록 말이 조리가 없고 보잘것없다 해도 죄를 묻지 말라〉는 말도 했다. 율곡의 언론 사상이 선구적이었던 점을 보여 주는 대목이다.

율곡의 언론 사상은 젊어서부터 타계할 때까지 한결같았다. 34세 때 짧은 사가독서(賜暇讀書)의 결과물로 지어 올린 『동호문답』에 율곡은 이렇게 썼다. 안민(安民)의 방책을 논하는 대목이다. 〈(올바른 적임자를 등용해 정치를 하게 됐다면) 잘못된 법부터 개혁해 민생을 구제해야 합니다. 잘못된 법을 개혁하려면 마땅히 언로를 넓혀 좋은 정책을 모아야 하니 위로는 공경대신으로부터 아래로는 가마꾼이나 말구종에 이르기까지 모두 각자 시대의 폐법을 진술할 수 있도록 해야 한다오. 그들의 말이 결과적으로 채택할 만한 것이면 누가 한 말인지를 취사선택의 기준으로 삼지도 말고 해당 부서로 하여금 고식적으로 기존의 예를 따르지도 말도록 해 상감께서 계책을 열도록 하는 것만이 잘못된 법을 완전히 개혁하리라는 것을 기약할 수 있소. 그렇게 한 후에야 나라가 다스려질 수 있을 것이오.〉

정암 조광조가 율곡의 『동호문답』보다 81년 전인 1488년에 올린 「사간원청파양사계(司諫院請罷兩司啓)」를 함께 읽어 보자. 율곡의 사상은 중종 때 개혁 정치를 추구하다 좌절한 조광조의 생각과 뿌리가 같다. 〈언로가 통하고 막힘은 국가에 가장 관건이 되는 것이니 통하면 다스려지고 막히면 어지럽고 망하게 되는 것입니다. 그러므로 인군(人君)이 언로를 넓히기를 힘써서 위로는 공경백집사(公卿百執事)로부터 아래로는 시골과 시장 거리의 백성에 이르기까지 다 말할 수 있게 해야 하는 것입니다.〉

〈맹자는 나의 스승이다〉─율곡과 맹자

율곡은『격몽요결』독서장에서 독서를 하는 목표와 자세를 이야기한 뒤 책을 읽어 나가는 순서를 논한다. 맨 먼저『소학』을 읽어 효도·충성 등 인간의 도리를 익히고 실행하고, 다음에『대학』과『대학혹문(大學或問)』(주자의 저서)을 읽어 궁리·정심(正心)·수기(修己)·치인(治人)의 도리를 참되게 알라고 한다. 그다음『논어』를 읽어 인을 구하여 자기의 수양으로 하고, 근본적이고 원천적으로 학문을 넓혀 심성을 닦는 공부에 대해 하나하나 세밀히 생각해 깊이 체득하라고 권했다.

이어『맹자』를 읽으라고 했다. 〈그다음은『맹자』를 읽어 의리와 이익을 명확히 판별하고, 사람의 지나친 욕심을 막고 하늘의 이치가 있다는 주장을 하나하나 밝게 살펴 이를 더욱 확충해야 한다[次讀孟子 於明辨義利 遏人慾 存天理之說 一一明察 而擴充之].〉『맹자』다음은『중용』,『시경』,『예기』,『서경』,『주역』,『춘추』를 읽고,『근사록』,『주자가례』,『심경』,『주자대전』,『주자어류』,『이정(二程)전서』등 성리의 학설을 틈틈이 정독하고 여가에 역사에 관한 책도 읽되, 이단인 잡서류는 잠깐이라도 펴보지 말라고 했다.

추천 도서 중 『맹자』를 읽는 자세는 다른 책의 경우보다 각별하다. 하늘의 이치가 있다는 주장(존천리설)을 일일이 밝혀 이를 더욱 확충해야 한다는 것이다. 즉 다른 책들은 정독 체득만으로도 충분하지만 맹자는 읽고 나서 적극적이고 진취적인 자기계발의 실천이 필요하다고 주장한 셈이다.

『맹자』는 송나라 성리학자들에 의해 경서의 지위를 얻었다. 그러나 맹자가 백성에게 이익이 되지 않는 군주, 해가 되는 군주는 제거해야 한다는 혁명 사상을 노골적으로 말함으로써 『맹자』는 많은 왕들이 싫어하는 책이 되었다. 특히 명나라를 세운 주원장(朱元璋, 1328~1398)은 1370년, 『맹자』를 읽고 〈신하가 할 수 없는 말을 했다[非臣子所宣言]〉면서, 전체 255절 중에서 예민한 85절을 삭제한 『맹자절문(孟子節文)』이라는 책을 새로 만들게 했다.

주원장은 〈역적의 사상〉을 가르치게 해서는 안 된다는 생각에서 이 책을 만들어 과거시험도 거기에서 출제토록 하고, 맹자 신위를 문묘(文廟)에서 쫓아냈다. 그의 아들 영락제(永樂帝, 1360~1424)가 20년 후 과거시험에 쓰지 못하게 했으니 망정이지 맹자의 사상은 더 오래 핍박을 받을 뻔했다.

맹자는 어떤 말을 했나. 〈임금이 신하를 자신의 수족처럼 여기면 신하는 임금을 배나 심장처럼 여길 것이고, 임금이 신하를 개나 말처럼 대하면 신하는 임금을 길 가는 사람처럼 여길 것이며, 임금이 신하를 진흙이나 지푸라기처럼 보면 신하는 임금을 원수처럼 대할 것입니다[君之視臣如手足則臣視君如腹心 君之視臣如犬馬則臣視君如國人 君之視臣如土芥則臣視君如寇讎].〉[이루(離婁) 하편]. 〈백성이 가장 귀중하고, 나라가 그다음이고, 임금은 가

녑다[民爲貴 社稷次之 君爲輕].〉[진심(盡心) 하편]. 〈임금에게 큰
허물이 있으면 간하고, 반복하여도 듣지 않으면 임금을 갈아 치
워야 한다[君有大過則諫 反覆之而不聽則易位].〉[만장(萬章)
하편].

맹자는 이런 말을 통해 민본주의와 정치 사상을 정리했다. 제
자 만장(萬章)과의 문답에서도 〈하늘이 보는 것은 내 백성이 보
는 대로 보고, 하늘이 듣는 것은 내 백성이 듣는 대로 듣는다[天
視自我民視 天聽自我民聽]〉라는 『서경』 태서(泰誓) 편의 말을 인
용해 백성을 강조한다. 만장 상편에 나온다.

신하가 임금을 죽여도 되느냐는 제선왕의 질문에는 이런 말까
지 했다. 〈인을 해치는 자를 적이라 하고 의를 해치는 자를 잔이
라 합니다. 인과 의를 해친 도적은 (이미 임금이 아니라) 한 필부
에 지나지 않는데, 한 필부인 주(紂)를 죽였다는 말은 들었어도
임금을 시해했다는 말은 듣지 못했습니다[賊仁者謂之賊 賊義者
謂之殘 殘賊之人謂之一夫 聞誅一夫紂矣 未聞弑君也].〉 묻는 왕의
모골이 송연하게 하는 대답이다. 양혜왕 하편에 나온다.

이렇게 그는 기회 있을 때마다 위험하기 그지없는 사상을 가차
없이 군왕들 앞에서 피력했다. 그는 부당한 권력에 대한 백성의
저항을 옹호하고, 왕의 권력은 백성들이 부여하는 것이라고 설파
하는 등 매우 진보적인 주장을 폈다. 맹자는 특히 당대 제후들의
부국강병 정책을 패도(覇道)라고 규정짓고, 옛날의 성왕(聖王)들
이 행했던 왕도(王道) 정치를 할 것을 주장하면서 그 실천 덕목으
로 인과 의를 제시했다.

맹자의 언론관을 잘 알게 해주는 말이 공손추(公孫丑) 상편에
나온다. 〈한쪽으로 치우친 말을 들으면 그 사람의 마음을 가리고

있는 것이 무엇인가를 알고, 과도하게 늘어놓는 말을 들으면 그 사람이 무엇에 빠져 있나를 알고, 사악한 말을 들으면 그 사람이 누구를 이간시키려는가를 알고, 허망하게 둘러대는 말을 들으면 그가 궁지에 몰려 있는가를 안다[詖辭知其所蔽 淫辭知其所陷 邪辭知其所離 遁辭知其所窮].〉 즉 피사(詖辭), 음사(淫辭), 사사(邪辭), 둔사(遁辭)를 경계할 언론으로 꼽고 있는 것이다.

이런 『맹자』를 〈언론의 나라〉 조선에서는 원본 그대로 가르치고 배웠으며 경연에서도 그대로 읽었다. 백성의 언론(말과 글)이 조정에 전달되는 여론 통로를 〈언로(言路)〉라 했고, 이 언로가 열리느냐 막히느냐에 나라의 흥망이 좌우된다고 조선 시대 언관과 사대부들은 믿었다. 특히 〈조선의 설계자〉 삼봉(三峯) 정도전(鄭道傳, 1342~1398)은 신권(臣權) 중심의 맹자의 왕도 정치를 주창한 바 있다.

조선의 개국 초기, 왕권이 강력했던 태종 시대에도 사간원은 아래와 같은 상소를 올렸다. 〈무릇 대간이 천안(天顔)을 범하고 천위(天威)를 무릅쓰며 항언직사(抗言直辭)하여 부월(鈇鉞)*에 이르러도 사양치 않는 것은 제 집을 이롭게 하고 제 한 몸을 이롭게 하기 위한 것이 아니라 국가에 유익하게 하고자 함입니다. (중략) 대간의 하는 말이 간혹 옳지 않은 것이 있다 하더라도 너그러이 용납하시어 간(諫)하는 풍습을 떨치게 하신다면 위로는 말을 구하는[求言] 수고가 없을 것이요, 아래로는 언로가 막힐 근심이 없어져 조정이 높아지고 국가가 편안해질 것입니다.〉(『태종실록』, 2년 6월 14일)

2019년 8월 『맹자, 마음의 정치학』(전3권)을 펴낸 배병삼 영

* 작은 도끼와 큰 도끼.

산대 자유전공학부 교수는 2020년 1월 출판 기념회를 겸한 특강을 하면서 〈조선은 맹자의 나라였다〉라는 제목을 붙였다. 배 교수는 〈맹자한테 씌워진 게 위민(爲民)이니 민본주의니 하는 것인데, 맹자의 사상은 위민도 민본도 아닌 철저한 여민(與民)주의〉라고 언론 인터뷰에서 말했다. 〈위하지 말라, 다만 함께하라〉가 맹자 정치 사상의 핵심이라는 것이다. 그것은 언론에도 통하는 사상이다.

율곡은 그 언론과 평생의 삶이 양혜왕과 제선왕을 깨우치고 때로는 꾸짖으며 왕도 정치를 실현하려 진력했던 맹자의 모습과 비슷하다. 에두르지 않는 직언, 백성의 삶을 위한 구체적 방략 제시, 받아들여지지 않으면 물러나는 과단성 등이 맹자를 빼닮았다. 왕을 쫓아내도 된다, 갈아치울 수 있다는 말만 하지 않았을 뿐이다. 맹자를 알아야 조선 선비들의 그 숱한 상소와 치열한 언론의 문법과 쟁론을 제대로 알 수 있다. 특히 율곡을 이해할 수 있다.

경제에 관해 논한 것을 보면, 양혜왕이 치정에 대한 희망을 이룰 방도를 묻자 맹자는 〈의식이 넉넉해야 예절을 알게 됩니다[衣食足而知禮節]〉라며 경제적 안정을 강조했다. 윤리도 의식주가 갖춰져야 가능하다고 본 것이다. 율곡도 백성을 교화하고 가르치는 것보다 양민(養民)이 먼저임을 누누이 강조했다. 그리고 백성을 가르치는 것보다 더 급하고 중요한 것이 임금을 가르치는 것이라고 믿었다.

맹자는 이루 상편에서 이렇게 말했다. 〈오직 대인만이 임금의 잘못된 마음을 바로잡을 수 있다. 임금이 인하면 인해지지 않는 일이 없고 임금이 의로우면 의롭지 않은 일이 없고, 임금이 바르면 바르게 되지 않는 일이 없으니 한 번 임금의 마음을 바르게 하

면 나라가 안정되는 것이다[惟大人爲能格君心之非 君仁莫不仁 君義莫不義 君正莫不正 一正君而國正矣].〉

맹자의 이 말처럼, 왕이 좋은 뜻을 먼저 세우고 나라와 백성을 위해 좋은 일을 하려는 마음을 일으켜 실천하게 만드는 것이 율곡의 평생 목표였다고 해도 과언이 아니다. 그런데 선조는 여러 핑계와 구실을 대면서 움츠러들기만 했다.

율곡은 『격몽요결』 서문에서 〈요즘 사람들은 학문이 일상생활 속에 있음을 알지 못하고, 제멋대로 학문은 높고 멀어서 실천하기 어려운 것이라고 생각한다. 그 때문에 학문하는 일을 다른 사람에게 미루어 버리고 스스로 포기함을 편안히 여기니 어찌 슬퍼할 만한 일이 아니겠는가!〉라고 개탄했다.

율곡은 선조를 만날 때마다 학문을 어렵게 생각하지 말고 스스로 포기하지 말라는 말을 했다. 바로 이 말, 스스로 포기함을 편안하게 여기는 것[自安暴棄]은 『맹자』 이루 상편에 나오는 말이다. 맹자는 이렇게 말했다. 〈스스로를 해치는 자와는 함께 좋은 말을 나눌 수 없으며 스스로를 버리는 자[自棄]와는 함께 훌륭한 행위를 할 수 없다. 말만 하면 예의를 비난하는 사람을 스스로 해치는 자라고 일컫고《나는 인과 의를 실천할 수 없다》고 말하는 사람을 스스로 버리는 자라고 일컫는다[自暴者不可與有言也 自棄者不可與有爲也 言非禮義謂之自暴也 吾身不能居仁由義謂之自棄也].〉 율곡에게는 선조도 자기하는 군주로 보인 것이다.

율곡은 『경연일기』에 〈임금은 그 고귀함이 이미 극에 이르렀다. 따라서 신하된 이가 떠받들기만 하는 것을 공경이라 생각하지 말고 좋은 일을 실행하도록 간하는 것으로 공손을 삼아야 한다〉고 썼다. 그런 자세와 정신으로 직언을 한 것이다.

전주대 오항녕 교수의 『경연일기』 해제에 의하면 조선은 유가의 문치주의를 지향하는 나라였고, 조선의 문치주의는 경연-언관-사관의 트로이카로 구성돼 있었다. 조선 시대 경연은 국왕과 신하가 교류하고 소통하는 공간이며 이 교류와 소통의 성패가 백성의 지지, 재위 군주의 정통성, 나아가 왕조의 정통성과 연결됐다. 경연은 학문적 토론만 하는 곳이 아니라 국가 정책에 관한 논의가 함께 이루어지던 정치 제도라는 것이다.

그래서 율곡은 경연을 적극 활용했다. 율곡은 「만언봉사」에서 경연과 그 운영 실태에 대해 이렇게 선조를 향해 지적했다.

경연을 설치한 것은 다만 글을 강독하여 장구(章句)의 뜻이나 놓치지 않도록 하려는 게 아니라, 의혹을 풀어 도를 밝히고 교훈을 받아들여 덕을 진취시키고 정사를 논해 올바른 다스림을 마련하기 위한 것입니다. 그러므로 조종조에서는 경연관을 예로써 대우하고 은덕으로써 친근히 하여, 집안사람이나 부자간처럼 정의(情意)가 서로 잘 통하게 했던 것입니다. 그런데 지금의 시신들은 학문이 많이 부족하고 정성도 매우 적어서 입시하기를 꺼리는 자가 있는가 하면 심지어는 경연직을 기피하는 자까지도 있습니다. 비록 그러나 어찌 정성과 깊은 생각을 품고서 성상을 가까이 모시기를 바라는 사람이 없겠습니까. 요즘에는 경연이 자주 열리지 않아 접견하는 일도 실로 드물지만, 예모(禮貌)가 엄숙해 말을 자연스럽게 하지도 못합니다. 그런가 하면 말을 주고받는 일이 매우 드물어 강문(講問)도 자세하지 못하며 정사의 요체와 시폐에 대하여도 물어보신 적이 없습니다. 간혹 한두 명의 강관(講官)이 성학(聖學)에 힘쓸 것을 권하는 일이 있을 때에는 역시 범연히 들어 넘기기만 할 뿐, 몸소 시험하고 실천해 보시려는 실상이 전혀 없습니다. 경연이 파한 뒤에는 대내(大內)가 깊으므로 시신들은 그리는 마음만 간절할 뿐, 전하의 좌우에는 오직 내시와 궁녀들만이 있으니, 전하께서 평소에 무슨 책을 보시고 무슨 일을 하시고 무슨 말을 듣고 계시는지 알 수가 없습니다. 가까운 신하들도 그것을 알 수 없는 형편인데 더구나 밖의 신하들이야 어떠하겠습니까. 맹자는 아성(亞聖)이시고 제(齊)나라 임금이 존경하는 것 역시 지극하였는데도, 〈하루 동안 볕을 쪼이고 열흘 동안 차게 하면 되겠는가[一暴十寒]〉 하는 탄식을 했습니다. 하물며 지금 시신들은 옛사람에 비해 매우 부족한 데다 이처럼 소외당하고 있으니, 어떠하겠습니까.

『경연일기』 선조 2년 10월의 기록을 보자.

　율곡이 경연에서 『맹자』를 진강하다가 〈왕이 좌우를 돌아보며 다른 말을 하였다〉는 대목에 이르러 아뢰기를 〈지금 민생이 피폐하고 기강이 문란하여 사방 나라 안이 몹시 다스려지지 못하고 있습니다. 가령 맹자가 주상께 《어떻게 하실 것입니까?》 하고 묻는다면 뭐라 대답하시겠습니까?〉 하니 상이 대답하지 않았다.

이 대목은 맹자와 제선왕의 이야기를 알아야 쉽게 이해할 수 있다. 맹자가 〈왕의 신하 중 처자를 친구에게 맡기고 초나라에 가서 놀던 자가 있었는데, 돌아와 보니 그 친구가 처자식을 얼고 굶

주리게 했다면 어떻게 하시겠습니까?〉하니 선왕이 〈끊어 버리 겠습니다〉라고 했다. 맹자가 다시 〈사방 나라 안이 다스려지지 않으면 어떻게 하시겠습니까?〉하자 제선왕은 대답할 말이 없어 좌우를 돌아보며 다른 말을 했다. 똑같은 상황이 선조와 율곡 사이에서도 벌어진 것이다. 율곡은 이 문답을 계기로 선조가 정치를 추구할 뜻이 없음을 알고 드디어 떠날 생각을 가지게 됐다고 『경연일기』에 썼다.

요컨대 율곡은 맹자의 정신으로 혼을 키우고, 맹자를 늘 머리에 담고, 가슴에 품고 산 사람이라고 할 수 있다. 율곡은 다른 사람과 대화를 하면서 평소 소신도 없고 왕의 질문에 제대로 대답도 하지 못하는 대신들을 가리켜 〈말없이 팔짱이나 끼고 앉아 정승의 일은 못 하더라도《기와나 깨고 벽을 긁어 놓는 것[毁瓦畫墁]》보다는 나을 것이다〉라고 꼬집었다. 『맹자』 등문공(滕文公)하에 나오는 말을 이용해 무능한 대신들을 비판한 것이다. 이처럼 율곡에게 맹자는 일상이었다고 할 수 있다.

율곡의 시에는 〈그분(맹자)은 나의 스승[斯人吾所師]〉이라는 말도 나온다. 시를 쓴 시기는 인성왕후*가 세상을 떠난 지 몇 달 뒤인 선조 11년(1578년) 3월 선조가 율곡을 대사간으로 불렀을 때다. 〈대사간으로 부르는 명을 받고 이(珥)가 응하여 갔다. 상이 상중이었으므로 위안도 드리고 겸하여 사은도 하고 돌아오려는 것이었다. 그런데 서울에 머무른 지 한 달이 되어도 끝내 면대를 못 해 배를 타고 서쪽으로 내려오다가 감회가 일어 이 시를 써서 호원(浩原)**에게 부치다〉, 시의 제목이 이렇게 길다. 율곡은 시

* 12대 왕 인종의 비, 공의왕대비.
** 친구인 우계 성혼을 말함.

에서 〈조정에 나아가 문상도 드리고 대궐에 들어가 사은도 하려 했더니 오색구름 깊어서 뵈옵기 어려웠네, 주위 맴돌다 대궐 나서게 되니 서운하여 두 줄기 눈물 쏟아진다. 관사에 머무른 지 한 달 만에 돌아가자고 푸념을 하게 되었네〉라면서 벗들이 가지 말라고 만류했으나 돌아가는 심정을 토로했다.

전체 34행 중 마지막 7행은 이렇다. 〈이내 속마음 그 누가 알랴 / 귀여워라 모래 위의 저 갈매기 / 한가로이 졸며 아무 생각 없는 모습 / 추(鄒)나라 맹자도 불예(不豫)함 아니었으니 / 그분이 바로 나의 스승이로세 / 나와 같은 병든 이에 시를 부치노니 / 그대 말고 내 누구를 따르겠소[有心誰我知 却憐沙上鷗 閒眠百無思 鄒孟非不豫 斯人吾所師 永言寄同病 微子吾從誰]〉

이 시를 이해하려면 『맹자』 공손추 하편의 이야기를 알아야 한다. 맹자가 제나라를 떠나 길에 오르자 제자 충우(充虞)는 맹자가 불쾌한[不豫] 기색이라고 생각해서 〈제가 선생님께 듣기를, 군자는 하늘을 원망하지 않고 남을 탓하지 않는다[不怨天 不尤人]고 하셨는데 선생님의 태도는 그것과 다른 듯합니다〉라고 물었다. 맹자는 〈그때도 한때, 지금 이때도 한때[彼一時 此一時]〉라며 500년마다 왕도 정치를 하는 왕자(王者)가 일어난다는 그 주기를 이미 지나쳤으니 시대 조건상 왕자가 일어날 시기라고 말한다. 그런 사람이 일어나면 반드시 그를 보필해 세상에 이름을 날릴 자가 있게 된다는 것이다. 이어 맹자는 〈대저 하늘이 아직까지는 천하를 평치(平治)하고자 하지 않는 것이니 만일 하늘이 평치하고자 할진댄 지금의 세상을 당해 나를 버리고 그 누가 있단 말인가? 내 어찌 불쾌해하겠는가?〉라고 반문한다.

맹자는 500년 주기의 왕도 정치가 일어날 때 그 정치를 보좌하는 인물인 명세자(名世者), 즉 고요(皐陶)나 이윤(伊尹) 태공망(太公望) 같은 인물이 되기를 자임했던 것이다. 공자와 맹자는 자신의 책임을 자각하고 있었으며 세상을 바꿀 자신감을 지니고 부단히 노력했던 분들이다. 율곡도 맹자를 이야기하며 그런 생각과 시대적 사명 의식을 시에 비친 것이다. 〈지금은 물러가긴 하지만 내 어찌 하늘이 내게 맡긴 시대의 소임을 저버릴까 보냐〉, 이런 뜻이다.

율곡은 19세 때인 1554년, 이제 막 새로 사귄 벗 간이(簡易) 최립(崔岦, 1539~1612)에게 보낸 편지에서 〈주(周)가 망하려 할 무렵 천하가 사술(詐術)과 무력으로 쏠렸을 때 도를 전한 이는 맹자 한 사람이었소. 맹자는 인욕을 막고 천리를 보존했으니 그 공이 우(禹) 임금보다 아래에 있지 않습니다〉라는 말도 했다. 맹자에 대한 이 평가는 주자가 『맹자집주』 서설에서 한 말을 인용한 것이다. 〈그러므로 내 더 일찍이 맹자를 추존하여 공로가 우왕의 아래에 있지 않다고 한 것은 이런 생각에서다[故愈嘗推尊孟氏 以爲功不在禹下者 爲此也]〉 운운.

1569년(선조 2년)에 선조가 마니산에서 올리는 초제(醮祭)* 에 쓸 초사(醮詞)를 지으라고 한 적이 있다. 율곡은 이에 소차(疏箚)를 올려 〈전하께서는 이미 그것이 좌도(左道)**임을 아시는데, 어찌 외부의 신하가 없어서 하필이면 경악(經幄, 경연)의 신하에게 지으라고 명령하십니까?〉 하고 따진다. 그리고 〈신은 지금 맹자의《사설(邪說)을 물리치고 정도를 호위하는》학설로 진강(進講)하는 처지라 결코 이 예가 아닌 부정한 글을 지을 수 없습니

* 단을 모아 산신에게 지내는 제사. 도가의 의식임.
** 유교가 아닌 다른 외도.

다)라고 밝히고, 꼭 자기에게 명령하려 한다면 직책부터 바꾸라고 말했다.

율곡은 「만언봉사」에서 이런 말도 했다. 〈맹자는 양혜왕이나 제선왕에게 왕도가 아니면 말하지 않았고 인정(仁政)이 아니면 권하지 않았습니다. 대체로 양혜왕이나 제선왕의 자질을 가지고도 참으로 왕도를 실행하고 인정을 실시하기만 한다면 역시 삼왕(三王, 요순우)과 어깨를 나란히 할 수 있기 때문에 맹자가 그와 같이 말하였던 것입니다. 전하께서는 자질이 매우 아름다우시어 인자하심은 백성을 보호하기에 충분하고, 총명은 간사함을 분별하기에 충분하고, 용맹은 어떠한 결단을 내리시기에 충분합니다. 그런데 다만 성왕이 되어 보겠다는 뜻이 서 있지 아니하고 치평을 추구하는 정성이 독실하지 아니하며, 선왕 같은 임금은 기약할 수 없다고 여긴 나머지, 뒤로 물러나 스스로를 과소평가하심으로써 전혀 떨치고 분발하려는 생각이 없으십니다. 전하께서 무슨 소견으로 그러하신지 모르겠습니다.〉

이 글의 본류와는 관계가 멀지만 맹자의 사단(四端)과 율곡의 생각도 살펴볼 필요는 있다. 사단은 맹자가 인간의 타고난 본성을 측은지심(惻隱之心, 가엾고 불쌍히 여기는 마음)·수오지심(羞惡之心, 자기의 결점을 부끄러워하고 남의 나쁜 점을 미워하는 마음)·사양지심(辭讓之心, 겸사하고 받지 아니하는 마음)·시비지심(是非之心, 잘잘못이나 옳음과 그름을 따지는 마음) 등 네 가지 단서(端緒)로 분류해 말한 것으로, 공손추 상편에 처음 언급된 것이다. 칠정(七情)은 인간의 감정을 희(喜, 기쁨)·노(怒, 화냄)·애(哀, 슬픔)·구(懼, 두려움)·애(愛, 사랑)·오(惡, 미워함)·욕(欲, 욕구·욕망)의 일곱 가지로 나누어 말한 것으로,『예기(禮記)』예운(禮運) 편에 처음 나온다.

유학에서는 마음에 관한 관심의 역사가 길다. 인심도심설도 그 중 하나다. 인심도심설은 유학의 심성론(心性論)에서 심(心)의 양면성에 관한 학설을 말하는데, 오묘한 사람의 마음에 대해 그 실체를 파악하려는 시도이다. 인심은 배가 고파 음식을 탐하는 경우처럼 인간의 마음이 욕구에 의해 촉발된 것을 말한다. 그 자체로는 악하지 않지만 악으로 이어질 개연성이 있다. 도심은 도덕적인 마음으로 인간에게 주어진 의무, 즉 선천적으로 타고난 사덕(인의예지, 원형이정)에서 촉발된 마음을 말한다.

율곡은 47세 때인 1582년 7월 선조에게 올린 인심도심도설(人心道心圖說)에서 이렇게 말한다. 〈맹자는 칠정 중에서 선한 한쪽만을 뽑아내어 사단으로 지목했으니, 사단은 곧 도심과 인심 중의 선한 것입니다. 사단에 신(信)을 말하지 않은 것에 대해서는, 정자가 《이미 정성스런 마음을 가지고 있어서 사단이 되었으니 신은 그 가운데에 있다》라고 하였습니다. 다섯 가지 본성 중에서 신은 오행 중 토(土)가 정해진 방위도 없고 전담하는 계절도 없으나 네 계절에 모두 깃들어서 왕성한[寄旺] 것과 같기 때문입니다.〉

인심도심설에 대한 만년의 생각이다. 맹자의 사단론을 발전시킨 율곡의 생각 중 청년기와 특히 달라진 점은 인심도심종시설(人心道心終始說)*이 보이지 않으며, 전체적으로 인심도심설을 보다 분명하게 천리인욕론의 틀로 수렴해 논의한 점이라고 한다. 천리인욕론은 만인에게 내재하는 천리가 인욕에 눌려 감추어져

---

* 처음엔 인심이었으나 도심으로 귀결되기도 하고, 처음엔 도심이었으나 인심으로 귀결되기도 한다는 설.

있으므로 인욕을 없애고 천리에 따르도록 노력해야 한다는 이론이다.

약관의 나이 때부터 친구로 지내온 최립은 율곡 사후에 『맹자』 진심 하의 글을 인용하며 추모했다. 〈백이(伯夷)와 유하혜(柳下惠) 같은 이는 백세의 스승이라 할 만한데, 그들의 풍도(風度)를 듣고서 자질이 부족한 일반 사람들이 스스로 감동을 하여 분발한다는 말이 나온다. (나는) 율곡공의 풍도를 듣고서 자기도 모르게 감동하여 분발하는 그런 사람이 원래 아니다. 그러나 공이 이미 지하 세계에 들어가서 다시 일으킬 수가 없으니, 어떻게 구곡(九曲)의 맑은 물가에서 술잔을 나누며 노래할 수가 있겠는가. 그런 가운데에서도 다만 함께 공부하며 문자의 교분을 나눈 이들이 있으니, 이들이 공을 위해 글을 지어 읊는다면, 추억 어린 구곡으로 공의 혼백을 다시 불러올 수도 있을 것이다.〉

정조는 율곡을 제향하는 경기도 파주의 자운서원에 치제문(致祭文)을 내릴 때 이런 시를 썼다. 〈갓끈을 매는 뜻은 막혔으나 / 국화 먹는 즐거움 보존했네[志闕纓冠 樂保餌菊].〉 원문의 영관(纓冠)은 피발영관(被髮纓冠)의 준말로, 급하게 다른 사람을 구원하는 것을 말한다. 〈지금 한집안 사람에 싸우는 이가 있으면 구하되 머리를 흐트러뜨린 채 관을 쓰고라도 가서 구하더라도 가하다[今有同室之人鬪者 救之 雖被髮纓冠而救之 可也]〉라고 한 맹자의 말에서 유래한다.

『맹자』 이루 하의 이 구절은 율곡이 당시에 급하게 시국을 구할 길이 막히게 되자 물러나 자연을 벗 삼아 지냈던 시기의 짧은 즐거움을 말한 것이다. 정조의 찬사에서도 드러나듯이 율곡은 맹자의 말처럼 너무 급해서 머리를 손질할 틈이 없을 만큼 바쁘게 시국의 문제를 풀려고 노력한 사람이다.

율곡은 선조 7년 친구 송익필에게 말하기를 〈물러가려 하면 혹상의 마음을 돌릴 수 있을까 미련이 남고, 머물러 있고자 하면 의견을 채용하지 아니하므로 거취를 결정하지 못하고 있네〉라고 했다. 그래서 율곡은 스스로 말한 것처럼 〈위로 말하고 아래로 떠들어도〉 소용이 없는 왕과 조정을 끝내 떠나지 못한 채 병든 몸을 이끌고 국궁진췌(鞠躬盡瘁)*의 삶을 살았던 것이다.

벼슬을 살거나 물러나는 일에서도 율곡은 늘 맹자를 생각했다. 율곡은 1570년 35세 때 친구 성혼에게 보낸 편지에서 자신의 처지를 이렇게 호소한다. 〈예로부터 관직을 쉬는 사람은 물러나 돌아갈 곳이 있는데, 나는 서울에 있는 집 외에는 돌아갈 곳이 없습니다. 물러나 돌아간다면 마땅히 처자와 함께 가야 할 터인데 아내와 첩이 뿔뿔이 흩어져 있습니다(율곡은 본부인 곡산 노 씨와의 사이에 딸이 있었으나 일찍 죽고 아들을 얻지 못하자 첩을 들인 바 있다). 저는 제사 지낼 만한 밑천이 없습니다. 반 이랑의 밭도 없습니다.〉

그리고 다시 맹자를 인용한다. 『맹자』 만장 하에 〈지위가 낮은데 말을 높게 하는 것은 죄[位卑而言高 罪也]〉라는 말이 나온다. 그다음이 율곡이 인용한 말이다. 〈조정에 들어가 벼슬해도 도가 행해지지 않으면 부끄러운 일이다[立乎人之本朝而道不行恥也].〉 벼슬을 하지 않을 수 없는 상황과 현실의 괴리, 그리고 이로 인한 어려움을 토로하면서 율곡은 〈하나의 읍이나 하나의 군에서 내가 공부한 것을 조금이나마 시행할 수 있다면 사양하지 않겠다〉고 했다. 그 이후 다른 편지에서는 〈조그만 움막을 짓는 데 쓸 재

* 마음과 몸을 다해 나랏일에 이바지함.

목을 보내주어 고맙다)고 사례한다.

 앞에서 율곡을 왜 언론가로 부르려 하는가를 설명했다. 그 설명에 덧붙여 한마디로 정리하면 율곡은 〈한국의 맹자〉이며 〈조선의 주필〉이다. 여기서 말하는 한국은 당연히 오늘날의 대한민국에 한정되는 개념이 아니라 〈아시아 대륙의 동북연해안 중심부에서 동남쪽으로 뻗은 한반도를 중심으로, 우리 민족이 고조선이래 세워 온 나라의 국호〉를 통칭한다.
 주필(主筆)은 무엇인가. 주필은 신문이나 잡지 등 정기간행물의 편집 방향과 기사 게재 결정 여부를 주관하는 최고 책임자를 말한다. 오늘날 주필의 개념은 이 정의와 달리 많이 축소됐지만, 정통적 의미에서 주필이 하는 일은 그와 같다. 특히 사설의 논조를 결정하고 집필자를 지정한 다음 생산된 글을 가다듬어 내보내는 게 중요한 임무다.
 율곡은 조선이라는 신문사의 주필로서 국시를 개발하고, 당대의 공론 형성과 유지, 발전에 기여했다. 그 자신의 이름으로 상소를 올리는 것은 말할 것도 없거니와 동료나 유생들의 대표 또는 대리로 상소한 사례도 많다. 연명(連名)으로 올리는 상소에 맨 먼저 이름을 적은 사람을 소두(疏頭)라고 한다. 이렇게 일일이 이름을 밝히지 않은 경우에도 율곡은 소두 역할을 하곤 했다. 1566년의 「간원진시사소(諫院陳時事疏)」, 1567년의 「육조낭관논심통원소(六曹郞官論沈通源疏)」, 1570년의 「옥당논을사위훈차(玉堂論乙巳僞勳箚)」, 이런 중요한 상소문이 율곡이 대표 집필한 것이다. 특히 그 시대의 명문인 「옥당……」 상소는 모두 41차례나 올라갔는데, 이 중 5, 6통을 제외하고는 모두 율곡이 썼다.

1570년엔 늙고 병든 74세의 백인걸(白仁傑, 1497~1579)을 대신해 시사를 논한 상소문을 쓰는 등 두 번 그를 대신해 상소를 올렸다. 백인걸은 중종, 인종, 명종, 선조 등 사조(四朝)에 걸쳐 벼슬을 한 원로로, 직언을 잘 하기로 유명했던 사람이다. 이 〈대리집필〉은 율곡의 적들에 의해 비난 대상이 되기도 했지만, 율곡이나 백인걸로서는 거리낄 만한 잘못이 아니었다.

이렇게 율곡은 조선의 공론을 주도하고 글과 말로써 시대의 나아갈 방향을 밝히는 역할을 했던 것이다.

2

글로, 말로 국궁진췌 49년

파주 율곡 유적지의 율곡 이이 동상. 저자 촬영.

대표적 언론 활동 상소

　조선 시대에 언로를 여는 방법으로는 첫째, 서면 언로로 글을 쓸 줄 아는 신분 계층에 해당되는 상소 제도가 있고, 둘째, 구두 언로로 임금을 면대할 수 있는 조정의 고위 관리들에게만 제한적으로 열려 있었다. 셋째는 행동 언로로 격쟁(擊錚) 등 시위 형식을 통해 의사를 나타내는 방법이다. 율곡의 경우에는 셋째 경우는 해당이 없으므로 두 가지 방식을 중심으로 언론 활동을 살펴보기로 한다.

　율곡은 상소를 통해 나라와 백성을 위한 대책을 제시하고, 듣기 지겨울 만큼 임금의 분발과 반성을 촉구했다. 이대로 가다가는 나라가 망한다는 우환 의식에서 경제를 살리고 백성을 살게 하는 생재활민(生財活民)과 계지술사(繼志述事)의 경장과 개혁을 끊임없이 강조했다.

　율곡은 벼슬살이 초기 시절, 『동호문답』에서 이미 이렇게 지적했다.

　지금 오늘날의 정치를 바로잡지 않는다면 요순이 군주로 있고 고요(皋陶)와 기(夔) 같은 신하가 있더라도 정치를 잘하는 데에는 아무 쓸모가 없어 몇 해 못 가 민생은 생선살같이 부스러지고 흙더미처럼 무너질 것입니다[民必魚爛而土崩矣]. 특히 큰 걱정거리는 지금 민력(民力)이 다 죽어 가는 사람의 기운 같고 목숨이 곧 끊어질 것 같아 평화 시에도 유지하기가 어려운데 만약 남과 북에서 외적의 침입이라도 일어난다면 회오리바람이 낙엽을 쓸어 버리는 것과 같을 것[必若疾風之埽落葉]이니 백성은 그렇다 하더라도 종묘사직은 어디에 의탁할 것이오? 말과 생각이 여기에 미치면 나도 모르게 통곡하지 않을 수 없다오.

율곡이 임금에게 올린 글은 소차(疏箚)*가 59편, 계(啓)**가 67편, 의(議)***가 4편 등 모두 130편에 이른다. 12년이 좀 안 되는 벼슬살이 기간에 율곡은 이렇게 많은 상소를 올렸다.

율곡의 첫 번째 상소는 1565년(명종 20) 30세 때 요승 보우(普雨, 1509~1565)의 탄핵과 처벌을 주장한 「논요승보우소(論妖僧普雨疏)」다. 대과에 합격해 호조좌랑으로 첫 관직을 받고 난 이듬해 예조좌랑으로 자리를 옮겼을 때 올린 상소다. 문정왕후의 총애를 받았던 허응당 보우(虛應堂 普雨)를 탄핵한 이 상소는 문정왕후의 죽음을 계기로 언론 기관과 유생들이 올린 상소에 명종이 별 반응을 보이지 않자 율곡이 나선 것이다. 사림의 사기 진작과 언로 개방, 불교 배척의 성격을 띤 내용이다.

또 당시의 권간(權奸)이었던 윤원형(尹元衡, ?~1565)의 처벌

---

* 상소와 차자(箚子)를 아울러 이르는 말. 차자는 상소에 비해 서식이 간단했다.
** 임금에게 올리는 문체의 하나. 후세로 올수록 계는 신하들 사이에서 주고받는 글로 변했다.
*** 사물의 이치와 올바른 방향을 밝히는 글로 간결하고 명확한 한문 문체.

을 주장하는 상소도 올렸다. 문정왕후의 동생이요 명종의 외숙이었던 윤원형은 20여 년 동안 권력을 전횡해 백성들의 비난과 원성을 산 인물이다. 율곡은 〈원형의 죄는 머리털을 뽑아서도 셀 수 있을 정도인데 전하께서는 시종 그를 두둔하여 그를 보전케 하려 하시면서 언제나 옥체의 불편하심을 간언을 막는 구실로 삼고 계십니다〉라고 비판했다.

보우는 문정왕후의 신임을 업고 도첩제(度牒制)를 실시해 4,000여 명의 승려를 선발하고 과거제도에 승과(僧科)를 신설하는 등 나름대로 불교 중흥에 기여한 인물이다. 그러나 문정왕후 사후 유생과 언관들의 호된 비판을 받고 제주에 유배됐다가 참형당했다. 윤원형은 이른바 소윤(小尹)의 영수가 되어 을사사화(명종 즉위년인 1545년 윤원형 일파의 소윤이 윤임 일파의 대윤을 숙청하면서 사림이 크게 화를 입은 사건)를 일으켜 공신에 오른 뒤 권력을 쥐고 대윤(大尹) 일파를 숙청하는 등 횡포를 부리다가 문정왕후가 죽자 귀양 가서 죽었다.

율곡의 상소는 언제나 간곡했지만, 왕을 분기(奮起)시키려고 타이르고 꾸짖는 경우도 있었다. 명종 21년인 1566년 3월 사간원 정언일 때 율곡이 대표 집필해 동료들과 함께 올린 「간원진시사소(諫院陳時事疏)」에서 율곡은 개혁안을 소상하게 제시한 뒤 이렇게 말했다. 〈정사(政事)*는 전하의 정사요 백성은 전하의 백성인데 전하께서는 그 누가 막아서 잘 다스리지를 못하십니까? 만약 전하께서 (말을) 좇기만 하고 잘못을 고치지 않거나 기뻐하기만 하고 참뜻을 찾아내지 않아 신 등이 애타게 드리는 중요한 말들을 한낱 문장의 구색으로 돌리고 만다면 만백성의 커다

* 오늘날의 말로는 정치.

란 희망은 여기서 끊기고 말 것입니다.〉

1567년엔 김안로(金安老, 1481~1537), 윤원형과 함께 권력을 전횡하고 조정을 타락시킨 심통원(沈通源, 1499~?)의 탄핵을 주장하는 「육조낭관논심통원소(六曹郎官論沈通源疏)」를 올렸다. 육조낭관들과 함께 올린 이 상소에서 율곡은 〈김안로가 함부로 해독을 끼쳤다면 아첨하는 자를 받아들인 것은 통원입니다. 윤원형이 악행을 쌓았다면 거기에 들러붙은 것이 통원입니다〉라고 규탄했다. 명종비 인순왕후의 증조부였던 심통원은 윤원형 이양(李樑, 1519~1563, 인순왕후의 외삼촌)과 함께 외척 삼흉(三凶)으로 꼽히던 사람이었다. 율곡은 젊어서 심통원을 비롯한 심씨 가문의 신세를 진 적도 있었지만, 늙은 도적이라고 지칭하며 심통원 처벌을 강력하게 요구했다.

임금이 바뀌어도 율곡의 기개는 달라지지 않았다. 선조 3년이었던 1570년 35세 때 율곡은 옥당의 동료들과 함께 「옥당논을사위훈차(玉堂論乙巳僞勳箚)」를 올렸다. 을사사화 때 억울하게 희생된 사람들의 공훈을 복원하고 명예를 회복해 주는 동시에 사화를 일으켜 가짜 공훈으로 출세한 자들의 위훈(僞勳)을 엄정하게 처리함으로써 정의와 기강을 세워야 한다는 내용이었다. 이때 이런 내용의 상소는 무려 41번이나 올라간 것으로 돼 있다. 을사위훈 처리 문제는 당시 가장 중차대한 현안이었다. 상소를 주도하고 쓴 사람이 율곡이니 국가 기강과 정의를 바로잡으려는 그의 각오와 신념이 어떠했는가를 잘 알 수 있다.

또 같은 해 율곡은 시국의 폐단을 개혁하고 대책을 세워야 한다는 내용의 「의진시폐소(擬陳時弊疏)」를 올렸다. 가뭄과 기근이 심한 상황에서 율곡은 왕실의 비용을 줄여 백성들의 힘을 펴

줄 것, 관청을 줄여 쓸데없는 관원을 없앨 것, 백성을 사랑하는 사람을 지방 수령으로 임명할 것, 억울한 누명을 씻어 주어 백성들을 기쁘게 해줄 것 등을 건의했다.

이어 1572년(선조 5년) 영의정을 지낸 이준경(李浚慶, 1499~1572)이 죽기 직전 조정에 붕당이 있는 듯하다는 유소(遺疏)를 임금에게 올렸을 때 이 글의 부당함을 지적한 「논붕당소(論朋黨疏)」를 올렸다. 후세 사람들이 의아하게 생각하는 이 글에서 율곡은 붕당은 그 숫자가 중요한 게 아니라 어떤 붕당인가, 즉 군자의 붕당인가 소인의 붕당인가가 중요하다면서 만약 소인들의 붕당이라면 용납해서는 안 된다고 주장했다.

율곡의 상소 중에서 대표적인 것은 1574년(선조 7년) 1월에 1만여 자의 장문을 지어 올린 「만언봉사(萬言封事)」다. 율곡의 현실 진단과 처방이 가장 체계적으로 제시된 상소로 평가된다. 율곡은 천재지변이 거듭되는 상황에서 선조가 조정의 신하는 물론 초야의 백성들에게까지 구언을 하자 다시 붓을 들었다. 봉사는 그 내용이 사전에 공개되지 않도록 임금에게 밀봉하여 올리는 상소문으로, 봉주(封奏), 봉장(封章), 봉소(封疏)라고도 한다.

「만언봉사」 서두에서 율곡은 〈정치에는 때를 아는 것이 귀하고 일을 하는 데는 실질에 힘쓰는 것이 중요하다[政貴知時 事要務實]〉는 유명한 말을 했다. 그리고 경장과 변통의 논리로 개혁의 필요성을 역설했다. 율곡은 정치가 실효를 거두지 못하는 요인을 다음 일곱 가지로 분석했다. 이른바 일곱 가지 무실(無實)이다. ① 위아래 사람들이 서로 믿는 실이 없는 것, ② 신하들이 일을 책임지려는 실이 없는 것, ③ 경연이 아무것도 이루지 못할 만큼 실이 없는 것, ④ 현명한 사람을 초빙해 거두어 쓰는 실이 없는 것,

⑤ 재변을 당해도 하늘의 뜻에 대응하는 실이 없는 것, ⑥ 여러 가지 정책에 백성을 구제하는 실이 없는 것, ⑦ 인심이 선을 지향하는 실이 없는 것 등이다.

이런 무실(無實)의 나라를 개조하는 방안을 율곡은 임금 자신의 자세와 정사를 바로잡는 수기(修己), 백성들을 위한 대책을 세우는 안민(安民) 두 가지로 나누어 건의했다. 안민의 조목은 정성된 마음을 개방함으로써 여러 신하들의 충정을 얻을 것, 공안(貢案)을 개혁하여 포학하게 거둬들이는 폐해를 없앨 것, 절약 검소를 숭상해 사치스러운 풍조를 개혁할 것, 선상(選上)*의 제도를 바꾸어 공천(公賤)의 고통을 덜어 줄 것, 군사 정책을 개혁해 나라 안팎의 방위를 굳건히 하는 것 등이다.

이 가운데 공안은 조선 시대 중앙의 각 궁(宮)·사(司)가 지방의 여러 관부에 부과해 수납할 연간 공부(貢賦)의 품목과 수량을 기록한 책인데, 세제의 대명사로 쓰인 말이다. 전세(田稅)를 비롯, 각종 부역(賦役)과 공물·진상, 어세(漁稅), 염세(鹽稅), 공장세(工匠稅), 공랑세(公廊稅), 행상로인세(行商路引稅), 선세(船稅), 신세포(神稅布), 노비신공포(奴婢身貢布) 등의 잡세 모두가 공안의 대상이었다. 이런 세금 부담이 갈수록 늘어 백성들이 큰 고통을 겪자 율곡은 공안의 개정을 수차례 건의했으나 선조는 옳은 말이라면서도 결국 제도 혁파를 하지 않았다. 후세에 이익(李瀷, 1681~1763)은 『성호사설(星湖僿說)』 인사문(人事門)에 〈납공(納貢)하는 각 물품이 날로 더욱 불어나 백성이 견디어 낼 수가 없으므로, 이 문성공(李文成公, 이이)이 공안을 개정하는 일을 간절히 서둘렀으나 미처 성취하지 못했다〉고 기술했다.

* 지방의 노비를 뽑아 서울의 관아에 보내는 일.

율곡의 「만언봉사」를 더 읽어 보자.

전하께서는 명철하심은 부족함이 없으나 지니신 덕은 넓지 못하고, 선을 좋아하심은 대단하시나 깊은 의심을 떨쳐 버리지는 못하고 계십니다. 그러므로 뭇 신하들 중에 건백(建白)*하려고 노력하는 자를 주제넘다고 의심하고, 기절(氣節)을 숭상하는 자를 과격하다고 의심하고, 여러 사람들의 찬양을 받으면 당파가 있다고 의심하고, 잘못된 자를 공격하면 모함한다고 의심하고 계십니다. 게다가 명을 내리실 때는 말씀 속에 감정이 들어 있고 좋아하고 싫어하시는 것이 일정치 않으십니다. 심지어 며칠 전 전교에는 〈대언(大言)을 다투어 아뢰고 전에 없던 일은 행하기 좋아하니 당연히 풍속이 순박해지고 정치가 올바로 될 것이다〉라고 말씀하셨는데, 이 전교가 한번 나오자 뭇사람의 의혹이 더욱 늘어났습니다. 고금 천하에 어찌 대언을 다투어 아뢴다고 해서 풍속이 순박해지고 정치가 올바로 되게 한 일이 있었습니까. 그리고 전하께서는 대언을 옳다고 여기십니까, 그르다고 여기십니까. 만약 그것이 옳은 것이라면 그 대언이란 것은 임금을 인도하여 올바른 도를 행하게 하고 기필코 지치(至治)에 이르게 하려는 것에 불과할 것입니다. 따라서 전하께서는 마땅히 그 의견을 서둘러 채택하셔야 하고, 다투어 아뢴다는 말씀으로 기롱하거나 풍자해서는 안 될 것입니다.

율곡은 이렇게 왕의 태도를 꼬집은 뒤, 나라가 마치 만 칸이나 되는 큰 집을 오래도록 수리하지 않은 것과 같이 들보에서부터

* 임금이나 조정에 의견을 말함.

작게는 서까래에 이르기까지 썩지 않은 게 없는데, 서로 떠받치며 지탱하여 근근이 하루하루를 보내고는 있지만 동쪽을 수리하려 하면 서쪽이 기울고 남쪽을 수리하려 하면 북쪽이 기울어 무너져 버릴 형편이라서, 여러 목수들이 둘러서서 구경만 하고 어떻게 손을 써야 할지 모르는 형국과 같다고 말했다. 그대로 방치하고 수리하지 않는다면 날로 더욱 썩고 기울어져 장차 무너져 버리고 말 것이니, 오늘날의 형세가 이것과 무엇이 다르겠느냐는 것이다.

백성들의 힘은 이미 바닥나 버린 상태입니다. 어떤 사람이 한창 젊을 때 주색에 빠져 여러 가지로 몸을 해치는 일이 많았다 해도 혈기가 왕성한 때라서 몸이 상하는 것을 모르고 있다가, 만년에 그 해독이 틈만 있으면 불현듯 나타나 아무리 근신하며 몸을 보양해도 원기가 이미 쇠퇴해 몸을 지탱할 수 없게 되는 것과 같습니다. 오늘날의 일이 실로 이와 같으니 앞으로 10년이 채 안 되어 화란이 반드시 일어나고야 말 것입니다. 보통 사람들도 열 칸의 집과 백 이랑의 밭을 자손에게 물려주면 자손은 오히려 그것을 잘 지켜 선조를 욕되지 않게 하려고 하는데, 하물며 지금 전하께서는 조종조 백년의 사직과 천리의 강토를 물려받으셨고 게다가 환란이 곧 닥칠 것 같은 상황에 처해 있음이겠습니까?

율곡은 자신의 건의와 대책을 자세히 보고 익히 검토하며 신중히 궁구하고 깊이 생각해 취사한 다음 신하들에게 하문해 그 가부를 의논하게 한 뒤 이를 받아들인다면 유능한 사람에게 맡겨 정성껏 시행하게 하고 확신을 갖고 지켜 나가라고 촉구했다. 보수적인 세속의 견해로 인해 바뀌게 하지 말고, 올바른 것을 그르다 하며 남을 모함하는 말에 흔들리지 말 것도 주문했다. 율곡은 〈그렇게 하여 3년이 지나도록 나랏일이 여전히 부진하고 백성이 편안해지지 않으며 군대가 정예로워지지 않는다면, 신을 기망(欺罔)의 죄로 다스리어 요망한 말을 하는 자의 경계가 되도록 하소서〉라고 「만언봉사」를 마무리 지었다.

그로부터 7년 후인 1581년(선조 14년)에도 공안 개혁은 여전히 현안이었으나 실현되지 않았다. 『경연일기』 그해 7월 기록에 의하면 홍문관의 상소와 사간원의 차자에서 공안 개정, 주현(州縣)의 병합, 감사의 구임(久任) 등 세 가지를 들어 삼사가 입계(入啓)하여 시행할 것을 청했다. 그러나 선조는 조종의 법을 경솔히 고칠 수 없으니 아직 그냥 두고 거론하지 말라고 했다. 그 이래 조선 조정에서는 대동법(大同法)을 통해 공납제를 개혁하려고 했으나 광해군 때 흐지부지되었다가, 인조반정 이후 다시 공납제 개혁을 추진하였다.

공천(公賤)은 조선 시대 관부(官府)에 예속된 남자 종과 여자 종을 말한다. 이들은 죄를 지어 종이 된 자 또는 관청 소속의 기생, 나인, 관노비(官奴婢), 역졸(驛卒) 등으로 구성됐는데, 그 대부분은 관노비였다.

1577년(선조 10년) 5월, 율곡은 선조가 대사간을 시키자 거부하면서 〈시사에 대해 물을 게 있으면 하문하시고 그 말이 채용될 수 없다면 다시 부르지 마십시오〉라고 했다. 이에 선조가 〈그대가 품은 생각이 있으면 글을 써서 올리라〉고 하자 율곡은 시폐와 해결 방안을 제시했는데, 이 글도 만 자에 이르러 두 번째 「만언봉사」로 불린다. 이 상소문은 율곡 연보와 선조실록에는 없고 선조수정실록에만 보이는데, 구체적 개혁 내용보다는 시종 선조의 잘못을 질책하는 내용이 더 두드러진다. 몇 가지 소개한다.

오늘날의 인심과 세도(世道)*가 이 지경이 된 걸 보면 전하의 정치와 교화가 훌륭하지 못해서 그런 게 아니겠습니까?

전하께서는 총명이 남보다 뛰어나고 기개가 한세상을 다스릴 만하지만 학문이 진보되지 않고 도량이 넓어지지 않기 때문에 선비를 가볍게 여기는 뜻을 가져 그 사람을 불신하고 그 사람의 말을 채택하지 않는 경향이 있습니다.

선비 중에 쓸 만한 재능을 가진 자가 있으면 전하께서는 그가 일을 좋아할까 걱정하시고, 곧은 말로 간쟁하는 자가 있으면 전하께서는 그가 명령을 어길 것이라고 여겨 싫어하시며 유자의 행실을 수행하고자 하는 자가 있으면 전하께서는 그가 교만하게 꾸민다고 의심하시니 어떤 도를 배우고 어떤 계책을 말씀드려야만 성상의 마음에 맞아 신용을 받을 수 있겠습니까?

지금까지 정사의 폐단을 한 가지도 고치지 못했고 백성이 받고 있는 고통을 한 가지도 해결하지 못하고 있는 것은 전하께서 옛날 법규만을 굳게 지키시고 변통할 것을 생각하지 않기 때문입니다.

* 세상을 다스리는 도리 또는 방도.

어느 시대 어느 나라에서 신하가 임금을 이토록 직설적으로 비판하고 질책한 일이 있었을까 싶을 정도로 격렬한 내용이다. 거꾸로 생각하면 이런 말을 참고 견딘 선조도 대단하다고 말할 수 있겠지만, 왕에 대한 실망을 넘어 절망하게 된 율곡이 피를 토하는 심정으로 올린 상소 이후에도 달라진 것은 역시 없었다.

율곡은 1579년(선조 12년) 5월 대사간을 사직하면서 「사대사간겸진세척동서소(辭大司諫兼陳洗滌東西疏)」를 올렸다. 율곡은 이 글에서 사림의 중요성을 다시 강조하고, 동서당쟁의 해소를 적극 주장했다. 율곡은 당시 동인, 서인 붕당의 당사자인 김효원(金孝元, 1542~1590)과 심의겸(沈義謙, 1535~1587)에 대해 양시양비 입장에서 두 사람을 평가하고 붕당을 비판했다. 〈사람됨을 논한다면 모두 쓸 만한 사람이요, 그 과실을 말한다면 둘 다 잘못됐다 하겠습니다. 만일 한 사람은 군자요 한 사람은 소인이라 한다면 신은 그 말을 믿지 않습니다.〉 율곡은 이런 말로 동서 보합(保合)을 꾀하며 붕당을 비판했다.

이 상소가 중요한 것은 율곡의 국시론이 담겨 있기 때문이다. 인용한다. 〈인심이 함께 옳다고 하는 것을 공론이라 하며 공론의 소재를 국시라 합니다. 국시란 한 나라의 사람들이 의논하지 아니하고도 함께 옳다고 하는 것이니 이익으로 유혹하는 것도 아니고 위엄으로 무섭게 하는 것도 아니면서 삼척동자도 그 옳음을 아는 것이 곧 국시입니다.〉 이런 국시를 정립하기 위해서는 공론이 형성돼야 하며 공론 형성을 위해서는 언로가 개방돼야 한다는 게 율곡의 철학이었다.

1582년(선조 15년) 9월 율곡은 의정부 우참찬을 거쳐 종1품 우찬성에 올라 세 번째 「만언봉사」를 올렸다. 우찬성은 율곡이 받은 벼슬 중 가장 품계가 높은 것이다. 이번 상소에서 율곡은 위태로운 것 네 가지를 꼽았다. 첫째, 시속을 따르는 데서 세도가 나빠짐, 둘째, 작록을 탐하는 자를 먹여주는 데서 공적이 무너짐, 셋째, 부의(浮議)를 일으키는 데서 정사가 어지러워짐, 넷째, 오랫동안 쌓인 폐단으로 백성들이 곤궁해지는 것이다.

이렇게 나라가 위망에 빠진 이유를 설명하면서 율곡은 다시 다그쳐 물었다. 〈전하께서는 오늘날 국가의 형세에 대해 의관만 정제하고 가만히 앉아 있더라도 끝내 나라를 보전할 수 있다고 여기십니까? 아니면 바로잡아 구제하고 싶어도 그 대책을 모르고 계십니까? 아니면 그 뜻이야 갖고 있지만 어진 신하를 얻지 못해 일을 추진하기 어렵다고 여기십니까? 그도 아니면 흥하든 망하든 천운에만 맡기고 인력을 들이지 않으려고 하시는 것입니까?〉

율곡이 가장 시급한 경장 과제로 제시한 것은 세 가지였다. ① 공안 개정, ② 수령의 감축: 백성이 줄어들어 고을이 텅 비었는데도 수령을 파견해 빈자리만 차지하고 있으니 인근 고을을 통폐합하자, ③ 감사의 임기 연장: 임기가 1년밖에 되지 않는 데다 가족도 데려갈 수 없어 문제가 많으니 경제에 밝은 신하를 감사로 내보내되 임기를 길게 늘려 주고 가족도 데리고 가게 해 안정되게 일하도록 하자는 구임책(久任策)이다.

그러고서 율곡은 이렇게 물었다. 〈지금 백성은 흩어지고 군사는 쇠약하며 창고의 양곡마저 고갈됐는데, 은혜가 백성에게 미치지 않고 신의도 여지없이 사라졌습니다. 혹시라도 외적이 변방을 침범하거나 도적이 국내에서 반란을 일으킨다면 방어할 만한 병력도 없고 먹을 만한 곡식도 없고 신의로 유지할 수도 없는데, 전하께서는 이 점에 어떻게 대응하려 하십니까?〉

꼭 10년 후의 임진왜란을 내다본 것 같은 글이었다. 이에 대해 선조는 이렇게 답했다. 〈경의 상소를 읽어 보고 충성스러움을 잘 알았다. 나 역시 마음을 가다듬고 일을 해보고 싶지만 너무도 몽매하고 재주와 식견이 부족해 지금까지 일이 마음대로 되지 않았으니 생각해 보면 한탄스러울 뿐이다.〉

정말 한탄스러운 일이다. 율곡은 죽기 1년 전인 1583년 2월 병조판서일 때 군정을 포함한 육조계(六條啓) 상소를 또 올렸다. 「계미(癸未)육조계」라고도 하는 상소다. 국가를 위해 절박하게 조치해야 할 여섯 가지는 ① 임현능(任賢能): 어질고 유능한 신하를 임용할 것, ② 양군민(養軍民): 군과 민을 기를 것, ③ 족재용(足財用): 군량을 풍족하게 만들 것, ④ 고번병(固藩屛): 지방의 주현(州縣)을 튼튼하게 만들 것, ⑤ 비전마(備戰馬): 전마를 준비할 것, ⑥ 명교화(明敎化): 군대를 밝게 교화할 것.

첫 번째 임현능에 대한 언급만 요약해 본다. 〈임금이 아무것도 하지 않고 위에 가만히 앉아 있어도 나라가 다스려지는 것은 어진 사람이 위(位)에 있고 유능한 사람이 직(職)에 있어 각각 정성과 재주를 다하기 때문이다. 그런데 관직을 아침에 임명했다가 저녁에 옮겨 미처 자리가 따스해질 겨를도 없으니 비록 소임을 보살피려 해도 그렇게 할 도리가 없다. 관직이 자주 바뀌는 데는 두 가지 원인이 있으니 첫째는 정병(呈病), 둘째는 피혐(避嫌)이다.〉 정병은 벼슬아치가 신병을 이유로 사직원을 내는 것이며 피혐은 혐의를 피하는 일, 예를 들어 친족 또는 기타의 관계로 같은 곳에서 벼슬하는 일이나 시관(試官)* 같은 것을 피하는 일을 말한다.

* 시험 문제 출제 위원.

왕의 입장에서 보면 정병과 피혐은 정말 골치 아픈 일이다. 〈내가 이러이런 혐의를 받아 일을 못 하겠으니 옷을 벗겨 주십시오 (자리를 바꿔 주십시오)〉 하는 말이나 몸이 아파 벼슬을 못 하겠다는 사양은 본심과 다른 억지이거나 엄살 핑계, 으름장이거나 명분 쌓기, 몸값 불리기인 경우가 많아 인력 운용에 큰 장애 요인이 된다.

율곡은 피혐으로 인한 사퇴의 폐단을 바로잡으려면 대체로 대간(臺諫)의 경우는 적합하지 못한 인물을 제외하고는 피혐 때문에 체차(遞差)*하지 말아야 한다고 주장했다. 대관(大官)에 대해서는 추고를 받고 공무를 집행해도 염치에 무관한 것으로 여기고, 유독 대간만 성현처럼 털끝만 한 실수가 있어도 반드시 체직하니 공론이 정해지지 않고 진실로 나라를 다스리는 체통이 서지 않는다는 것이다.

율곡은 〈지금부터 대소 관원은 일정한 법규에 구애되지 말고 널리 현명하고 재능 있는 사람을 거두어들여 인물과 직위가 서로 알맞게 되기를 힘쓰시되, 대관을 제수할 경우 반드시 대신에게 하문해 인재를 골라 임명하시고, 일단 그 적격자를 얻어 신임했으면 떠도는 말에 동요되지 마셔야만 어질고 유능한 사람을 임용하는 실상이 있을 것입니다〉라고 말했다.

병을 핑계로 사직원을 내는 폐단을 바로잡는 방법은 정밀하고 구체적이다. 우선 실제로 병이 난 게 아니면 정사(呈辭)**를 내지 못하게 한다. 병을 핑계하는 자가 있을 경우 발견되는 대로 엄하게 다스리고, 병이 난 지 만 10일 후 비로소 정사를 내게 하되, 첫

* 관원의 경질을 말함.
** 조선 시대 관원이 사정으로 말미암아 국왕에게 사직·휴직·휴가 등을 청하는 문서.

번째는 만 10일이 된 뒤 재차 정사를 하도록 비로소 허락하고, 두 번째도 만 10일이 된 뒤에야 3차 정사를 하도록 비로소 허락한다. 한 관청에서 누구 하나가 정사를 했을 경우 다른 관원은 한꺼번에 정사를 할 수 없게 하고, 병으로 부득이 한꺼번에 정사를 해야 할 경우에는 반드시 그 관청 관원들이 합의하여 입계(入啓)한 후에야 비로소 정사를 하도록 하자는 것이다. 율곡은 이렇게 하면 병을 핑계로 사직원을 내는 폐단을 바로잡을 수 있을 것이라고 말했다. 율곡이 얼마나 정밀하고 현실과 상황에 정통한 사람이었는가를 잘 알 수 있는 상소였다.

이런 자세와 정신으로 율곡은 이듬해 병석에서도 몸을 일으켜 북방으로 떠나는 순무어사 서익(徐益)에게 육조방략(六條方略)을 불러 주고 이틀 뒤 짧은 생을 마감했다. 이것이 율곡의 마지막 글이며 나라와 백성을 위한 비상한 헌책이었다. 경연에서 건의한 10만 양병설에 관한 논의는 따로 다루겠다.

더 읽어 보기
10만 양병설 논란

    율곡의 10만 양병설은 아직도 진위 논란이 그치지 않고 있다. 특히 이 문제는 율곡과 유성룡의 관계를 둘러싸고 영남과 기호(畿湖)학파 학자들의 대립 양상으로까지 번져 왔다. 율곡전서 연보에는 율곡이 병조판서 재직 중인 1583년 3월 경연에서 이렇게 말했다고 기록돼 있다.

    국세(國勢)의 떨치지 못함이 심하니 10년을 지나지 아니하여 마땅히 멸망의 화가 있을 것입니다. 원컨대 미리 10만의 군사를 양성하여 도성에 2만, 각 도에 1만씩을 두어 군사에게 호세(戶稅)를 면해 주고 무예를 단련케 하고 6개월에 나누어 번갈아 도성을 수비하다가 변란이 있을 경우에는 10만을 합하여 지키게 하는 등 완급의 대비를 삼아야 합니다. 그러지 않으면 하루아침에 변이 일어날 때 백성을 몰아 싸우게 됨을 면치 못할 것이니 그때는 일이 틀리고 말 것입니다.

    10만 양병설 논란의 시발에 대해 「율곡 시장(諡狀)」은 이렇게 기록하고 있다.

일찍이 연중에서 청하기를 〈미리 10만의 병력을 길러 국가의 위급한 상황에 대비해야지 그러지 않으면 10년이 넘지 않아 장차 나라가 토붕와해(土崩瓦解)하는 변고를 당하게 될 것입니다〉 하니, 서애(西厓) 유공 성룡(柳公成龍)이 〈무사한 상황에서 병력을 기르는 것은 화를 기르는 것입니다〉 하였다. 당시 오래 평안한 세월이 지속된 터라 연대(筵對)하는 신하들이 모두 선생의 말을 지나치다 하였다. 선생이 연중에서 나와 유성룡에게 말하기를 〈국가의 형세가 누란(累卵)의 위기에 놓였는데 속유(俗儒)들은 시무를 모르고 있습니다. 다른 사람은 그렇다 치더라도 군(君)도 이러한 말을 하시오? 지금 미리 병력을 길러 두지 않으면 필시 손을 쓸 수 없게 될 것이오〉 하고는 근심스런 기색을 보였다.

임진년의 왜란이 일어난 뒤 서애가 조당에서 재신(宰臣)들에게 말하기를 〈당시에는 나도 괜한 소란을 일으킬까 염려하여 그 말을 반대하였는데 지금에 와서 보니 이 문정(李文靖)은 참으로 성인이다. 그 말을 따랐다면 국사가 어찌 이 지경에 이르렀겠는가. 전후로 올린 소장과 차자의 주책(籌策)도 당시에는 사람들이 혹 헐뜯고 반대하였으나 지금에 와서는 모두 분명한 선견지명에서 나온 것이니, 참으로 탁월한 재주이다. 율곡이 있다면 필시 오늘의 시국을 수습할 수 있을 것이다〉 하였다.

율곡과 동시대인인 서인 계열의 우산(牛山) 안방준(安邦俊, 1573~1654)의 우산문집에는 이렇게 기록돼 있다.

율곡이 경연에 들어가 군사 10만 명을 양성하자고 청하니 서애가 그것을 저지하고 물러나와 율곡에게 말하기를 〈지금은 태평시대이니 경연에서 권면할 일은 마땅히 성학(聖學)을 우선으로 삼아야 하고 군사의 일은 급무가 아니거늘 공은 어떤 소견이 있기에 우리들과 상의도 않고 이처럼 지레 진달하였소?〉 하니 율곡은 〈속유(俗儒)가 어찌 시무를 알겠는가〉 하고, 웃기만 하면서 대답하지 않았다. 아계 이산해가 말하기를 〈이현(而見)*이 잘못이오. 숙헌(叔獻)**이 어찌 소견이 없겠소?〉 했고 나머지 사람들은 모두 묵묵히 있었다. 율곡이 돌아보면서 말하기를 〈제군들은 어찌 한마디씩 말을 하여 그 가부를 정하지 않소?〉 하니 동강(東岡)***이 말하기를 〈이것은 감히 우리들이 논할 바 아니오. 알지 못하면서 말하는 것을 옛사람이 어떻게 여겼소?〉 하자 아계가 말하기를 〈숙부(肅夫)****는 근신(謹愼)군자라 할 수 있소〉 하고 서로 농담하고 웃으면서 파하였다.

이 문제에 관해 깊이 있게 연구하고 논의한 오항녕 전주대 역사문화콘텐츠학과 교수와, 박석무 다산연구소 이사장의 글을 차례로 싣는다.

오항녕, 「율곡 십만양병설은 조작? 2」(『한겨레』 2009년 7월 22일 자 기사 발췌)

십만양병설이 조작이라는 주장부터 보겠습니다. 이덕일 소장은, 십만양병설의 근거는 이이의 문인 김장생(金長生)이 편

* 유성룡의 자.
** 이이의 자.
*** 김우옹의 호.
**** 김우옹의 자.

찬한『율곡행장』뿐이고, 광해군 때 편찬된『선조실록』에는 나오지도 않는다고 하였습니다. 그리고 십만양병설을 떠올리며 유성룡이 했다는, 〈이문성은 참으로 성인이다〉라는 말을 조작의 증거로 들었습니다. 〈문성(文成)〉은 이이의 시호이고, 유성룡은 이이의 시호를 내리기 17년 전에 세상을 떴으니, 행장이 조작이라는 것이지요.

한데, 이항복이 쓴 이이의 「신도비문(神道碑文)」을 보면, 〈이문성〉이 아니라, 〈이문정(李文靖)〉이라고 되어 있습니다. 이이의 시호는 〈문성〉이기 때문에 이항복이 잘못 쓴 것으로 생각할 수도 있지만, 이항복 역시 이이가 시호를 받기 6년 전인 광해군 10년(1618)에 세상을 떴습니다. 그렇다면 이항복이 쓴 이이 신도비문마저 후일 누가 조작했거나 아니면 뭔가 사연이 있다는 말이 됩니다. 다시 확인해 보니, 같은 김장생이 쓴 행장이라도, 율곡전서에 실린 행장에는 〈이문성〉이라고 되어 있지만, 막상 김장생 자신의 문집인『사계집(沙溪集)』에는 이항복의 신도비문과 마찬가지로 〈이문정(李文靖)〉이라고 되어 있습니다. 어찌 된 일일까요?

그런데 이이의 시장(諡狀)을 지은 이정귀(李廷龜)도, 십만양병설의 일화를 소개하면서 〈이 문정(李文靖)은 참으로 성인이다〉라고 했던 겁니다. 시장을 짓는 사람이 본문에서 당사자의 시호를 잘못 기재한다는 것은 있을 수가 없습니다. 이렇게 되면, 〈이문정〉은 실수가 아니라 뭔가 이유가 있는 기록이라는 말이라고 보는 편이 더 상식적입니다. 열쇠는, 〈이문정〉이 이이가 아니라는 데 있었습니다. 〈이문정〉은 바로 이항(李沆)이라는 인물이었습니다.

이항*은 중국 송나라 사람으로, 진종(眞宗) 때의 명신(名臣)입니다. 송나라가 거란과 평화조약을 체결하자, 이항은 나라가 너무 편안하면 오히려 화근이 된다고 걱정합니다. 그리고 가뭄이나 홍수가 나면 꼭 진종에게 보고하여 일부러 긴장하게 만들었습니다. 이항이 세상을 뜬 뒤, 진종은 나라가 태평하다는 것을 믿고 궁궐을 짓고 간신을 등용하는 등 국정을 어지럽혔습니다. 그러자 이항의 옛 동료였던 왕단(王旦)은 뒤늦게 이항의 선견지명을 인정하면서, 〈이문정은 참으로 성인〉이라고 칭찬합니다. 이후 이 말은 입에서 입으로 전해져서 상투어가 됩니다. 그러니까 유성룡은 〈이이는 참으로 이항 같은 선견지명이 있는 성인이다〉라고 말한 것입니다. 그러므로 이항복의 신도비명, 이정구의 시장, 『사계집』에 실린 이이 행장은 모두 잘못 쓴 게 아니며, 유성룡의 말에 나오는 〈이문성〉, 아니 〈이문정〉이 이이의 십만양병설을 조작하기 위하여 김장생과 송시열이 기록을 날조하였다는 근거가 될 수는 없습니다.

(중략) 순조 14년(1814)에 간행된 율곡전서에는 〈이문정〉이 아니라, 〈이문성〉으로 나와 있습니다. 현재 한국고전번역원이 웹서비스를 제공하는 판본도 이 판본이기 때문에 거기에도 자연 〈李文成〉으로 나와 있습니다. 그러나 영조 25년(1749)에 간행된 율곡전서에는 〈李文靖〉으로 되어 있습니다.

간단히 말하자면, 순조 14년판 율곡전서의 교정자가 이이의 시호가 〈문성〉이라는 건 알고, 「율곡연보」에서 말한 〈이문정〉에 대한 고사는 몰랐던 까닭에 〈문정〉이 틀린 줄 알고는 〈문성〉으로 덜컥 고쳤던 겁니다.

* 자는 태초(太初), 시호는 문정(文靖).

박석무의 「풀어 쓰는 다산 이야기」 제967회 「십만양병설이 가짜라는 영남 남인들」(2017년 6월 12일 전문)

　　해방 후 『조선유학사』라는 저술로 조선의 유학사를 정리한 현상윤(玄相允)은 〈영남의 학자들은 이러한 주리설(主理說)을 주장할 때에 그 동기가 주로 율곡학파의 주장에 대항하여 퇴계의 학설을 옹호하려고 하는 당쟁의 감정에 있었다〉라고 말했습니다. 동서로 분당이 된 이래로 동인들은 무조건 퇴계를 옹호하고, 서인들은 율곡만을 옹호하면서 당쟁이 학설에까지 영향을 미쳐, 나라가 망할 때까지도 그치지 않던 싸움이 계속 이어졌습니다.

　　율곡을 비방하고 폄하하는 동인들의 경향은 학설에 그치지 않고 율곡의 정책에도 언제나 반기를 들면서 정책의 실현을 막았던 사실이 알려져 있습니다. 동인의 영수였던 허엽, 그의 아들 허봉은 대표적으로 율곡을 공격하던 저격수였는데, 허봉의 아우 허균(許筠, 1569~1618)은 아버지, 형과는 다르게 율곡이 건의했던 정책이 옳았지만 반대파들의 저지로 실행되지 못했음을 매우 안타깝게 여겼습니다. 〈여러 군현(郡縣)에 액외(額外)의 군대를 설치해야 한다[列邑置額外兵]〉라고 율곡이 주장했는데 부당하다고 주장하는 사람들 때문에 실행하지 못했다고 말했습니다(「政論」, 『성소부부고』). 이 내용은 바로 율곡의 반대편에 서 있던 집안 출신이 율곡의 「십만양병설」이 사실임을 증명해 주는 대표적인 주장입니다. 허균은 율곡의 33년 후배로 동시대에 살았던 인물이니 허균의 주장에 의심할 여지는 없습니다.

　　남인들이 숭앙하는 최고의 학자가 퇴계라면 두 번째 가라면

서러운 학자는 성호 이익이었습니다. 성호는 〈임진왜란 전에 율곡은 마땅히 십만의 군대를 길러야 한다고 했는데 사람들이 선견지명의 말이라고 칭찬했다[壬辰亂前 栗谷謂 當養十萬兵 人稱先見]〉(「예양병(預養兵)」, 『성호사설』)라고 말하여 명확하게 십만양병설의 실재를 확인하였습니다. 공정한 학자이지만, 분명히 남인 가문의 학자인 다산 정약용도 〈우리나라 선배 중에 오직 문성공 이이만이 군적(軍籍)을 개혁하자며 십만양병설을 임금 앞에서 거듭거듭 말하였다[我東先輩 唯文成公臣李珥 以改貢案 改軍籍 養兵十萬之說 申申然陳於上前 眞是有用之學也]〉(『경세유표』定本 25권, p.136)고 하며 십만양병설은 실학적인 주장이자 실용할 수 있는 주장이라고 기술하였습니다.

이러한 역사적 사실이 명확한데도 언제부터인가 영남의 남인들은 율곡의 십만양병설을 뒷날 율곡의 추종자들이 만들어 낸 거짓된 이야기라고 말하고 있습니다. 어떤 학자는 장문의 논문을 써서(『대동문화』 19집) 십만양병설은 사실이 아닐 것이라고 주장하였고, 요즘에도 영남의 유림이라는 사람들은 율곡 폄하의 주장에 곁들여 십만양병설까지 사실일 수 없다고 항다반으로 이야기하고 있습니다. 그때의 율곡 주장이 반대파들의 저지로 실행하지 못해, 임진왜란이라는 불행을 겪었던 것도 가슴 아픈데, 주장까지 거짓이라고 폄하하고 있으니 할 말이 없습니다. 허균·이익·정약용은 당파도 다른데, 그들까지 율곡의 추종자들이라고 말할 수 있는가요.

퇴계를 높이고 존숭함이야 탓할 수 없습니다. 그러나 율곡 폄하가 퇴계 존숭의 일로 여기는 것만은 이제라도 그친다면 어떨까요.

거침없는 면대직언(面對直言)

    율곡은 글로 상소하는 것 외에 경연이나 왕과의 면대 과정에서 수시로 바른 말, 곧은 말을 했다. 사실 글로 써 내는 것보다 면전에서 말로 충고하는 것은 훨씬 더 어려운 일이다. 오늘날과 같은 민주 국가에서도 대통령의 면전에서 입바른 말을 하지 못하는 세상인데, 하물며 조선 시대에는 어땠겠는가. 그런데도 율곡은 성가셔서 염증을 낼 만큼 선조에게 〈좋은 정치를 하려는 뜻이 있으십니까?〉 하고 따져 묻고 주위가 민망할 만큼 왕을 몰아붙이기까지 했다.

    언론인이라면 글과 말이 일치해야 한다. 문식(文飾)과 수사(修辭)의 힘을 빌리는 글과 달리 말은 직접적이고 즉시적이라는 점에서 그 효과와 파장이 훨씬 더 클 수 있다. 평소의 사유와 신념이 그대로 표출되는 것이 말이다. 그러므로 준비되지 않았거나 정제되지 않은 말은 언론으로서의 가치가 적다. 다만 고려할 것은 말이란 언제나 그 자리의 분위기와 여건에 따라 표현이 달라질 수 있고 달라지기도 해야 한다는 점이다. 내 의견을 제대로 전달하기 위해서는 일정한 해학과 유머, 눙치는 어법이 필요할 수도 있다.

하지만 율곡은 그런 점에서는 융통성과 유머가 없었다고 할 수 있다. 지나치게 근엄하고 명쾌하고 정직한 말은 듣는 사람들을 질리게 하거나 큰 상처를 입게 한다. 선조도 예외는 아니었다. 율곡을 좋아하면서도 두려워하고, 존중은 하되 건의된 시책을 따르지는 않았다. 유능하고 훌륭한 인물이 많이 나와 선조의 시대를 〈목릉성세(穆陵盛世)〉라고 말하지만, 국정 운영을 살펴보거나 나중에 이순신을 대하는 태도에서도 알 수 있듯이 선조는 끝내 난군(亂君)·암군(暗君)이자 혼군(昏君)·용군(庸君)이었다.

당초 선조에 대한 율곡의 기대는 자못 컸다. 율곡은 『경연일기』에 선조가 어려서부터 자질이 아름답고 생김새가 맑고 빼어났다고 썼다. 독서가 매우 정밀하여 의외의 질문을 하므로 사부들이 미처 대답을 못 하는 때가 있었다. 열여섯 살 나이로 즉위하자 일체 예법을 준수하고, 내관 가운데 장기간 당번을 하는 환관이 많은 것을 알고 반으로 줄였다. 즉위 당시 자주 경연에 나와 변론하고 질문하는 바가 매우 상세해 강관으로서 학식이 넓지 못한 사람은 경연에 들어가길 꺼릴 정도였다고 한다.

그런데 항상 문을 닫고 말없이 앉아 있을 뿐 내관과도 말을 나누지 않으니 조야에서 성덕의 성취를 우려했다고 한다. 부름에 응해 마지못해 조정에 나온 이황이 경연에서 이리저리 아뢰기도 하고 상소를 올리기도 하여 매번 성현의 학문을 할 것을 권했으나 선조는 너그럽게 받아들였을 뿐 자신을 돌아보는 실천은 없었다. 율곡이 진강할 때마다 학문과 정치에 대해 진달했으나 한마디 답변도 없었던 적도 많았다.

선조 2년(1569) 9월 율곡은 선조에게 이렇게 말했다.

옛날부터 일을 하고자 하는 군주가 가장 훌륭한 정치를 일으키려면 반드시 정성으로 현자를 응접하여 서로 주고받음이 마치 메아리와 같이 허심탄회하게 말을 받아들이기 때문에 상하가 서로 믿어 정치가 이루어지는 것입니다. 요순시대에는 말하지 않아도 믿었고, 작위적으로 하지 않아도 교화가 이루어져 언어를 기다릴 필요가 없었던 것 같지만, 옛 전적으로 고찰해 보면 요임금과 순임금이 신하들과 좋다[都], 그렇다[兪], 아니다[吁], 못 하겠다[咈]고 하여 답하지 않는 말이 없었는데, 하물며 후세에 있어서이겠습니까.

우리나라의 세종이나 세조 같은 분도 뭇 신하와 친밀하심이 마치 한집안의 부자와 같았습니다. 그래서 신하들이 은혜에 감복하고 덕을 사모해 죽을힘을 다했던 것입니다. 지금 신이 여러 번 입시하여 뵐 적마다 전하께서는 신하들의 말에 거의 답변이 없습니다. 한집안의 부자, 부부가 아무리 지극히 가까운 사이라도 아버지가 아들의 말에 답하지 않고 남편이 아내의 말에 답하지 않는다면 정이 그대로 막혀 버리는 법입니다. 하물며 군주와 신하란 그 명분과 지위가 현격히 떨어지는 관계입니다.

신하들이 성상의 용안을 뵐 수 있는 곳은 경연뿐입니다. 그래서 입시하는 신하가 아뢸 말씀을 미리 생각하여 밤낮으로 벼르다가도 성상의 앞에 나와서는 주상의 위엄에 질려 제대로 다 말하지 못하고 열 가지 중에서 두세 가지만 진달할 뿐입니다. 성상께서 아무리 마음을 터놓고 이야기를 주고받더라도 오히려 아랫사람의 마음이 통하지 못할까 걱정인데 하물며 침묵하여 말없이 저지할 때는 어떻겠습니까. 현재의 자연재해와 변고는 근래에 없던 것입니다. (중략) 명종대왕께서 200년의 종묘 사직을 전하께 맡기셨습니다. 전하께서는 근심거리를 받으신 것이요, 안락함을 물려받으신 게 아닙니다. 200년의 종묘사직 이 날로 위험한 지경에 다다르고 있는데, 전하는 진작(振作)할 생각을 하시지 않으십니까? (중략) 신민이 성군을 만나고도 덕화를 보지 못한다면 어느 때에 태평세월을 만나겠습니까?

신하들과 잘 소통한 것처럼 보였던 후일의 정조도 〈나와 멀리 떨어져 관계가 서먹서먹한 신하는 법에 걸려들까 두려워 감히 말 하지 못한다. 반대로 나와 가까이 있거나 관계가 친밀한 신하는 비위를 맞추느라 말하려고 하지 않는다〉라고 한탄한 적이 있다. 『일득록(日得錄)』훈어(訓語)에 나온다.

그런데 자질이나 성취 면에서 정조보다 훨씬 모자라는 것으로 평가되는 선조는 오죽했을까. 율곡의 『경연일기』에 의하면 〈즉 위한 지 3년이 되어도 선조는 정치를 도모하는 정성이 없고 신하 들도 모두 인습에 젖어 도학은 땅에 떨어지고 인심은 이익만 추 구하고 조정엔 직언이 드물며 기강이 허물어지고 사치는 도를 넘 어 나라 재산이 고갈되고 현명한 선비는 위축되어 물러나는 지경 에 이르렀다〉.

선조 6년(1573) 9월 21일 율곡이 직제학으로 부름을 받아 입시했다가 나아가 아뢰기를 〈소신이 병으로 오랫동안 물러가 있다가 오늘 옥음을 엎드려 들으니 음성이 퍽 부드럽지 못한 데, 무슨 까닭으로 그러하신지 모르겠습니다. 가만히 들으니 전하께서 여색을 조심하라는 말을 잘 들으려 하시지 않는다고 하는데, 그러한 주상 뜻의 소재를 깨닫지 못하겠습니다. 생각건대 반드시 전하께서 자질이 원래 청명하고 욕심이 적어 다른 사람의 말을 기다릴 필요가 없기 때문에 남들의 이런 말을 들으면 그만 알지 못하고 망령된 말을 하는 것으로 보기 때문인가 합니다. 그러나 그런 사실이 없다면 더욱 힘쓰셔야 하지 그런 말을 듣기 싫어해서는 안 됩니다〉 하자 상이 이르기를 〈네가 일찍이 상소했을 때도 이렇게 말하였다. 그러나 그것은 그렇지 않다. 사람의 말소리는 자연히 서로 똑같지 않은 것으로서 나의 말소리는 원래 이러한데 어찌 의심할 것이 있느냐〉 하니 율곡이 아뢰기를 〈전하께서 처음 즉위하셨을 때에 신이 일찍이 모셨는데 그때에는 옥음이 낭랑하여 일찍이 이렇지 않았습니다. 그래서 신이 감히 의심하는 것입니다〉 하였다. 율곡이 언제나 말씀을 아뢸 때에는 말투가 퍽 지나치게 명쾌하고 정직하였다. 이때에 왕의 안색이 퍽 거슬리는 것으로 보였다.

이상은 홍문관의 김우옹(金宇顒, 1540~1603)이 기록한 『경연강의』에 나오는 장면이다. 율곡은 선조에 대한 실망을 지우지 못하면서도 벼슬길에 다시 나오면 왕에 대한 충고와 훈계를 계속했다. 색을 너무 밝히는 바람에 목소리까지 달라진 것 아니냐고 대놓고 따지고 물었으니 왕이 기가 질릴 만도 하다. 선조는 나이가 열여섯 살 많고 모르는 게 없고 바른 말 잘하는 율곡에 대해 존중과 경원이 뒤섞인 감정을 마지막까지 극복하지 못했던 것 같다.
　선조 6년(1573) 10월 율곡은 이렇게 말했다.

　임금이 높은 자리에 앉아서 스스로 만족하고 있으면 좋은 말이 어디로 들어가겠습니까. 반드시 두루 듣고 널리 물어서 착한 의견을 택하여 허심탄회하게 받아들인 후에야 뭇 신하가 다 나의 스승이 되고 뭇 착한 것이 임금의 몸에 모여들어 덕업이 이로써 높고 넓어질 것입니다. 지금 전하께서는 겸손과 사양의 태도로 하교하시니 신은 얼마나 감격스러운지 모르겠습니다. 그러나 겸양에는 두 가지가 있습니다. 스스로 만족하지 않아서 자기를 버리고 남을 따르는 것은 선을 하는 근본이 되지만, 사양하고 물러나 진취하지 않고, 떨치고 일어날 뜻이 없으면 겸양이 도리어 병통이 됩니다. 전하의 말씀은 겸손하시나 공론을 좇지 않으면서 나만 옳고 남은 그르다 하게 되면 도리어 나보다 나은 사람은 없다고 여기는 병이 되니 이는 신이 근심하는 바입니다.

그 10월의 다른 날에는 이런 말도 했다.

지금은 나라에 기강이 없어 할 수 있는 것이 없습니다. 만일 이런 상태로 간다면 다시는 희망이 없습니다. 반드시 주상께서 큰 뜻을 분발하시어 일시에 일깨워 기강을 세운 뒤에라야 나라가 될 것입니다. 기강은 법령과 형벌로 억지로 세울 수 있는 것이 아닙니다. 조정이 착한 것을 착하다 하고 악한 것을 악하다 하여 공정함을 얻어 사사로운 마음이 유행하지 않아야만 기강이 서는 것입니다. 지금은 공(公)이 사(私)를 이기지 못하고 정(正)이 사(邪)를 이기지 못하니 기강이 어떻게 서겠습니까? 옛날 초 장왕과 제 위왕은 지극히 현명한 임금도 아니었습니다만 오히려 거의 망하게 된 나라를 일으켜 마침내 부강의 업적을 이루었습니다. 지금 전하께서는 비록 스스로 불민하다고 하시지만 어찌 저 두 임금보다 못하겠습니까?

이에 대해 선조는 어찌 갑자기 개혁을 할 수 있느냐고 현실론을 제기한다. 율곡도 조광조의 급진 개혁 실패 사례를 거론하며 점진적 개혁이 중요함을 강조한다. 긴 대화 끝에 율곡은 이렇게 말했다. 〈지금 전하께서는 참으로 현자를 좋아하시지만 불러서 작록만 주실 뿐 그 말을 채택하는 것은 보지 못했습니다. 그가 참으로 도를 지키는 선비라면 어찌 허례 때문에 벼슬하러 오겠습니까. 또 과거급제를 못한 사람이라도 재주와 덕망만 있으면 사헌부 관원으로 쓰는 것이 나라의 늘 있는 규례인데 기묘년에 실패한 뒤*로는 마침내 그 길을 막았으니 이는 역대의 법을 시행하지 않는 것입니다.〉

그러나 선조는 현자를 쓰는 것이 좋지만 경험이 없는 사람들이 일을 할 때 지나칠까 걱정이며 고집이 센 사람들이 제재를 듣지 않고 굳이 제 뜻대로만 하려 할 것을 걱정했다. 율곡은 〈어찌 하필 과거급제를 못한 사람들에만 좋지 못한 사람이 섞여 나올 것을 근심하느냐〉며 선조를 설득했고, 결국 〈그 말이 옳다〉는 〈항복〉을 받아냈다.

선조 6년(1573) 11월에도 율곡은 이런 말을 했다.

주상께서는 스스로 불민하다고 핑계하셔도 성학은 벌써 고명한 데에 이르셨으니 이 정밀하고 분명한 학문에 실천의 공력을 더하면 한 시대를 바로잡을 수 있을 것입니다. 아무리 문장

* 조광조 등이 당한 기묘사화를 말한다.

의 뜻에 밝다 해도 실천에 절실하게 힘쓰지 않으면 무엇이 유익하겠습니까? 또한 주상께서 말씀이 매우 드물어 신하들의 말에 대답을 잘 하지 않으시니 주상의 생각에 대답할 만한 것이 못 되어 그리하십니까? 옛사람이 말하기를 〈천하의 선비를 가볍게 여기지 말라[勿輕天下士]〉 하였는데, 신하들의 말에 어찌 답을 하지 않으십니까? (중략) 모든 일을 반드시 아래에서 건의하여 올리기만을 기다리고 주상의 생각에서 나온 것이 없으니 신하들은 주상의 의향이 어디에 있는지 알지 못하고 있습니다. 만일 전하께서 몸소 실행하는 실체가 밖으로 드러나면 아래에서는 더 열심을 가지고 할 사람이 있어 소문만 듣고도 흥기할 것입니다. (중략) 신 같이 어리석은 자에게는 진실로 물으실 것이 없겠으나 들어와 모신 지 여러 날이 되어도 치국의 도리를 한 번도 묻지 아니하시니 신은 감히 성상께서 정치를 잘하시려는 뜻이 있는지를 알 수 없습니다.

이에 대해 선조는 〈나를 두고 말을 하지 않는다고 한 것은 옳다. 그러나 특별히 무슨 말을 하겠는가. 지금 말하는 것이 모두 나의 한 몸에 중점을 두고 있는데, 스스로 돌아보건대 변변치 못해 정치의 도리를 일으킬 수 없다. 그래서 말을 하지 않는 것이다〉라고 했다. 이어 아래와 같은 문답이 오갔다.

율곡 이것은 겸양의 말씀이지 어찌 정말 그렇겠습니까.
선조 겸양하는 것이 아니다. 옛사람의 말에 〈사람이 어찌 자기를 모르랴[人豈不自知]〉 했으니 난들 어찌 나를 모를 리가 있겠는가.

율곡   참으로 주상의 하교와 같다면 현자를 얻어 믿고 나라를 다스릴 수 있습니다. 다만 주상께서는 〈좋은 정치를 할 능력이 없다〉고 하시나 신은 믿지 아니합니다. 지금 전하께서 여색에 깊이 현혹되셨습니까. 음악을 좋아하십니까. 술을 즐기십니까. 말 타기와 사냥을 좋아하십니까. (중략) 다만 부족하신 점은 뜻을 세워 좋은 정치를 도모하지 않는 것입니다. 뜻을 세워 하려고 하면 어찌 다스려지지 못할 것을 근심하겠습니까.

선조   예로부터 임금이 재주도 있고 덕도 있어야 나라를 다스리는 것인데, 나는 재주와 덕이 없는 데다 마침 다스리기 어려운 시대를 만났다. 이것이 큰일을 하기 어려운 이유이다.

율곡   임금의 덕이 요, 순, 우, 탕, 무 같은 뒤에야 정치를 잘할 수 있다면 과연 어려울 것입니다. 그러나 지금 전하께서는 이미 덕을 잃은 적이 없으니 이것에 근거해 덕을 증진시켜 갈 수 있고, 덕이 증진되면 재주 또한 생기는 것입니다. 만일 재주가 나라를 다스리기에 부족하다고 스스로 생각하신다면 자신보다 어진 이를 얻어 맡기면 될 것입니다. (중략) 신의 말이 나라에 유익하다면 비록 몸이 부서져도 사양하지 않겠지만 남의 뒤나 따라다니며 녹이나 먹는다면 신이 비록 염치없는 사람이라도 결코 견딜 수 없습니다.

선조   오늘날 폐단을 개혁하기가 심히 어렵다.

율곡   사람을 얻으면 폐단을 개혁하기는 어렵지 않으나 마땅한 사람을 얻지 못하면 일이 틀림없이 성과가 없을 것입니다.

율곡은 이듬해 2월에도 〈주상께서는 매번 변통하기를 어렵게 여기시기 때문에 끝내 실효가 없는 것입니다. 개혁하지 않으면 나라 꼴이 되지 않을 것입니다〉라는 말로 선조를 설득했다. 그러나 선조는 자신의 자질이 변변치 못해 일을 할 수 없다는 등 변명을 일삼았다.

선조 7년(1574) 2월, 선조가 수심에 찬 시를 한 편 쓴 적 있다. 율곡은 〈전하께서는 어찌하여 그렇게 즐겁지 않으십니까〉 하고 묻고는 시를 외워 보였다. 이어 〈심복의 신하 두세 사람만 있다면 어찌 이렇게까지 근심을 품고 답답해하시겠느냐〉며 경연관들이 잡서를 보지 말라고 했던 걸 환기시킨 다음, 다만 사장(詞章)에만 마음을 두면 학문에 해가 된다고 말했다. 그러자 왕이 부끄러운 얼굴로 한참동안 머리를 숙이고 있었다.

같은 해 3월, 왕이 의영고(義盈庫)에 명해 황랍(黃蠟) 500근을 내수(內需)로 바치게 하자 용도를 알 수 없어 조정이 물 끓듯 했다. 혹자는 〈불사(佛事)에 쓸 것이다〉 하였다. 율곡은 〈용도가 바르다면 속히 성의(聖意)를 보여 뭇사람의 의혹을 풀어 주시고, 용도가 바르지 않다면 황랍을 내수로 바치라는 명을 거두어 주소서〉라고 했다. 그러나 선조는 내 물건을 내가 쓰는데 신하들이 왜 시비냐는 투로 반발하면서 불상을 만들려 하는 것이라는 소문을 퍼뜨린 사람들을 잡아들여 심문하겠다고 말했다.

그러자 율곡은 〈소문으로 전파된 말은 한 사람의 입에서 나온 것이 아닙니다. 소문으로 전파된 말은 그 말의 뿌리를 힐난하여 찾을 수 없다는 것을 전하께서도 알지 못하지 않을 것입니다. 그런데 이처럼 핍박하여 물으시니, 이는 위엄으로 신하들의 기운을 꺾어 언로를 막으려는 것에 불과합니다. 대간이 무릇 들은 바가 있으면 비록 전파된 소문에서 나온 것일지라도 감히 진달하지 않을 수 없는 것은 임금을 섬김에 소회를 숨기지 않는 도리입니다. 군이 소문으로 전파된 말을 끝까지 따져 터무니없는 말을 날조한 죄를 간신(諫臣)에게 씌우려 하신다면 한마디 말로 나라를 잃는 것에 가깝지 않겠습니까〉 하여 임금의 마음을 돌리게 했다.

선조가 즉위한 지 8년째 되는 1575년 어느 날, 집의 신점(申點, 1530~1601)이 말했다. 〈북방이 텅 비어 오랑캐 기병이 쳐들어온다면 막아 낼 계책이 없으니 미리 장수를 선택하여 기르십시오.〉 이에 대해 선조는 〈조정에 큰소리치는 사람이 많으니 오랑캐 기병이 오거든 큰소리치는 사람을 시켜 막을 것이다〉 하였다. 당시는 구 기득권 세력이 남아 있고 아직 사림이 경륜과 전망을 보여 주지 못할 때였는데, 구체적이고 현실적인 대안이 부족한 사림의 천편일률적 말잔치 주장에 신물을 내며 삐쳐 있던 선조가 볼멘소리를 한 셈이다.

그러자 율곡이 즉각 이렇게 따졌다. 〈주상께서 말씀하신《큰소리치는 사람》은 어떤 사람을 지목하신 것입니까? 큰소리만 치고 실속이 없는 자를 지목하시는 겁니까? 그런 사람을 쓰면 반드시 일을 그르칠 것인데, 어찌 그 사람을 시켜 적을 막게 할 수 있겠습니까? 또 만일 옛것을 좋아하고 성인을 배우려는 사람을 큰소리치는 사람이라고 하셨다면 주상의 말씀이 극히 온당치 못합니다. 맹자가 양 혜왕과 제 선왕을 만나서도 오히려 요순 임금을 목표로 삼으라고 했는데, 이것도 큰소리를 좋아하는 것입니까?〉

율곡의 말은 이어진다. 〈임금의 말이 한 번 나오면 사방으로 전파되어 옳지 못한 일이라면 천리 밖에서도 왕명을 거역하는 법입니다. 지금 전하께서 학자를 큰소리나 치는 사람이라고 지목하여 북쪽 변방으로 보내려고 하시면 훌륭한 사람은 기운이 꺾이고 못난 자는 자기에게 관직이 돌아올 거라고 갓을 털며[彈冠] 좋아할 것입니다. 임금의 말씀이 선한 사람을 좌절시키고 악행을 저지르는 자를 기쁘게 해준다면 어찌 그릇된 일이 아니겠습니까?〉 선조는 아무 말도 하지 못했다. 한마디 내질렀다가 큰코다친 꼴이 된 것이다.

율곡에 대한 선조의 감정은 변덕스럽다고 해야 할 정도였다. 선조는 학문이 뛰어난 현인들을 등용해 정치와 국가 경영에 도움이 되는 말을 듣고 싶어 했지만 그런 사람들의 건의를 실행하려 하지는 않았다. 개혁의 결과에 대한 자신도 없었다. 선조가 볼 때 율곡은 〈크게 등용할 만한 사람이지만 언론이 너무 과격한〉 인물이었다. 〈율곡은 우활(迂闊)*한 자〉라는 말도 했다. 직언을 서슴지 않아 자신을 불편하게 하고 곤란하게 하는 신하가 부담스러울 수밖에 없었을 것이다.

선조 8년(1575)에 율곡을 비롯한 신료들에게 선조는 〈나는 대신들을 지성으로 대우하고 군신을 붕우같이 여기는데 지금 군신들은 나를 혼군(昏君)과 용주(庸主)로 대우하니 내가 어찌 감히 얼굴을 들고 경들을 보겠는가?〉라고 불만을 토로했다. 선조는 당시 신하들의 요구가 지나치며 그 중심에 율곡이 있다고 생각했던 것 같다.

이듬해 율곡이 사직하고 파주로 돌아갔을 때 영의정 박순이 율곡의 어질고 재주 있음을 들어 그를 다시 부르라고 여러 차례 천거했다. 그러나 선조는 〈이 사람은 과격하고 또 그가 나를 섬기지 않으려 하는데 내가 어떻게 억지로 만류할 수 있겠는가. (한나라) 가의(賈誼, 기원전 200∼기원전 168)는 글을 읽어 말만 능할

* 사리에 어둡고 세상 물정을 잘 모름.

뿐 사실 쓸 만한 인재는 아니었다. 한 문제(漢文帝, 기원전 202~기원전 157)가 가의를 등용하지 않은 것은 참으로 소견 있는 행동이었다〉라고 말했다.

한 문제와 가의에 관한 이야기는 꼬리가 길다. 선조 7년 2월에 선조는 율곡에게 한 문제가 가의를 쓰지 않은 이유를 물었다. 이에 대한 율곡의 답변. 〈문제가 현명하긴 했으나 뜻이 높지 못해 가의의 말이 원대함을 보고 의심이 나서 쓰지 않은 것입니다. 대체로 사람은 큰 뜻이 있은 뒤에야 큰일을 할 수 있습니다. 주인은 두어 칸짜리 작은 집을 지으려 하는데, 목수가 큰 집을 지으려 한다면 주인이 그 말을 좋아서 듣겠습니까?〉

한 문제와 가의에 관한 두 사람의 논란은 선조 2년에 율곡이 지어 올린 『동호문답』으로 거슬러 올라간다. 글을 읽은 선조가 한 문제를 자포자기한 인물로 규정한 이유를 물은 적이 있다. 이에 대해 율곡은 〈한 문제는 분명 자질이 훌륭한 군주였고 한나라의 도가 전성기였기에 옛 법도를 회복할 수 있었으나 문제의 뜻이 높지 못해 잡스러운 패도 정치에 그치고 말았다〉고 말한 바 있다. 선조는 한 문제와 자신을 뜻이 높지 못한 인물로 동일시하는 듯한 율곡에 대해 불쾌함을 끝내 지우지 못했던 것이다.

전한의 제5대 황제요 한고조 유방의 4남이었던 한 문제는 뒤를 이은 경제(景帝)와 함께 〈문경지치(文景之治)〉*라는 좋은 평을 받았지만, 율곡은 그의 부족한 점을 한사코 일깨우려 했다. 하지만 율곡은 결국 가의처럼 애만 쓰다가 일찍 죽었다.

조광조는 중종반정에 별로 공도 없으면서 정국공신으로 잘못 들어간 사람들을 도태시키려고 중종을 계속 졸라 결국 허락을 받

* 중국 한나라 문제와 경제 시절 선정을 베풀어 백성의 민심을 크게 안정시킨 치세.

았었다. 그러나 율곡의 표현에 의하면 중종은 이미 조광조에 대해 〈마음속으로 한층 염증을 내고 있었다[上心益厭之]〉(『경연일기』 선조 즉위년 10월). 선조도 율곡에 대해 같은 염증을 내고 있었던 게 아닐까.

조광조의 실패를 알면서도 율곡은 선조를 몰아세웠다. 율곡은 왕을 타이르고 꾸짖는 한편 그 자리에 동석한 대소 신료들까지 면박을 주어 무안하게 만들곤 했다. 그런 점에서, 글로 된 상소와 달리 말을 통한 율곡의 상소는 오히려 역효과가 컸던 게 아닌가 싶다. 하지만 효과를 재보고 체면과 눈치를 보느라 말을 하지 않는 것보다는 해야 할 말을 다하는 게 율곡의 본령이 아니겠는가. 선조가 거듭 한탄스럽고 당시의 대신들이 한심할 뿐이다.

선조 14년(1581) 10월 비바람이 불고 낮이 어둡더니 뇌성과 번개가 여름철보다 더 심한 날, 영상 박순, 병조판서 유전, 형조판서 강섬, 한성부윤 임열, 좌찬성 심수경, 우찬성 이문형, 공조판서 황임, 예조판서 이양원, 이조판서 정지연, 호조판서 이이, 도승지 이우직, 대사헌 구봉령, 부제학 유성룡 등이 입시하고 있었다. 왕이 예사롭지 않은 천변(天變)에 어떻게 대처해야 할까를 물었는데, 대답이 다 용렬하여 취할 게 없고 오직 이이와 유성룡의 진언이 쓸 만했다(율곡 자신의 평가).

이때 율곡이 길게 말하기를(그 분량이 다른 사람들이 질릴 만하다) 〈경제사(經濟司)를 설치하되 대신으로 총괄하게 하고 사류 중 시무에 밝게 통달하고 나랏일에 뜻을 둔 인물을 뽑아서, 건의하는 말이 있으면 모두 경제사에 내려 시행 여부를 상의해 폐정(弊政)을 개혁하게 하면 하늘의 마음을 돌이킬 수 있을 것〉이라고 진언했다. 지금 공자나 맹자가 좌우에 있다 하더라도 시행하는 바가 없으면 무슨 보탬이 되겠는가, 경제사 설치는 현실로서는 생소한 느낌이지만 이렇게 하지 않으면 나랏일을 어찌 해볼 수가 없어 점점 침체될 것이라는 주장이었다. 말하자면 비상 대책 기구를 신설해 그 기구를 통해 모든 현안을 논의하고 결정하자는 제언이었다.

그러나 선조는 경제사를 설치하면 뒷날 틀림없이 큰 폐단이 생길 것이며 현실과 맞지 않는다며 채택하지 않으려 했다. 율곡이 〈지금 누적된 폐단이 대단해 임금의 은택이 아래로 흐르지 못하고 있으니 반드시 시무에 뜻을 둔 사람을 얻어 한자리에 모아 서로 방책을 강구해 시폐를 개혁함이 옳을 것입니다. 폐단만 다 개혁되면 경제사를 다시 해산해도 될 것이니 상설하여 오래 두자는 뜻이 아닙니다〉라고 말했다. 상설 기구로 운영하자는 게 아니니 권력 집중으로 인한 폐해와 부작용을 걱정하지 말라는 뜻이었지만, 선조는 맡길 사람이 마땅치 않다거나 지난날 운영했던 정공도감(正供都監)의 부작용과 폐단 등을 이유로 끝내 기꺼이 따르지 않았다.

냉엄 강직한 인물 평가

　율곡은 동료 친지는 물론 선배 학자나 대신들에 대해서도 주저하지 않고 인물평을 했다. 그 내용은 오늘날 많은 언론인들이 새로운 벼슬아치들의 프로필을 장점만 내세워 기술하는 것과 사뭇 다르다. 그것이 바로 율곡다운 점이었지만, 솔직하고 거침없는 평가는 율곡이 글로 써놓은 것이든 말로 한 것이든 비판과 갈등을 불러오게 한 요인이 됐다.

　선조수정실록 18권, 선조 17년 1월 1일에 실린 이율곡 졸기(卒記)에 다음과 같은 내용이 있다. 〈(율곡은) 한 시대를 구제하는 것을 급선무로 여겼기 때문에 물러났다가 다시 조정에 진출해서도 사류(士類)를 보합(保合)하는 것으로 자신의 임무를 삼아 사심 없이 할 말을 다하다가 주위 사람들에게 꺼리는 대상이 되었는데, 마침내 당인(黨人)에게 원수처럼 되어 거의 큰 화를 면치 못할 뻔하였다. 이이는 인물을 논하고 추천할 때 반드시 학문과 명망과 품행을 위주로 하였으므로 진실되지 못하면서 빌붙으려는 자들은 나중에 많이 배반하였다. 그래서 세속의 여론은 그를 너무도 현실에 어둡다고 지목하였다.〉

　그런 율곡의 인물 평가에서 두드러지는 점은 도학과 덕망, 인품을 갖추었다 하더라도 나라를 이끌어가고 백성을 위해 시대의 문제를 해결해 가는 능력과 방략이 없는 인물이면 좋은 점수를 주지 않은 점이다. 왕을 도와 국정을 다루고 나라를 이끌어가는 대신의 자리에 오른 사람은 나라의 녹을 먹는 값을 해야 하며 그 행동과 판단이 학식과 덕망으로 인심을 얻고 존경받는 산림의 처사와 분명히 달라야 하기 때문이다.

율곡의 『경연일기』 선조 13년(1580) 6월 기사에 다음과 같은 글이 있다. 〈선비가 이 세상에 태어나서 관직에 나아가면 조정에서 이름을 드날려 녹을 먹으며 도를 행하고, 물러나서는 들에서 농사 지어 연명하며 의리를 지켜야 한다. 하는 일 없이 녹이나 먹어 관직을 병들게 해서도 안 되고 손놓고 앉아 굶어 죽어서도 안 된다.〉

이런 생각이니 율곡의 붓 앞에 완전무결한 사람이 얼마나 있겠는가. 1910년 경술국치 때 자결한 매천(梅泉) 황현(黃玹, 1855~1910)은 하도 인물평이 맵고 짜서 〈매천필하무완인(梅泉筆下無完人)〉*이라는 말이 생겼다고 한다. 이 평을 원용해 말하면 율곡필하무완인(栗谷筆下無完人)이었다고 할 수 있다. 성품이 원래 그래서라고 말할 수 있으나 그보다 공정하고 냉엄하게 객관적 평가를 해야 하는 언론가의 기백과 직필의 자세를 갖추었기 때문이라고 해석할 수 있다.

하지만 영의정을 거친 이준경의 경우 명망 있는 학자요 관료로 많은 존경을 받았던 인물인데, 그에 대한 율곡의 부정적 평가는 의아스러울 정도다. 특히 붕당을 걱정한 이준경의 유소(遺疏)에 대한 극렬한 비판은 이해하기 어려운 점도 있다. 율곡으로서는

* 매천의 붓 아래 완전한 사람이 없다.

이준경의 붕당 인식이 잘못돼 오히려 평지풍파를 일으키고 임금과 신하들은 물론 사류들 간에 불신과 의심을 초래하는 형국이 된다고 우려한 것이리라. 그러나 이준경 사후 실제로 붕당의 폐해가 심해졌고 율곡 자신도 이의 피해를 당하며 동서 보합을 위해 애쓰지 않았던가. 율곡의 인물평 중에서 이 대목은 아쉬운 일이 아닐 수 없다.

『경연일기』의 인물평은 율곡 생전은 물론 타계 직후에도 일반에 공개되지 않았다. 그만큼 냉엄하고 정직한 기록이어서 큰 파장이 예상되기 때문이었다. 그래서 더 의미가 있다. 『경연일기』는 율곡 사후 그의 절친한 벗인 우계(牛溪) 성혼(成渾, 1535~1598)이 율곡문집을 편찬할 때 저자의 다른 어떤 글보다 중요하게 평가하면서도 당시 기휘(忌諱)해야 할 내용이 많아 간행하지 않았다. 그러다가 율곡보다 100년 뒤의 사람인 박세채(朴世采, 1631~1695)가 율곡전서 외집(外集)에 끼워 넣어 간행했다.

율곡의 『경연일기』에 그의 말과 글로 나타난 주요 인사들에 대한 평가 사례를 살펴본다. 아래에 정리한 평가는 대부분 그 인물이 죽었을 때 율곡이 기술한 졸기의 내용이지만, 율곡보다 더 오래 산 사람들에 대한 그의 평소 평가와 생각도 되도록 많이 뽑아 소개한다(＊표는 각 인물의 업적이나 행적에 대한 정보를 필자가 여러 자료에서 취합해 정리한 내용).

조광조(趙光祖, 1482~1519) 젊었을 때 김굉필(金宏弼, 1454~1504)에게서 배웠는데 자질이 매우 아름답고 지조가 굳고 확실했다. 세상이 쇠퇴하고 도가 희미해지는 것을 보고 개연히 도를 행하는 일을 사명으로 삼아 행동을 법도에 맞도록 했다. 팔짱 끼고 꿇어앉아 말을 꼭 해야 할 때만 했으므로 속인들은 손가락질하며 비웃었으나 조금도 동요되지 않았다. 대사헌이 되어 법을 공평하게 행사하므로 사람들이 감복하여 그가 거리에 나갈 때면 말 앞에 모여 〈우리 상전이 오셨다〉고 했다.

이렇게 되자 남곤(南袞, 1471~1527) 등이 몰래 조광조가 민심을 얻었다는 유언비어를 만들어 중종의 귀에 들어가게 하니 중종의 마음에 의심이 없을 수 없었다. 마침내 죽음을 면하지 못했다.

애석하도다! 아마도 하늘이 사도(斯道)*가 행해지지 못하도록 했나 보다. 어째서 이런 인물을 낳기만 하고 성공하도록 만들지는 않았던가. 그러나 유학에 끼친 그의 공로는 사라지지 아니하리라. 뒷사람들이 태산과 북두처럼 우러러보고 또 위에서 내린 은총이 갈수록 더욱 융숭함은 당연하도다.

*조광조는 중종반정 이후 사림의 지지를 바탕으로 도학정치의 실현을 위해 적극적으로 활동했다. 천거를 통해 인재를 등용하는 현량과(賢良科)를 주장해 사림 28명을 선발하는 등 개혁 정치를 서둘러 단행했다. 1519년 중종반정의 공신 가운데 부당한 녹훈자(錄勳者)가 있음을 비판해 105명의 공신 중 2등공신 이하 76명의 훈작(勳爵)을 삭제했다. 이런 일들이 훈구파의 격렬한 반발을 불러일으켰고, 결국 기묘사화가 일어나 능주(綾州)**로 귀양 간 지 한 달 만에 사사됐다. 그의 사상의 핵심은 덕과 예로 다스리는 유학의 이상적 정치인 왕도(王道)를 현실에 구현하는 것이었다. 〈도학을 높이고, 인심을 바르게 하며, 성현을 본받고 지

* 유학을 말함.
** 전남 화순 지역의 옛 지명.

치(至治)를 일으킨다〉는 말대로 도학 정치의 구현인 지치를 지향했다.

심통원(沈通源, 1499~?) 됨됨이가 용렬하고 나약하며 행실이 염치가 없고 처사가 모호했다. 본시 명망이 없었으나 외척으로 출세하여 좌의정에 이르러 오로지 뇌물만을 일삼았다.

* 왕의 외척으로 윤원형(尹元衡) 등과 권력을 남용하여 뇌물을 받아 삼사(三司)의 탄핵을 받고 사직, 1567년(선조 즉위년) 관직이 삭탈됐다.

송인수(宋麟壽, 1487~1547) 충성과 효도가 지극했다. 그러나 좋은 선비였을 뿐 경세제민의 큰 재국(才局)은 없었고 허심하게 사람을 대하므로 남의 속임에 넘어가는 일이 많았다.

* 대사헌·이조참판을 역임, 윤원형·이기(李芑) 등의 미움을 사서 전라도 관찰사로 좌천됐다가 대사헌을 거쳤다. 1545년 을사사화에 한성부 좌윤(左尹)에서 파면돼 청주(清州)에 은거 중 윤원형·이기 등에 의해 사사되었다.

한윤명(韓胤明, 1537~1567) 임금이 후사가 없는 것을 걱정하고 특별히 유학자를 뽑아 여러 왕손을 가르쳐 그 학문의 성취 여하를 보아 적당한 인물을 뽑으려고 한윤명을 그 사부로 삼았다. 한윤명은 젊었으나 학문에 뜻을 두고 모범적인 행실을 따라 매우 훌륭한 명성이 있었다. 늦게 벼슬길에 나아가 비록 덕을 이루지는 못했으나 타고난 품성이 순수하고 아름다웠으며 일을 할 때는 신중했다. 근세에 드문 인물이었다. 그가 일찍 죽은 것을 사림이 애석해했다.

　＊선조가 세자일 때 스승이었다. 율곡과 도의지교(道義之交)
했고, 그가 세상을 뜨자 율곡은 글을 지어 제사를 지냈다.

　윤춘년(尹春年, 1514~1567)　됨됨이가 경망하고 자신감이 많았
으나 그 학문이 심히 잡박(雜駁)하여 불교와 도교의 찌꺼기를 주
위 모아서 떠벌리면서 득도했다고 자칭했다.

　＊중종 사후 소윤과 대윤의 분열이 일어나자 소윤의 영수인 윤
원형의 세력에 가담했다가 그가 실각하자 파직됐다.

　이언적(李彦迪, 1491~1553)　박학하고 문장을 잘했으며 부모를
지극한 정성으로 섬기고 손에서 책을 놓지 않았다. 몸가짐이 장
중하고 쓸데없는 말을 하지 않았으며 많은 저술을 남기고 매우
정미한 경지에까지 나아갔으므로 배우는 이들이 도학으로 추대
했다. 다만 경세제민의 큰 재질과 조정에 있을 때 큰 절개가 없
었다.

　＊예조판서, 형조판서, 좌찬성 등을 역임. 1547년(명종 2년)
윤원형 일당이 조작한 양재역 벽서 사건(良才驛壁書事件)에 무
고하게 연루되어 평북 강계로 유배되었고, 그곳에서 많은 저술을
남긴 후 세상을 떠났다. 회재라는 호는 회암(晦菴)＊의 학문을 따
른다는 견해를 보여 준다. 기(氣)보다 이(理)를 중시하는 그의 주
리적 성리설은 이황에게 계승돼 영남학파의 중요한 성리설이 됐
으며, 조선 성리학의 한 특징을 이루었다.

＊　주희(朱熹, 1130~1200)의 호.

민기(閔箕, 1504~1568) 당시의 공론이 그를 인정했으나 재물을 탐내고 여색을 좋아해 볼 만한 행실이 없었다. 정승 자리에 오르자 겉으로는 선한 사람들을 돕는 듯했으나 속으로는 사실 앞뒤 눈치만 보았는데 모르는 사람들이 현명한 재상이라고 칭송했다.

＊벼슬이 우의정에 이르렀으며 춘추관 편수관으로 중종실록 편찬에 참여했고, 1552년에는 동지사(冬至使)로 중국 명나라에 다녀왔다.

홍섬(洪暹, 1504~1585) 문장으로 이름이 있으나 지조 있는 행실이 없으며 몸을 사리고 녹봉이나 보전할 따름이었다.

＊조광조의 문인. 김안로(金安老)의 전횡을 탄핵하다가 무고로 유배된 일이 있고, 선조가 즉위하자 원상(院相)＊으로 활약하며 우의정에 올랐다. 이어 영의정에 승진돼 세 번이나 중임했다.

박순(朴淳, 1523~1589) 청렴 개결하고 지조가 있었다. 젊었을 때 화담(花潭) 서경덕(徐敬德, 1489~1546)을 스승으로 섬겼고, 조정에 서서는 항상 나랏일을 걱정했다. 됨됨이가 안팎이 결백하고 성심으로 나랏일을 걱정하니 조정 신하 중 그와 견줄 사람이 없으나 정신과 기백이 약해 큰일을 감당해 내지 못할 것 같다.

＊대사간, 대사헌, 대제학, 이조판서, 영의정 등을 역임했다. 동서 붕당 대립이 본격화하는 와중에 서인의 영수로 지목돼 탄핵을 받고 관직에서 물러났다. 기회 있을 때마다 이이 등을 극력 추천했고, 이이가 죽자 증직과 포상을 주청했다.

＊ 어린 임금을 보좌하던 연로한 정승.

이준경(李浚慶, 1499~1572) 인망이 다소 있었다. 다만 재능과 식견이 부족하고 성격이 거만해 선비들에게 몸을 굽히고 말을 들어주는 아량이 없는 데다 재해가 절박해 인심이 뒤숭숭한 때를 맞아 별로 건의한 점이 없으므로 시류의 여론이 그를 그르게 여기자 본인 역시 스스로 편안하지 못했다. 이로 인해 신진 사류와 협동하지 못했다. 정승이 되어 일을 진정시키는 데만 힘쓰고 큰일은 하지 못했기 때문에 사림이 많이 부족하게 여겼다. 옛 전철을 고수하는 것으로만 왕을 인도하여 그럭저럭 미봉해 나갔으나 정승으로서의 업적에 볼 것이 없었다. 끝내는 나라가 망할 말(동서 붕당의 위험을 경고한 상소)로 임금을 그르쳐 명망을 잃었으니 참으로 애석한 일이다. 그러나 맑은 인덕이 있어 문으로 뇌물이 들어온 적이 없어 현상(賢相)으로 일컫는 이도 있었다.

＊ 병조판서, 우의정, 좌의정, 영의정을 거쳤다. 1567년 선조를 왕으로 세우고 원상(院相)으로서 보좌했다. 기묘사화로 죄를 받은 조광조의 억울함을 풀어주고, 을사사화로 죄를 받은 사람들을 신원하는 동시에 억울하게 유배됐던 노수신(盧守愼), 유희춘(柳希春) 등을 석방해 등용하였다. 그러나 기대승(奇大升)·이이(李珥) 등 신진 사류들과 뜻이 맞지 않아 비난과 공격을 받기도 했다. 임종 때 붕당을 타파해야 한다는 유차(遺箚)＊를 올려 이이, 유성룡 등 신진 사류들의 규탄을 받았다.

이황(李滉, 1501~1570) 성품이 온순하여 순수한 것이 옥과 같았다. 학문은 문(文)을 통해 도(道)에 들어갔고, 의리가 정밀해 한결같이 주자의 가르침을 준수했다. 여러 가지 학설의 차이 또

＊ 유훈으로 남기는 차자.

한 조리가 분명했고 훤히 이해했다. 배우는 이들이 질문해 오면 아는 대로 다 말해 주었으나 제자를 모아 선생으로 자처하지 않았다. 평소에 자랑하려고 애쓰지 않아 보통 사람과 크게 다른 점이 없는 것 같았으나 출처나 진퇴, 사양하고 받거나 주고 가지는 예절이 털끝만큼도 어긋남이 없었고 의로운 것이 아니면 끝내 받지 않았다. 특별한 저서는 없었으나 성학(聖學)의 모범을 발휘하고 현명한 가르침을 드러내어 널리 밝힌 의논이 세상에 많이 전해지고 있다. 이황은 당세 유학의 종주(宗主)로 조광조 뒤로는 그에 비할 사람이 없었다.

이황의 재주와 국량은 조광조를 따르지 못하나 의리를 깊이 연구하여 정미한 경지에 이른 것은 조광조가 그를 따르지 못할 것이다. 이황은 정신과 기백을 비록 강하게 타고나지 못했고, 재주와 기국(器局)이 진실로 옛사람에게 미치지 못한 데가 있으나 다만 일생을 두고 의리의 학문에 침잠하여 글에 나타난 언론과 풍모는 비록 예전 이름난 학자의 말이라도 이보다 낫지는 않다(〈이황은… 않다〉 대목은 이황 사후 율곡이 선조에게 서둘러 시호를 내려줄 것을 청하면서 한 말임).

＊1534년 문과에 급제해 관계에 발을 들였으나 을사사화 후 병약함을 구실로 관직을 사퇴하고, 1546년(명종 1년) 고향인 토계(兎溪)의 동암(東巖)에 양진암(養眞庵)을 얽어 독서에 전념했다. 이때 토계를 퇴계(退溪)라 개칭하고, 아호로 삼았다.

1548년 충청도 단양군수로 일했고 풍기군수 때는 조선조 사액서원(賜額書院)의 시초인 소수서원(紹修書院)을 세웠다. 1543년 이후 관직을 사퇴하거나 임관에 응하지 않은 일이 20여 회에 이르렀다. 선조가 즉위해 이조판서에 임명됐을 때도 곧 귀향하고,

여러 차례 왕이 부르자 68세의 노령에 대제학·지경연(知經筵)을 맡아 「무진육조소(戊辰六條疏)」를 올렸다. 『성학십도(聖學十圖)』를 저술해 바치기도 했다. 사후 영의정에 추서됐다.

이황의 학문은 일대를 풍미해 영남을 배경으로 한 주리적(主理的) 퇴계학파가 형성됐다. 일본 유학에도 큰 영향을 끼쳐 한중일 동양 3국의 도의철학(道義哲學)의 건설자이며 실천자라는 평가를 받았다.

조식(曺植, 1501~1572) 세상을 피해 홀로 서서 뜻과 행실이 높고 깨끗했으니 진실로 한 시대의 일민(逸民)*이었다. 그러나 논제를 보면 학문에 내실 있는 견해가 없고 상소한 것을 보아도 역시 경세제민의 방책은 못 되었다. 이로 보아 비록 그가 세상에 나와 일을 했다 하더라도 치도를 성취했으리라고는 장담할 수 없다. 문인들이 추중(推重)하여 도학군자라고까지 하는 것은 진실로 실상에 지나친 말이다.

그러나 근대의 처사라고 하는 이들로서 조식과 같이 시종 절개를 보전하여 천 길 벼랑에 우뚝 선 듯한 기상을 가진 이가 얼마 없었다. 조식은 시대에 대응한 비상한 선비라고 하겠다.

*1538년 헌릉(獻陵) 참봉에 임명됐지만 나아가지 않았고, 1548~1559년 단성현감 등 여러 벼슬도 모두 사퇴했다. 단성현감 사직 때 올린 상소는 국왕 명종과 대비(大妃) 문정왕후에 대한 직선적 표현으로 큰 파문을 일으켰다.

1561년 지리산 기슭에 산천재(山天齋)를 지어 죽을 때까지 처사를 자처하며 강학(講學)에 힘썼다. 1567년 즉위한 선조가 여러

* 학덕을 갖춘 은자.

차례 불렀으나 나아가지 않았으며, 1568년에는 올바른 정치를 논한 상소문「무진봉사(戊辰封事)」를 올렸다.

그와 그의 제자들은 안동 지방을 중심으로 한 이황의 경상좌도 학맥과 더불어 영남 유학의 양대 산맥을 이루었다. 그러나 선조 대에 양쪽 문인들이 북인과 남인의 정파로 대립되고, 정인홍(鄭仁弘, 1535~1623) 등 남명(南冥)*의 문인들이 인조반정 후 정치적으로 몰락해 남명학(南冥學)이 제대로 계승되지 못했다.

유희춘(柳希春, 1513~1577) 고서를 많이 읽어 잘 외웠으나 실상은 참지식이 없고 세상 시무에 몽매하여 식견이 없었다. 왕께 올린 육서부록(六書附錄)도 역시 핵심적이고 긴요한 말은 아니고 다만 참고자료일 뿐이었다. 경세제민의 재주와 곧은 말을 하는 절조가 부족해 언제나 경연에서는 문장 이야기뿐이었고, 현실의 폐단에 대해서는 한마디도 언급하지 못하니 식자들이 부족하다 생각했다.

*1547년 양재역 벽서 사건에 연루돼 제주도에 유배됐다가 곧 함경도 종성에 안치됐다. 그곳에서 19년간 독서와 저술에 몰두하는 동안 그에게 글을 배운 선비가 많았다. 충청도 은진에 이배됐다가 2년 후 선조가 즉위한 뒤 삼정승의 상소로 석방됐다. 대사성 부제학 전라도 관찰사 예조·공조 및 이조참판을 거쳐 사직했다. 왕위에 오르기 전 그에게 배웠던 선조는 〈내가 공부를 하게 된 것은 희춘에게 힘입은 바가 크다〉고 했다. 약 11년에 걸쳐 쓴 『미암(眉巖)일기』를 남겼다.

* 조식의 호.

기대승(奇大升, 1527~1572) 젊었을 때 학문과 문장으로 이름이 났다. 널리 보고 잘 기억했으며 기개가 장해 담론하면 좌중을 굴복시켰다. 일세를 경륜할 것을 자부했는데 학문은 변론이 박식하고 원대했지만 마음을 다잡고 실천하는 공부가 없었다. 재주는 호방하나 기질이 거칠어 학문이 정밀하지 못하고 자부심이 지나쳐 사류를 경시했다. 또 남을 이기기 좋아하는 병통이 있어 자기에게 순종하는 걸 좋아했기 때문에 지조 있는 선비는 어울리지 않았고 아첨하는 사람이 많이 따랐다. 그의 지론 역시 상례를 따르는 데 힘쓰고 개혁하는 걸 좋아하지 않았다.

젊었을 때 조식이 그를 두고 〈이 사람이 뜻을 이루면 반드시 시사를 그르치리라〉고 했고, 기대승 역시 조식을 유학자가 아니라고 해 두 사람이 서로 인정하지 않았다. 최영경(崔永慶)이 기대승에 대해 〈재주와 학문은 조금 있으나 큰 병통이 있었으니 을사년의 간신들(을사사화를 일으킨 사람들을 말함)은 공훈이 있다 하고 조식이 조정을 요란하게 했다고 했으니 이런 편견을 가지고만일 일을 했다면 정치에 해를 끼쳤을 것이다〉라고 말하기도 했다. 이문순(李文純, 퇴계)의 현명함으로도 그 추천하는 바와 이와같으니(퇴계가 그를 중용토록 선조에게 추천한 바 있다) 사람을 안다는 게 어찌 어려운 일이 아니겠는가.

＊퇴계 이황과 12년 동안 서한을 주고받으면서 사단칠정(四端七情)을 주제로 토론했다. 성균관 대사성, 대사간, 공조참의 등을 역임했다. 이황과의 서신 교환을 통해 조선 유학에 지대한 영향을 미친 사칠논변(四七論辨)을 전개했다. 그는 이황의 이기이원론(理氣二元論)에 반대하고 〈사단칠정이 모두 다 정(情)이다〉라고 하여 주정설(主情說)을 주장했으며, 이황의 이기호발설(理氣

互發說)을 수정해 정발이동기감설(情發理動氣感說)을 강조했다. 또 이약기강설(理弱氣强說)을 바탕으로 주기설(主氣說)을 제창해 이황의 주리설(主理說)에 맞섰다.

노수신(盧守愼, 1515~1590) 정승으로 임금의 우대를 받고 있으면서 재앙(가뭄과 메뚜기 떼의 피해를 말함)이 생긴 때를 당해 한 가지의 계책도 보잘것이 없고 다만 죄인을 다시 서용(敍用)* 하는 것으로 하늘에 응답하는 도리로 삼으려 하니 지극히 무능한 사람이라고 하겠다. 상의 신임도 두터운데 시사를 구제할 방책은 한 가지도 없이 날마다 술이나 마시다가 식자들의 비방을 받게 되자 병을 핑계 대고, 나랏일이 위급하고 재해가 거듭됨을 보고도 털끝만치의 걱정도 없으니 참으로 짐을 질 사람이 수레를 탄 격이라고 하겠다.

* 우의정, 좌의정, 영의정 등을 역임했다. 온유하고 원만한 성격으로 사림의 중망과 선조의 지극한 은총을 받았다. 그가 진도에 귀양 갔을 때, 그 섬 풍속이 혼례라는 것이 없고 남의 집에 처녀가 있으면 중매를 통하지 않고 칼을 빼들고 서로 쟁탈하였다. 이에 예법으로써 섬 백성들을 교화해 마침내 야만의 풍속이 없어졌다고 한다.

이탁(李鐸. 1509~1576) 꿋꿋한 용모와 절개는 부족했지만 관대한 덕량이 있고 사림을 사랑하여 그들의 곧음을 용납하였다. 이조의 장관이 되어서는 힘써 공도(公道)를 넓혀 사림의 기대가 대단히 무거웠다. 지위가 정승에 있었으나 다만 녹봉으로만 지내

* 죄를 지어 면직됐던 사람을 다시 벼슬자리에 등용함.

고 별로 재산 관리를 하지 않아 아침저녁 끼니만 이어갈 뿐이었다. 그가 세상을 뜨니 사림이 애석하게 여겨 〈근래 이조의 인사는 이탁보다 나은 사람이 없었다〉고 했다.

　＊우찬성, 우의정, 영의정 등을 역임한 문신. 1559년 임꺽정(林巨正)의 무리들이 들끓자 황해도 관찰사로 나가 치안 유지에 노력하였다. 덕이 많고 지극히 청렴한 학자·문장가로서 이름이 높았다

　홍담(洪曇, 1509~1576) 조정에 들어와 청렴하고 검소한 지조가 있었고, 집 안에서도 계모를 효성으로 섬겼으며 상중 예절도 매우 독실했다. 그러나 학문하는 선비를 좋아하지 않고 지론이 비속했기 때문에 사론이 인정하지 않았다. 육경의 반열에 오래 있었으나 권력을 잡지 못했고 침체되어 뜻을 펴지 못했다.

　＊대사헌, 병조참판, 한성부판윤, 함경도 관찰사 등을 역임. 선조 때 의금부지사·우참찬, 예조·호조의 판서를 지내고 이조판서에 이르렀다. 훈구파의 거두로, 정철(鄭澈) 등 사림파와 대립하였다.

　이지함(李之菡, 1517~1578) 어렸을 때부터 욕심이 적어 재물에 인색하지 않았다. 기질을 특이하게 타고나 추위나 더위, 굶주림이나 갈증을 잘 참았다. 재물을 가벼이 여기고 베풀기를 좋아했다. 배를 타고 바다를 떠다니기 좋아하여 위험을 당해도 놀라지 않았다. 과거 공부를 일로 치지 않고 구속됨이 없이 마음대로 하기를 좋아했다. 성품이 오래 견디지 못하고 하는 일이 시작은 있으나 끝이 없는 경우가 많아 오래 일할 수 있는 재목이 못 되었으며 기이한 것을 좋아하고 상식을 좇아 일을 이루는 사람이 아

니었다.

*『토정비결』의 저자로 알려져 있지만 근거는 없다. 역학·의학·수학·천문·지리에 해박했으며 농업과 상업의 상호 보충관계를 강조하고 광산 개발론과 해외 통상론을 주장하는 등 진보적인 사상적 개방성을 보였다. 아산현감이 됐을 때 물고기를 기르는 연못 때문에 백성들이 고달파하는 것을 보고 연못을 막아 버려 진상(進上)의 괴로움을 없애 주었다. 애민의 정치를 해 백성들이 그를 따랐는데, 갑자기 이질에 걸려 세상을 떴다.

이후백(李後白, 1520~1578) 벼슬에서는 직무를 다하고 몸단속을 청고(淸苦)하게 했다. 지위가 육경에 이르렀으나 가난하고 소박하기가 유생 같았다. 뇌물을 일절 받지 않았으며 손님이 오면 탁자에 내놓을 것이 없어 썰렁했다. 서인으로 지목받았으나 결정적인 말을 하지 않았기 때문에 젊은 사류도 그를 꺼리지 않았다. 다만 국량이 좁아 묘당(의정부 정승)에 적합한 그릇은 아니었다.

*예조참의, 홍문관부제학, 호조판서 등을 역임. 호조판서 재임 당시 휴가를 얻어 함안에 성묘를 갔다가 절친한 친구 노진의 영구 앞에 곡한 뒤 이튿날 죽었다. 청백리에 녹선(錄選)됐다. 문장이 뛰어나고 덕망이 높아 사림의 추앙을 받았다. 함안의 문회서원(文會書院)에 제향되었다.

권철(權轍, 1503~1578) 재주와 기상은 있었으나 성격이 비루했다. 젊었을 때부터 청현직을 두루 지내고 직위가 신하로서 최고에 이르렀으나 오로지 작록만 보전하려 하니 세상에서 가볍게 보았다.

*우의정, 좌의정, 영의정 등을 역임한 문신. 작은 관직에 있을 때부터 몸가짐이 신중해 일찍부터 재상의 중망(衆望)이 있었다. 비록 출중한 재기는 없었으나 청신하게 법을 지켜 감히 허물하지 못했으며, 많은 사람들이 복상(福相)이라고 칭송했다.

정대년(鄭大年, 1503~1578) 집에서는 청렴 검소했고 재기가 있어 업무가 번다한 고을을 잘 다스렸다. 이조에 있을 때 정사(인사를 말함)는 혼란하지 않았으나 다만 선한 이를 좋아하는 도량이 없고 의견이 조잡하고 속되었기 때문에 식자들이 인정하지 않았다.

*형조참판, 한성부판윤, 호조판서를 지내고 우의정에 임명됐으나 사양하고 부임하지 않았던 청백리(淸白吏). 권신 윤원형이 정처를 내쫓고 애첩 정난정(鄭蘭貞)으로 정경부인(貞敬夫人)을 삼은 데 대해 사실 여부를 밝히라는 왕명을 받들고 조사할 때 윤원형이 뇌물로 무마하려 하자 완강히 거절했다.

백인걸(白仁傑, 1497~1579) 젊어서 조광조에게 배우면서 그의 인물에 깊이 감복했다. 주상이 늘 그의 기상과 절개를 중시했고 총애가 몹시 두터웠다. 학문을 한 공력이 없었으나 항상 성혼(成渾) 이이와 학문을 논하여 노쇠해서도 그만두지 않았다. 나라를 걱정하는 정성은 죽을 때까지 변하지 않았으나 재주는 실용에 적합하지 못하고 다만 강개하여 의견 내세우기를 좋아할 뿐이었다. 성혼이 〈백공의 재주는 바둑에 비하면 때로는 묘수를 두어 국수를 대적할 만하나 때로는 어지러운 수를 두니 믿을 만한 재주가 못 된다)고 평했다.

뜻과 기상은 뛰어났으나 학술이 거칠었으며 과감한 직언을 좋아했으나 현실에 적용되지는 못했다. 충직하다고 자처했지만 배움의 힘이 부족하고 정신이 이미 쇠퇴해 왕이 은총은 보이면서도 실제 말을 채용하지 않고 사류도 그를 믿고 따르지 않았다.

＊직제학·이조참판·대사간·대사헌을 거쳤다. 청백리로 뽑혔다. 동서 분당의 폐단을 지적하고 군비 확장을 강조했다. 남평의 봉산(蓬山)서원, 파주의 파산(坡山)서원에 배향되었다.

성운(成運, 1497~1579) 산림에 고요히 살며 40여 년간 시끄러운 세상과 작별했다. 집에서 몇 리 떨어진 곳의 산수가 좋은 곳에 조그만 집을 짓고 한가한 날이면 소를 타고 가 조용히 홀로 앉아 거문고를 타곤 했다. 그러나 듣고 싶어 하는 사람이 있으면 아예 거문고를 타지 않았다. 착한 일을 즐겨 하며 배우기를 좋아하고 남과 다투는 일이 없었다. 명종조에 유일(遺逸)＊로 천거돼 6품직에 임명되는 등 왕이 여러 번 불렀으나 나오지 않았다. 왕이 때때로 곡식과 포백(布帛)＊＊을 내리며 우대했다. 학자들이 그를 대곡(大谷)선생이라 했다.

＊성운은 벼슬을 하지 않은 처사이며 혼자 유유자적하는 삶을 살았을 뿐인데도 율곡은 그의 죽음을 굳이 『경연일기』에 기록해 놓았다. 벼슬살이를 하면서도 산림처사로 유유자적하고 싶어 했던 마음이 반영된 게 아닐까 한다.

＊　숨은 인재.
＊＊　베와 비단.

허엽(許曄, 1517~1580) 젊어서부터 학문을 한다고 자처했으나 견해는 조리가 없고 글의 내용도 잘 이해하지 못했다. 자신은 선을 좋아한다고 했으나 시비가 분명치 못하고 사람을 취하는 데에도 착오가 많았다. 전에는 이이와 서로 친하게 지내더니 동과 서로 이의가 생긴 뒤에는 동인의 종주가 되어 논의가 괴벽하고 선비들을 시켜 이이를 공격하기까지 했다. 색을 가까이하지 않는다고 말했으나 영남에 있으면서 기생을 몹시 사랑해 말마다 다 들어주니 여러 고을의 뇌물이 기생의 집으로 몰려들었다. 색을 밝히다 병을 얻어 상경하지 못하고 상주에서 죽었다.

＊허엽은 허봉(許篈), 허난설헌(許蘭雪軒), 허균(許筠)의 아버지다. 동·서인이 대립할 때 김효원(金孝元)과 함께 동인의 영수가 되었다. 『율곡집』에는 그의 이론은 모순된 점이 많고 문장이나 글의 뜻에 잘 통달되지 못했다고 기록돼 있다. 이황은 〈차라리 학식이 없었다면 착한 사람이 되었을 것〉이라고 개탄했다. 개성의 화곡서원(花谷書院)에 제향되었다.

정철(鄭澈, 1536~1593) 충성스럽고 청렴하며 굳세고 강개하였으나 술을 좋아해 취하면 반드시 실수를 하니 식자들이 흠으로 생각했다. 강경하고 편협하여 남을 용납하지 못하므로 사리의 중도를 헤아리지 않으며 구차하게 중론에 따르기를 좋아하지 않는다.

＊「관동별곡(關東別曲)」 등과 같은 가사 문학의 대가로, 율곡과는 절친한 친구였다. 정치적으로는 선명성을 강조했던 당대 서인의 영수였다. 54세 때 정여립(鄭汝立, 1546~1589)의 모반 사건이 일어나자 우의정으로서 최영경(崔永慶) 등 동인들을 혹독

하게 다뤄 한때 그의 강직함을 칭찬했던 선조조차 〈음흉한 성혼과 악독한 정철이 나의 어진 신하를 죽였다[兇渾毒澈殺我良臣]〉고 했을 정도였다. 강원도 관찰사, 전라도 관찰사, 함경도 관찰사, 예조판서, 대사헌, 우의정, 좌의정 등을 지냈다.

유성룡(柳成龍, 1542~1607) 재주와 식견이 있고 사안을 잘 설명했으므로 경연에서 보고를 하면 사람들이 모두 찬탄했다. 다만 한마음으로 봉공하지 못했고 때로는 이해관계를 살피는 뜻이 있으므로 군자는 단점으로 여겼다.

*이조판서, 좌의정, 영의정 등을 역임했다. 임진왜란 전에 형조정랑 권율(權慄)과 정읍현감 이순신(李舜臣)을 각각 의주목사와 전라도좌수사에 천거했다. 도학(道學), 문장(文章), 덕행(德行), 글씨로 이름을 떨쳐 특히 영남 유생들의 추앙을 받았다. 1592년(선조 25년)부터 1598년까지 7년간에 걸친 임진왜란의 원인, 전황 등을 기록한 『징비록』을 남겼다.

이산해(李山海, 1539~1609) 인물의 됨됨이가 깨끗하고 신중하지만 기개가 적고 나약하여 남의 말을 피했기 때문에 위아래로 미움을 받지 않아 인망을 잃지 않았다. 동·서로 당이 갈린 뒤로 견해는 한결같이 동인을 따르고 주견을 세우지 못했다. 이이, 정철 같은 이가 모두 그의 친구였으나 감싸 주지 않고 저버리니 식자들이 비웃었다. 이이가 어떤 이에게 〈내 친구 여수(汝受)*는 오래지 않아 정승이 될 것이다〉 하면서 그 이유로 〈우리나라 정승은 반드시 순박하고 삼가며 재기도 없고 도모하는 것이 없어 청

* 이산해의 자.

명(淸名)을 가진 사람이 차지하게 되니 여수가 곧 그런 사람이다〉하였다.

＊병조좌랑, 사헌부집의, 영의정을 거쳤다. 작은아버지 이지함에게서 학문을 배웠다. 어려서 신동으로 통했고, 선조 때 문장팔가(文章八家)의 한 사람으로 불렸다. 이이·정철과 친구였으나 당파가 생긴 뒤로는 멀어졌다. 그가 이조판서일 때 병으로 사양하고 나오지 않자 율곡이 찾아가〈호조와 형조 같은 관직은 공의 재주로는 처리할 수 있는 곳이 아니지만 이조라면 틀림없이 잘할 것〉이라고 설득했다. 이산해는〈어떻게 나의 세세한 재주까지 다 아느냐〉며 다시 나와 일을 보았다. 율곡은 이렇게 대놓고 말할 만큼 인물을 잘 평가했다.

선조 때의 문장팔가로는 이산해, 송익필(宋翼弼), 최경창(崔慶昌), 백광홍(白光弘), 최립(崔岦), 이순인(李純仁), 윤탁연(尹卓然), 하응림(河應臨)을 꼽는다.

강사상(姜士尙, 1519~1581) 집에 있으나 관청에 있으나 하는 일 없이 술 마시기만 좋아했고 종일토록 말도 하지 않았다. 공사(公私) 일에 마음을 두지 않았고 깨끗하고 검소함으로 자신을 지켜 대문간에 번잡한 소리가 없었다. 다만 학자를 좋아하지 않았으므로 식자들이 배울 것이 없었다.

＊병조판서, 형조판서, 이조판서 등을 역임했다. 평상시 국가의 치란(治亂)이 천운에 있지 인력으로 되는 게 아니라 하여 정쟁에 초연한 처지를 취하였다. 영의정에 추증됐다.

민간의 관보 간행과 율곡

율곡의 『경연일기』는 선조 11년(1578) 2월 기사로 〈관보(官報) 간행 사건〉을 다루고 있다. 민간인들이 조정의 관보를 인쇄해 각 관청과 외방 저리(邸吏)*, 사대부들에게 팔았다가 3개월가량 발행한 시점에 왕의 노여움을 사 30여 명이 귀양을 가고 발행을 허가한 사헌부와 사간원의 책임자가 경질된 큰 사건이다.

관보는 공무원과 국민들에게 널리 알리고자 하는 사항을 편찬하여 간행하는 국가의 공고기관지(公告機關紙)를 말한다. 조정의 소식을 알리는 신문인 관보는 조보(朝報)라는 이름으로 중종 때부터 고종 때까지 국가 차원에서 필사 형태로 발행됐다. 이 소식지는 조보라는 공식 명칭 외에 저보(邸報), 저장(邸狀), 저지(邸紙), 기별(奇別), 기별지(奇別紙), 조지(朝紙), 난보(爛報), 한경보(漢京報) 등으로 불렸다.

조보는 조선의 봉건 체제를 유지하기 위해 유교 사상을 전파하는 수단으로도 사용됐다. 왕은 조보에 들어가는 내용을 직접 선정하며 엄격히 관리했다. 승정원이 조보에 실을 정보를 선정하면

---

* 서울 주재 지방 관청 서리(書吏). 서리는 문서 기록과 관리를 맡는 하급 구실아치를 말한다.

조보소가 이를 발표하고 기별 서리가 직접 필사해 조보를 전달했다. 임금의 명령, 중요 정책 및 사회 문제에 대한 고위 관리의 상소와 이에 대한 임금의 답변, 인사 이동, 사건·사고, 기이한 자연현상 등을 실었다. 현재까지 알려진 조보에 관한 가장 오래된 기록은 중종실록 권38 중종 15년(1520) 3월 26일 자에 실린 기사다. 조보는 1895년 2월 관보로 명칭이 바뀌면서 발행 중지됐다.

조보 발행 사건에 관한 선조수정실록의 기록은 경연석상에서 일어난 사건을 중심으로 다룬 율곡의 『경연일기』를 참고한 듯 내용이 거의 일치한다. 율곡이 기록을 남기지 않았으면 이 사건은 제대로 후세에 알려지지도 않았을 것이다. 『경연일기』의 기록을 그대로 인용한다.

전에 서울 안에 노는 자들이 중국에서는 관보를 간행한다는 말을 듣고 그것을 본받아 생계를 하려 하여 의정부에 글을 올려 〈조정의 관보를 간행해 각 관청에 내고 그 값을 받아 생활의 밑천을 하겠다〉 하여 정부가 허락했다. 또 사헌부에 품신해 사헌부도 허락했다. 그 사람들이 활자를 만들어 조정의 관보를 인쇄해 각 관청과 외방 저리와 사대부들에게 파니 받아 읽는 사람들이 모두 편리하다고 생각했다. 이렇게 행한 지 두어 달 뒤에 상이 우연히 보고 노하여 이르기를 〈관보를 간행하는 것은 사사로이 사국(史局)을 설치하는 것과 다를 게 무엇인가. 만일 다른 나라에 흘러 들어가게 되면 나라의 악을 드러내게 되는 것이다〉 하였다.

그러고는 대신에게 누가 이 일을 주장한 것인지 물으니 대신이 황송하여 말을 분명히 못하였다. 이리하여 그 사람들을 금부에 가두고 고문해 주모한 사람을 추궁했는데, 그 사람들은 이것을 생활의 밑천을 삼으려는 것에 불과했고 사실 주모한 사람은 없었다. 매를 많이 맞아 거의 죽게 되자 대간이 형을 정지하자고 청했으나 윤허하지 않고, 대신이 계청한 뒤에야 법률에 비추어 처리하라 하고는 대역부도(大逆不道)의 법으로 정하라 했다. 금부에서 과중하다고 아뢰니 처음엔 따르려 하지 않았으나 그 뒤에 그보다 한 단계 낮은 법률을 적용해 모두 먼 지방에 귀양 보냈다.

이에 대해 율곡은 자신의 생각을 아래와 같이 기록해 놓았다.

조정 관보를 간행한 것이 처음부터 간사한 모의가 아니고, 우매한 사람들이 사소한 이익으로 살아가려는 목적이었다. 당초 의정부와 사헌부에 품신하자 모두 간행할 것을 허락했으니 과실은 두 관청에 있는 것이다. 이 어찌 어리석은 백성만 죄를 줄 것인가. 설사 주상의 위엄이 진동하더라도 두 관청에서 간행을 허가한 죄를 자수하고 그 사람들을 구원했다면 비록 견책은 당했을망정 어찌 불측한 일이 되기까지야 했겠는가. 머뭇거리기만 하고 말을 하지 않아 어리석은 백성이 형벌을 당하고, 임금은 백성을 잊는 조처를 행하도록 하니 겁만 먹고 나약하여 의리가 없는 자들이라 하겠다.

이처럼 기록 자체는 길지 않다. 그러나 언론학계에서는 중요한 사건으로 보고 있다. 민간 인쇄 조보는 선조 1577년(선조 10년) 8월에 발행 허가를 받아 11월 27일까지 발행됐다. 그런데 경북

영천시에 있는 용화사의 승려 지봉(은해사 부주지이자 성보박물관 부관장)이 발굴하고 영천역사문화박물관이 소장하고 있는 민간 인쇄 조보(추정)가 2017년 4월 17일 대구 소재 TBC(SBS 동시 방영)와 『오마이뉴스』를 통해 처음으로 세상에 공개됐다. 이번 민간 인쇄 조보는 11월 6일 자, 15일 자, 19일 자, 23일 자, 24일 자가 발견되어 일간으로 추정된다.

민간 인쇄 조보로 추정되는 이 문건이 서지학계 및 언론학계의 공인을 받는다면 선조 때 민간에 의해 발행된 관보는 〈세계 최초의 일간지 발행으로 볼 수도 있다〉는 학계의 견해가 있다(박정규, 김영주 등의 연구 종합). 더 정확하게 말하면 세계 최초의 활판 인쇄 일간신문일 가능성이 크며 같은 시기에 발행된 명나라의 인쇄 저보는 〈세계 최초의 목판 인쇄 일간신문〉으로 보인다는 것이다.

그 이유는 영리를 목적으로 민간이 주도해 발행했고, 활판 인쇄술을 세계 최초로 도입하는 등 발행자, 메시지(뉴스), 독자, 인쇄 기술 등의 요소를 두루 갖추었다는 점 등에서 민간인에 의해 발행된 〈세계 최초의 활판 인쇄 상업 일간신문〉일 가능성이 매우 높다는 것이다. 가장 이른 일간 인쇄 신문으로 세계의 공인을 받고 있는 『아인코멘데 차이퉁엔*Einkommende Zeitungen*』, 일명 『라이프치거 차이퉁*Leipziger Zeitung*』은 독일 라이프치히에서 1650년에 발행된 것이므로 민간의 조보는 이 신문보다 80년가량 앞서는 셈이다.

관보인 필사 조보는 다양한 사회 구성원들을 독자로 공개 발행되는 대중적 보도 매체가 아니라 통치 계급 내부에 국한해 폐쇄적으로 유통되는 내부적 통보 매체였다. 그런데 삼사의 상소 등

언론 활동과 왕의 비답(批答)도 실어 전파한 점을 감안하면 이를 조정의 일방적·폐쇄적 통보 매체로만 치부하기 어렵다. 독자층인 사대부들과 소통하는 쌍방적 매체이자 공론 정치를 활성화시키는 수단이라는 성격을 갖춘 것이다.

필사 조보는 대중적으로 공개되지 않는 데다 기별 서리가 기별체(일명 난초체)라는 속기로 휘갈겨 쓰는 바람에 한자를 잘 아는 사람도 읽기가 매우 불편했다. 그래서 민간 업자들이 활자로 인쇄해 팔면 수지가 맞을 것으로 보고 생계의 밑천으로 삼고자[賣以資生] 나섰다가 치도곤을 맞은 것이다. 율곡은 인쇄 조보 발행자들을 우민(愚民)* 또는 우망지인(愚妄之人)**이라 했는데, 노배(奴輩)나 우민, 우망지인 등은 사대부 계급이나 전문 직종에 종사하는 중인 계급보다 신분이 낮았던 사람들로 보인다.

선조가 격분한 것은 조보에 실린 내용이 국가 기밀이며 역사 기록이라고 생각했기 때문이다. 조보가 소통에 기여하는 언론 매체라는 생각은 전혀 하지도 못했다. 민간 인쇄 조보 폐간 이후 조보를 인쇄하자는 주장이 200년이 지난 1776년 5월 정조에 의해 한 차례 제기됐으나(정조실록, 정조 즉위년 5월 을미조), 1883년 『한성순보』가 출현하기 전까지 인쇄 신문은 나오지 못했다. 민간 인쇄 조보 폐간 사건이 우리 언론사에 끼친 부정적 파급 효과를 미루어 짐작할 수 있다.

관리들이 별다른 문제의식 없이 인쇄 발행을 허가해 준 것은 나름대로 의미가 있는 일이다. 율곡은 허가를 해주고도 민간인들을 두둔하지 않는 두 관청이 나약하고 의리가 없다고 비판했다.

---

* 어리석은 백성.
** 어리석고 망령된 자.

그런데, 나라의 공론을 중시하고 임금과 신하, 그리고 백성들의 상호 소통을 중시했던 율곡이 왜 좀 더 적극적으로 나서거나 언론관을 피력하지 않았을까.

율곡의『경연일기』1569년(선조 2년) 7월 기사에 조보 이야기가 나온다. 이조판서 박충원(朴忠元, 1507~1581)이 면직된 경위에 관한 내용이다. 박충원은 대제학일 당시 젊은 율곡을 사가독서(賜暇讀書)의 대상, 말하자면 장학생으로 뽑아 준 사람이다. 그러나 율곡은 그가 원래 재주와 행실이 없고 시세에 따라 처신하는 사람이라고 기록했다. 그런데 박충원이 이조판서가 되자 정철(鄭澈), 신응시(辛應時), 오건(吳健)이 모여 이야기하다 조보를 보고 말하기를〈이 사람이 어찌 이조판서에 합당한가〉라고 했다. 이런 말이 돌자 박충원은 스스로 청의(淸議)에 용납되지 못함을 알고 병을 이유로 사직했다. 박충원은 1576년에 다시 이조판서에 임명됐는데, 그때도 탄핵 여론이 돌자 병을 이유로 그만두어 다른 사람이 그 자리에 앉았다.

또 1572년(선조 5년) 율곡이 이준경을 비판한「논붕당소(論朋黨疏)」에도 조보 이야기가 나온다.〈신이 경성에 있으면서 조보를 보건대 옥체의 건강이 조화를 잃어 약을 써도 효험이 드러나지 않아 명의를 구해 보이고자 한다 하오니 진실로 걱정이 되어 아침에 이르도록 잠을 이루지 못했습니다.〉그러면서 율곡은〈춘추가 한창이시고 온갖 신이 돕고 있는데도 가벼운 병환이 떠나지 않고 목소리가 맑지 않은 것은 여색에 대한 경계와 보양하시는 술법에 문제가 있는 것〉이라고 지적했다. 두 가지 다 조보의 유통을 통한 정보 전달과 공론 형성 과정을 잘 알게 해주는 사례다.

율곡은『경연일기』를 통해 사건의 경위를 밝히고 두 관청 사람들을 비판하긴 했지만, 이 사건이 중대한 언론 탄압 사건인데도 조보의 인쇄 발행과 유통 자체에 대해서는 아무런 견해를 밝히지 않았다. 이것은 율곡의 한계인가 시대의 한계인가. 아쉬운 일이 아닐 수 없다.

부단한 저술과 교육 활동

율곡은 핵심 관직을 두루 맡는 동안에도 저술 활동을 멈추지 않았다. 이게 율곡이 조선 시대의 다른 학자들과 근본적으로 다른 점이라고 할 수 있다. 조선 시대의 선비들은 대체로 재야에 머무르며 학문 활동과 제자 양성을 하거나 본의 아닌 유배 기간에 발분저서(發憤著書)*로 저술 활동을 한 경우가 많았다. 퇴계 이황은 잠깐 벼슬을 하다가 물러나 학문 활동을 했고, 『성호사설』의 저자 성호(星湖) 이익(李瀷, 1682~1764)은 벼슬살이에 대한 미련을 접고 재야 생활로 일관했다. 다산 정약용은 18년간의 유배 시기에 대표적인 저술을 생산했다.

율곡은 이런 이들과 달리 벼슬아치로서의 삶과 학자로서의 삶을 병행했다. 쉽지 않고 흔하지 않은 일이다. 아울러 그랬기 때문에 공리공론이나 이상론에서 벗어나 구체적이고 현실적인 대안과 제언을 담은 여러 저서를 남길 수 있었던 것이다.

율곡 연보에 의하면 율곡은 출신(出身)**한 뒤부터 조정의 정치에 대한 사의(私議)로, 대체(大體)에 관계되고 후세에 본보기

---

* 억울한 일 등 여러 어려움 속에서도 마음과 힘을 다하여 책을 지음.
** 처음으로 벼슬길에 나섬.

가 될 만한 것을 항상 기록했다고 한다. 타계 1년 전인 48세 때에는 경연에서 조종조(祖宗朝)의 역대 고실(故實)을 찬차(纂次)*하여 일대 고거(考據) 자료로 삼자면서 찬집청(撰集廳)을 설치해 운영할 것을 청했다. 선조는 그대로 따랐으나 얼마 되지 않아 율곡이 세상을 떠나자 유야무야되고 말았다.

율곡의 저서 중에서 가장 특이한 것은 노자의 『도덕경』을 주석하고 구결(口訣)을 붙인 『순언(醇言)』이다. 율곡은 성리학을 정학으로 인정하고 그 밖의 학문은 이단으로 보았지만, 성리학을 배척하거나 거부하고 이단에 빠지지 말라는 취지였지 이단의 긍정적인 측면을 이해하는 것은 나쁜 일이라고 생각하지 않았다. 왕명으로 『김시습전』을 쓸 때 유불도를 넘나들었던 김시습(金時習, 1435~1493)을 호의적으로 평가해 심유적불(心儒迹佛), 즉 마음은 유학자이고 행적은 승려라면서 그를 〈백대의 스승〉이라고까지 평가했다. 이런 열린 생각은 도가에도 해당된다.

『순언』은 율곡전서에 들어 있지 않아 율곡의 저서임을 아는 사람이 드물었으나 1750년(영조 26년)에 병조판서 홍계희(洪啓禧, 1703~1771)가 활자로 간행하면서 세상에 알려졌다. 그가 부친 발문에 의하면 이 책은 율곡의 문인 김장생(金長生)의 차남 김집(金集)이 필사한 것을 그 후손이 보관하고 있었다 한다. 발문에는 율곡이 『순언』을 쓰는 것을 알게 된 친구 송익필(宋翼弼, 1534~1599)이 우려하는 편지를 보내 〈(노자와 유교의 차이를 무시하고 동일시하고자 하는 것은) 노자의 본래 요지가 아니며 구차한 혐의만 얻게 된다〉며 집필을 만류한 사실도 씌어 있다.

이에 대해 홍계희는 〈율곡 선생은 노자의 가르침이 이단으로

* 모아서 차례를 정하고 편집함.

서 유학의 도와는 어긋나지만 쓸 만한 것이 섞여 있는데도 이를 쓰지 못하는 데로 돌아가는 것을 안타깝게 여겨 조잡한 것을 제거하여 순정(醇正)한 것으로 돌아갔다〉고 평했다. 시무에 밝고 경세치용(經世致用)에 많은 관심을 보인 개혁 실천주의자답게 율곡의 생각에 동조하는 뜻을 천명한 것이다.

율곡 사후 그의 저술에 대한 간행 작업은 2020년 현재까지 크게 보아 모두 네 번 있었다. 율곡이 세상을 뜬 지 27년 뒤인 1611년(광해군 3년)에 간행된 『율곡집』이 첫 번째이다. 율곡의 제자인 박여룡(朴汝龍), 김장생 등이 해주에서 목판본으로 간행했다. 그러나 이것은 시집 1권과 문집 9권으로 이루어진 소략한 분량이었고 1682년(숙종 8년) 박세채(朴世采, 1631~1695)가 초간본에서 누락된 것들을 모아 속집 4권, 별집 4권, 외집 2권의 분량으로 재편집하여 간행하기에 이른다.

그러다가 1749년(영조 18년) 노론-낙론계인 도암(陶菴) 이재(李縡, 1680~1746)가 기존 문집을 한데 모으고 『성학집요』와 『격몽요결』 등을 더해 편찬한 뒤, 홍계희가 습유를 추가해 44권 38책으로 간행했다. 이것이 현재 전해지는 율곡전서의 모본(母本)인데, 이 판본은 1814년(순조 14년)에 다시 중간됐다.

율곡전서는 중국 송나라의 학자였던 정이(程頤)와 정호(程顥) 형제의 문집인 이정전서(二程全書)의 체제를 본뜬 것이다. 시문(詩文)과 함께 『격몽요결』, 『성학집요』, 『경연일기』 등 율곡의 단독 저술을 망라해 〈율곡집〉 또는 〈율곡선생집〉이 아닌 〈율곡전서〉라고 부른 것이다. 하지만 이 〈율곡전서〉는 이전에 전해지던 모본 문집들과 차이가 있었고, 일부 작품이 새롭게 추가되는 등 자료의 연혁에 대한 이해가 쉽지 않은 한계가 있었다.

율곡연구원이 2020년에 출간한『교감본 율곡전서』(전3권)는 이런 점들을 감안해 1611년에 간행된『율곡집』과 1682년 박세채가 편성·간행한『율곡속집』,『율곡외집』,『율곡별집』등에 수록된 작품들 또한 율곡전서의 동일 작품과 대조하면서 교감을 거쳤다. 그리고 편집 체제는 이재의 율곡전서의 기본 편성을 유지하되 교감을 통해 오탈자를 바로잡고, 한국고전번역원이 제공한「한국문집 번역·교점 지침 및 사례」에 따라 현대식 표점(標點)도 표시함으로써 이 자료를 활용한 연구와 율곡전서의 국제화를 지향한 게 특징이다.

율곡은 조정에 나가면 직언을 서슴지 않는 언론인의 모습을 보였지만 처가가 있었던 황해도 해주의 석담(石潭)이나 고향 파주로 돌아가면 학자와 교육자로서 저술과 제자 양성에 힘을 기울였다. 율곡은 42세 되던 1577년(선조 10년) 석담에 은거하며 은병정사라는 학교를 세우고 제자들을 가르치기 시작했다. 이듬해에는 해주의 대표적 서원인, 최충(崔沖, 984~1068)을 모신 문헌(文憲)서원의 학문을 위한 지침서로서『문헌서원학규』를 만들기도 했다.

그의 교육 사상은『격몽요결』,『은병정사학규(隱屛精舍學規)』,『학교모범』등에 잘 나타난다. 율곡은 왕의 교육을 위한 책(『성학집요』,『동호문답』)은 물론 공교육 기관인 서원과, 자신이 세운 사립학교 교육에 이르기까지 모든 형태의 교육에 관한 지침서를 만들었다.

퇴계 이황, 우계 성혼과의 토론과 정밀한 평소의 사색을 통해 확립된 율곡의 이기철학은 수많은 제자와 기호학파의 큰 물줄기를 열어 우리 정신사에 찬연히 빛나게 됐다.

율곡의 주요 저서 몇 가지를 살펴본다.

『경연일기』

원래 조선 왕조의 경연일기는 1475년(성종 6년)부터 기록되기 시작했다. 내용은 그날 강독한 책의 제목, 강독 범위, 왕과 신하들의 토론 등이었다. 토론 내용은 강독한 부분에 관한 것뿐만 아니라, 정치 전반에 관한 의견 교환도 포함되었다.

또, 조강(朝講)·주강(晝講)·석강(夕講) 및 야대(夜對)를 모두 기록하였다. 경연일기는 사관들이 작성해 보관했다가, 왕이 죽은 뒤 실록을 편찬할 때 자료로 썼다. 실록을 편찬한 뒤에는 세초(洗草)하여 없앴으므로 현재 남아 있는 것이 별로 없다. 그러나 이유는 알 수 없지만, 남아 있는 것도 꽤 있다. 율곡 이이의 경연일기, 학봉 김성일의 경연일기. 동춘당 송준길의 경연일기, 미암 유희춘의 경연일기, 택당 이식의 경연일기, 동강 김우옹의 경연강의 등이다.

율곡의 『경연일기』(『석담일기(石潭日記)』라고도 한다)는 30세 때인 1565년(명종 20) 7월부터 46세 때인 1581년(선조 14년) 11월까지 약 17년간의 기록이다. 율곡은 내외의 요직을 역임하면서 직접 보고 들은 조정 안팎의 일과 경연에서의 문답 등 제반 사항을 일기체로 기록하고, 근안(謹按)이라는 제목 아래 자신의 의견을 덧붙였다. 특히 백관의 한 일과 여러 인물에 대한 편견 없는 평가로 사료로서의 가치가 높다. 서문이나 발문, 범례 등이 없어 저술 의도와 목적을 분명하게 알기는 어렵다.

그런 점에서 개인의 감정에 치우친 방서(謗書)라는 말도 들었다. 선조 11년 기록에는 〈이이는 정철이 늘 단출한 것을 염려하였다)라는 글이 있는데, 이처럼 자기를 객관화해 글을 쓰면서도 반성과 자기비판은 거의 없다는 게 그 이유였다. 일기와 실록의 중간 지점에서 그 위치를 찾아야 할 것이다.

이 책은 율곡의 학통(學統)에 따라 수제자인 김장생, 송시열(宋時烈), 권상하(權尙夏)의 차례로 전수되어 오다가 그 이후 충북 제원군(堤原郡) 한수면(寒水面)의 한수재(권상하의 당호) 고가(古家)에 그 후손들에 의해 보존돼 왔다. 그러나 원본 중 제2권은 6·25 때 분실되고, 제1권과 제3권은 1972년 홍수로 한수재 고가가 침수되면서 유실되는 등 완전히 산일(散逸)되었다.

『동호문답(東湖問答)』

율곡이 34세 되던 해 동호독서당(東湖讀書堂)에서 사가독서(賜暇讀書)하면서 지은 글이다. 왕도 정치의 이상을 담아 「논군도(論君道)」, 「논신도(論臣道)」, 「논군신상득지난(論君臣相得之難)」, 「논동방도학불행(論東方道學不行)」, 「논아조고도불복(論我朝古道不復)」, 「논당금지시세(論當今之時勢)」, 「논무실위수기지요(論務實爲修己之要)」, 「논변간위용현지요(論辨姦爲用賢之要)」, 「논안민지술(論安民之術)」, 「논교인지술(論敎人之術)」, 「논정명위치도지본(論正名爲治道之本)」 등 11개 편으로 구성했다. 마지막에 1575년 이이가 쓴 「송조여식설(送趙汝式說)」이 붙어 있다. 「송조여식설」은 읍재(邑宰)*가 된 조여식, 즉 조헌(曺憲, 1544~1592)이 조언을 요청한 것에 대해 답한 내용이다.

율곡은 이보다 1년 전 서장관 자격으로 명나라에 다녀온 뒤 홍문관 교리가 됐을 때 사가독서의 영광을 누리게 되는데, 말하자

* 고을의 원.

면 이 〈연구 휴가〉의 월제(月製)* 결과물이 『동호문답』이다. 형식은 손님과 주인이 문답을 주고받는 대화체의 글로 돼 있다. 그러나 손님은 수동적이고 소극적이며 주인은 능동적·적극적으로 군주의 길, 신하의 길, 안민 정책, 교육 정책 등에 대해 의견을 개진하고 있다.

16세기 당시의 시대상과 노출된 문제점을 해결하고 왕도지치(王道之治)를 구현하기 위해 젊은 율곡이 어떠한 방법을 제시하였는지 살펴볼 수 있는 귀중한 자료이다.

『성학집요(聖學輯要)』

1575년(선조 8년) 제왕의 학문 내용을 정리해 바친 책. 8편으로 구성돼 있다. 율곡이 홍문관 부제학일 때 경전과 사서 중에서 학문을 닦고 정사를 돌보는 데 요긴하다고 생각되는 중요한 말들을 묶어 5개 편으로 차례를 정해 나누고 차(箚)를 붙여 진상하였다.

서문에 의하면 사서와 육경에 씌어 있는 도(道)의 개략을 추출, 간략하게 정리한 것이라고 한다. 사서육경은 너무 방대해 거기에서 도를 구하고자 한다면 길을 잃기 십상일 것이므로 그중에서 핵심을 추출해 한데 엮어 놓음으로써 도를 향해 가는 길을 밝히고자 했다는 것이다. 율곡은 이들 내용이 임금에 의해 실현되기를 기대했다. 그래서 『성학집요』는 제왕학의 요체로 인식됐고, 조선 후기 역대 왕들의 경연 교과서로 쓰이기까지 했다.

그러나 제왕의 길을 밝히는 데만 의미가 있는 것은 아니다. 사서와 육경 속에 기술되어 있는 도학의 정수를 모아 놓고 있는 것

---

* 관학(館學) 등에서 다달이 정례로 시문을 제술하는 일. 또는 그 제술.

이므로, 이를 통해 학문의 본령으로 들어가면 많은 성취를 기대할 수 있으리라는 것이다.

율곡은 책을 쓰면서 『대학』을 기본적 지침으로 삼았다. 그는 성현들의 모든 계획이 모두 이 기본 이념에서 벗어나지 않으며 『대학』을 〈덕(德)으로 들어가는 입구[入德之門]〉라고 간주했다.

16세기에 사회와 정부를 주도하게 된 사림파는 개인의 수양과 학문이 사회 운영의 바탕이 되어야 한다는 신유학의 이념을 강조했으며, 최고 권력자인 군주의 수양과 학문을 위해 많은 노력을 기울였다. 일반인 교육을 위한 『격몽요결(擊蒙要訣)』과 함께, 16세기 후반 사림파의 학문적, 정치적 지도자였던 율곡의 교육에 대한 대표적 저술이다.

『격몽요결』

초학자를 위해 초등 과정의 교재로 개발한 유교적 수신서(修身書). 중국의 『소학』과 같은 책으로, 초학자가 『천자문』·『동몽선습(童蒙先習)』·『훈몽자회(訓蒙字會)』에 이어 읽는 책으로 널리 사용됐다. 근세까지 여러 차례 간행되면서 향촌 사회의 필수 교양서로 그 역할이 확대됐다. 율곡은 서문에서 〈해주의 은병정사에서 제자들을 가르칠 때 향방을 정하지 못해 굳은 뜻이 없는 초학 제자들에게 뜻을 세우고 몸을 삼가며 부모를 봉양하고 남을 접대하는 방법을 가르치기 위해 지었다〉고 하였다.

본문은 입지(立志)·혁구습(革舊習)·지신(持身)·독서(讀書)·사친(事親)·상제(喪制)·제례(祭禮)·거가(居家)·접인(接人)·처세(處世) 등 10개 장으로 구성돼 있다.

1187년 송나라 때 유자징(劉子澄, 1134~1190)이 주자의 지시에 따라 편찬한 것으로 알려진 『소학』이 중국의 정서와 학풍을 반영한 데 비해 율곡의 『격몽요결』은 조선의 정서와 학풍에 맞게 재구성한 점이 특징이다. 친필본인 『이이수필 격몽요결』은 보물 제602호다.

『학교모범』

1582년(선조 15년) 왕명에 의하여 지은 교육 훈규. 유교 정신에 뿌리를 둔 당시의 교육 목표이자 학교 교육의 준칙에 해당하는 것으로서, 전통 사회의 교육관을 살펴볼 수 있는 자료이다. 당시 청소년 교육을 쇄신하기 위한 것으로서, 학령(學令)의 미비한 점을 보충해 학교 생활뿐만 아니라 가정 및 사회 생활 준칙도 제시하고 있다. 공교육 제도의 개혁을 위한 율곡의 생각이 담겨 있다.

특히 주목되는 점은 지방의 생원과 진사 가운데 행실이 나빠 과거 응시에 적합하지 않은 자는 수령이 그 고장의 공론을 참고해 가려내 감사에게 보고토록 함으로써 성균관에 알리게 한 점이다. 학교 입학을 꺼리는 사람은 과거 응시를 금지하고, 반대로 학적이 없고 군적에 올라 있는 평민이라도 학문에 뜻을 두고 과거 응시를 희망하는 사람은 그들의 진실성 여부를 따져 과거 응시를 받아주자는 제안도 했다.

내용은 ① 뜻을 세움[立志], ② 몸가짐[檢身], ③ 독서, ④ 말을 삼가는 것[愼言], ⑤ 마음속에 간직하여 잊지 말아야 할 것[存心], ⑥ 어버이를 섬김[事親], ⑦ 스승을 섬김[事師], ⑧ 벗을 택함[擇友], ⑨ 가정생활[居家], ⑩ 사람을 접함[接人], ⑪ 과거에 응하는 것[應擧], ⑫ 의를 지킴[守義], ⑬ 충직함을 숭상함[尙忠], ⑭ 공경을 돈독히 함[篤敬], ⑮ 학교생활[居學], ⑯ 글 읽는 방법[讀法] 등으로 구성돼 있다.

『순언(醇言)』

율곡의 『도덕경』 주해(註解) 연구서로서 『도덕경』 총 81장에서 2,098자를 가려 뽑아 총 40장으로 새롭게 구성한 책이다. 율곡은 중국 학자의 주해와 자신의 주해를 달고 현토까지 붙여 재구성하였다. 한국 유학사에서 『도덕경』의 최초 주해서라고 할 수 있다.

〈순언〉은 『도덕경』 가운데 유도(儒道)에 가깝고, 성학(聖學)에 방해됨이 없이 오로지 순일한 내용만으로 된 말이라는 뜻이다. 당시엔 이단으로 취급되어 온 도가 철학을 처음으로 순수하게 학문적으로 연구해, 이후 도가 철학에 대한 주석 및 이해에 새로운 지평을 열어 주었다. 율곡전서에는 빠져 있는 책인데, 45세 때인 1580년 무렵에 쓴 것으로 추정될 뿐 집필 시기는 명확하지 않다.

율곡의 『순언』은 상식을 거슬러 진리에 합치되는 반상합도(反常合道)를 지향하는 도가(道家)의 함의적인 내용보다는 명철보신(明哲保身)을 추구하는 유가의 현달(賢達)한 이치에 초점을 맞춘 교훈적이고 경계적인 저술로 평가된다. 후대 학자들에게도 많은 영향을 끼쳤다. 박세당(朴世堂)의 『신주도덕경(新註道德經)』, 서명응(徐命膺)의 『도덕지귀(道德指歸)』, 이충익(李忠翊)의 『담로(談老)』, 홍석주(洪奭周)의 『정로(訂老)』 등을 그 영향의 소산으로 꼽을 수 있다.

향약에 담긴 안민 정신

　율곡이 언론가이면서도 유능한 행정가이자 경세가인 점은 향약(鄕約)의 실시 문제에서 잘 드러난다. 먼저 향약이 어떤 것인지 알아보자. 향약은 조선 시대 향촌 사회의 자치규약으로, 다음 4대 덕목이 핵심이다.

　　1. 덕업상권(德業相勸): 좋은 일은 서로 권한다.
　　2. 과실상규(過失相規): 잘못은 서로 꾸짖는다.
　　3. 예속상교(禮俗相交): 예의 바른 풍속으로 서로 교제한다.
　　4. 환난상휼(患難相恤): 어려운 일을 당하면 서로 돕는다.

　11세기 초 중국 북송(北宋) 때 산시성(陝西省)의 여씨 문중에서 대충(大忠), 대방(大防), 대균(大鈞), 대림(大臨) 네 형제가 문중과 향리를 위해 만든 여씨향약(呂氏鄕約) 그대로다.
　우리나라의 경우 중종 때 조광조가 여씨향약을 도입해 성리학적 향촌 질서를 만들어 가고자 전국 실시를 건의했으나 미처 자리 잡기도 전에 그와 사림파가 몰락하는 바람에 결국 폐지되고 말았다. 그 뒤 이황과 이이가 우리나라 실정에 맞는 향약을 만들어 시행함으로써 선조 때에 이르러 전국에 보급됐다. 향약은 시행 시기나 지역에 따라 실질적 내용이 좀 다르지만 기본적으로 유교적 예속(禮俗)을 보급하고, 토지로부터의 농민 이탈을 막아 공동체적으로 결속함으로써 체제 안정을 도모하려는 목적에서 실시됐다.

그러나 시간이 지나면서 향약은 농민에 대한 통제 장치로 기능이 변질돼 결국 조선 후기에는 농민의 재산을 빼앗거나 괴롭히는 제도가 되고 말았다. 다산 정약용은 향약의 폐단이 도둑보다 심하다고 비판하기도 했다.

율곡은 어떤 입장이었으며 향약으로 어떤 기여를 했나. 율곡은 1571년(선조 4년) 여씨향약 및 예안향약을 근거로 서원향약(西原鄕約)을 만들고, 이를 수정·증보해 1577년에 해주향약(海州鄕約)을 만들었다. 이들 향약은 조선 후기에 널리 보급돼 우리나라의 향약으로서는 가장 완벽한 것으로 평가되고 있다.

그러나 율곡은 국가적 차원에서 전국적으로 향약을 시행하는 것은 누구보다 앞장서서 반대했다. 1573년(선조 6년) 직제학 시절 선조가 향약의 전국 시행을 하려 하자 극력 반대했다. 다음은 그 무렵 2년 동안 율곡이 한 말이다. 〈향약은 거행하기 어렵습니다. 교화보다 정치 개혁과 백성의 고달픔을 먼저 제거하는 것이 급합니다.〉〈향약은 삼대(요순우)의 법인데, 전하께서 이를 명하여 행하시니 참으로 근고(近古)에 없는 경사입니다. 다만 모든 일에는 본말이 있으니 조정 백관들이 바르지 못한데 먼저 만민을 바르게 하려고 하는 것은 본을 버리고 말을 다스리는 것입니다. 일이 반드시 이루어지지 못할 것입니다.〉〈먼저 백성을 구제하고 폐단을 개혁하는 행정을 한 다음에 향약을 시행하소서.〉〈향약은 너무 빠릅니다. (중략) 양민(養民)이 우선이고 교화는 다음에 해야 합니다. (중략) 덕으로 교화하는 것은 고량진미(膏粱珍味)와 같은 것이지만 비위(脾胃)가 극도로 손상돼 미음도 내려가지 않는다면 고량진미가 아무리 좋아도 먹을 수 없을 것입니다.〉

율곡이 이렇게 향약의 조속 시행을 반대한 중요 이유 중 하나는 사람 문제였다. 향약의 성패는 이를 운영할 지도자의 덕성에 달렸는데 그런 지도자들을 구하기 어렵다는 것이었다. 향약의 집행자인 약정(約正)이나 직월(直月)은 마땅한 사람을 얻지 못하면 동네 호강자(豪强者)들이 향약을 이용해 주민들에게 해를 끼칠 것인데, 이를 통제할 사람이 없다는 것이다. 향약의 방법과 목표는 우리 실정에 맞아야 하므로 여씨향약을 그대로 시행하기 어렵다는 점도 지적했다. 네 가지 덕목은 좋지만 우리나라 현실에 맞지 않는 내용이 적지 않으니 반드시 구체적 시행 절목을 다시 만들어 운영해야 한다는 것이다.

특히 율곡이 강조한 것은 향약이 단순히 도덕적 교화만을 목표로 해서는 안 되며 백성들의 경제적 고통을 완화하는 데 도움이 돼야 한다는 점이었다. 이런 문제의식을 갖고 있던 율곡은 자신이 목사(牧使)로서 행정을 맡았던 서원(西原)*과 그 뒤 은퇴해 살고 있던 해주의 여러 지역에서 지역 특성에 맞게 향약을 스스로 창안해 운영했다. 연대순으로 정리하면 다음과 같다.

1) 파주향약서(坡州鄕約序)

1560년(명종 15년) 25세. 벼슬길에 나가기 전 파주 수령이 유지들과 의논해 만든 향약에 서문을 지어 붙였다. 그러나 향약의

* 지금의 청주.

구체적 내용은 알려지지 않았다. 다만 율곡이 젊었을 때부터 향인들의 의견을 들어 현실에 맞게 만든 향약을 중시했다는 점을 알 수 있게 하는 의미가 있다.

2) 서원향약(西原鄕約)

1571년(선조 4년) 36세. 청주목 전체를 포괄하는 향약으로서 규모가 크기 때문에 그 책임자인 도계장(都契長)을 네 명 두어 집단 지도 체제로 운영했다. 중요 범죄자 처벌은 목사에게 맡기고 있어 실제로는 관 주도형 향약이라고 볼 수 있다. 목사 이증영(李增榮)이 처음 시행하고, 목사 이인(李遴)이 늘리거나 뺀 향약에 율곡이 다시 보탤 것은 보태고 뺄 것은 빼서 만든 향약이다.

최고 지도자에 해당하는 도계장 4명, 계장(契長) 25명, 동몽훈회(童蒙訓誨) 1명, 색장(色掌) 각 이(里)마다 1명, 별검(別檢) 각 이마다 1명이 임원이다. 색장과 별검에는 양인과 노비를 가리지 않고 착하고 부지런한 사람을 뽑도록 한 게 특징이다. 노비에게도 향약의 하부 책임을 맡긴 것에서 율곡의 생각을 알 수 있다.

향약에는 권장해야 할 선행과 징벌해야 할 악행이 규정돼 있다. 악행 24가지 중 정처를 소박(疏薄)하거나 제자가 스승을 존경하지 않거나 폭음과 도박을 일삼는 일, 관리가 기생을 끼고 술을 마심, 탈세를 하는 행위 등은 중국의 여씨향약에는 없는 내용이다. 우리 현실에 맞게 운영해야 한다는 율곡의 생각이 반영된 것이다. 전체적으로 국가 법령과 신분 질서를 준수하면서도 강자가 약자를 능멸하는 행위, 관리의 부정 등을 용납하지 않음으로써 공동체의 안정과 발전을 지향한다는 점에서 서원향약은 이후 율곡이 만든 향약의 원형이 된다.

3) 해주향약

1577년(선조 10년) 42세. 은퇴 시기에 해주에서 만든 것. 고려의 〈해동공자〉 최충(崔沖, 984~1068)을 모신 문헌서원의 유생들을 중심으로 운영된 향약이다. 유생들의 경제적 상부상조 기능을 강화하고 도덕적 언행 함양이 목표여서 이 향약에서는 민과 관의 관계가 그다지 중요한 문제로 부각되지 않았다.

4) 사창계약속(社倉契約束)

1577년(선조 10년) 42세. 율곡의 처가가 있는 곳이면서 율곡이 은퇴해 가장 많이 지낸 황해도 해주 야두촌(野頭村)의 주민들을 대상으로 한 향약이다. 경제적 상부상조를 통한 민생 안정에 역점을 두고 사창제와 연계해 운영했다. 사창은 조선 시대 각 지방 군현의 촌락에 설치된 곡물 대여 기관으로, 우여곡절 끝에 1461년(세조 7년)에 전국적으로 실시됐으나 점차 진휼(賑恤) 기관이 아닌 국가적 고리대 기관으로 전락했다.

5) 해주일향약속(海州一鄕約束)

1578년(선조 11년) 43세. 해주목의 반관반민 자치 기구인 향소(鄕所)를 중심으로 운영된 향약. 향소는 조선 시대 각 고을 수령의 자문 기관으로서 수령을 보좌하고 풍속을 바로잡는 한편 향리(鄕吏)의 부정을 규찰하며 국가의 정령(政令)을 민간에 전달하고 민정(民情)을 대표하는 자치 기구였다. 덕망 있는 사족(士族) 지도자가 향소를 하부 집행 기구로 흡수해 자율적으로 민과 관의 중간에 서서 민을 보호하고, 민은 관을 도와주면서 스스로 도덕적 규범을 높이도록 조정자 역할을 하는 게 특징이다.

3

만세에 우뚝한 큰 스승

율곡의 산소. 앞이 율곡, 뒤가 부인 곡산 노씨. 저자 촬영.

늘 쾌직했던 어지럼증 환자

인간 율곡, 성격과 건강

율곡은 어떤 성격의 인물이었을까. 바르고 분명하고 똑똑하고 거침이 없다는 이미지가 먼저 떠오른다. 각 단계의 과거에서 아홉 번 장원을 한 수재이니 남들의 찬탄과 경외감을 한 몸에 받는 사람으로서 늘 주목 대상이었을 것이다.

율곡의 특징을 한마디로 정리하면 쾌직(快直)이었다. 선조 6년(1573년) 9월 직제학이 되어 입시했을 때 왕의 목소리가 이상하다며 여색을 너무 밝혀 그런 게 아니냐고 따진 이야기는 이미 앞에서 소개했다. 이 장면을 기록한 김우옹의 『경연강의』에 나오는 말이 쾌직이다. 〈이이는 무릇 일을 아뢸 때에 사기(辭氣)가 너무 쾌직했는데, 이때 옥색(玉色)이 자못 언짢아하며 이르기를[珥凡 啓事時 辭氣頗傷快直 是時玉色頗以爲忤].〉 옥색은 왕의 안색을 가리킨다.

쾌직은 원래 글을 평할 때 쓰는 말이었다. 시나 글이 직설적으로 서술돼 함축성이 없음을 이르는 말이 쾌직이다. 송나라의 구양수(歐陽修, 1007~1072)는 화려한 수사와 대구(對句)·고사(故事)를 중시하는 서곤체(西崑體)를 바로잡아 평이하고 막힘이 없는 시어로 새로운 기풍을 열었다. 그러자 그 시풍을 배우는 사람들이 때로 쾌직에 빠져 자기가 아는 것을 다 털어 넣어 남김이 없게 했다고 한다. 시는 원래 함축성과 여운이 있게 해 읽는 사람들이 음미하고 생각할 여지를 주어야 한다. 다 말해 버리면 무미하고 건조하며 친근감이 생기지 않는다. 율곡의 쾌직을 〈지나치게 명쾌하고 정직했다〉고 번역한 글도 있지만, 그렇게 해서는 쾌직의 뉘앙스가 살아나기 어렵다.

선조는 어느 날 조회를 하려 할 때 머리에 쓴 면류관이 똑바르지 않아 궁빈(宮嬪)이 그 사실을 알려 주자 깜짝 놀라면서 〈다른 사람도 이런 모습으로 대할 수 없는데 하물며 이이겠는가〉라고 했다고 한다. 그만큼 율곡은 왕을 긴장시키는 신하였다.

율곡은 죽기 1년 전인 1583년 모진 탄핵에 시달렸다. 이 해는 당쟁이 극한에 이르러 대사헌, 대사간이 각각 열한 번이나 교체되고 언관들의 상소투쟁으로 출척(黜陟)*이 잦았다. 율곡은 병조판서로서 임금을 무시하고 나라를 그르친 소인이라는 말도 안 되는 이유로 탄핵 시비에 휘말렸는데, 급하고 직설적인 율곡의 평소 언동이 적을 많이 만든 걸 부인하기 어렵다.

정확한 날짜는 모르겠지만, 괴로움이 컸던 그해에 막역한 벗 우계 성혼에게 보낸 편지에서 성격의 일단이 드러난다. 요약하면 내가 과격하다느니 과격하지 않다느니 하지 말라, 저들이 날 이미 나라를 그르친 소인이라고 내쫓았는데 과격하지 않으려고 한들 되겠느냐, 말속(末俗)이 안일에만 젖어 진실로 바른 말을 하지 않는 게 시대의 관습처럼 된 판에 지금 그대가 나서서 날 과격하지 않다고 하면 천지의 정기가 다 사라지고 말 테니 (날 두둔하려 하지 말고) 가만있으라는 내용이다.

* 공적이 없는 관리를 내쫓는 일.

당시 우계는 율곡에 대해 이런 상소를 올렸다. 〈(율곡은) 재주가 트였기 때문에 경솔한 병통이 있어 침착하고 치밀한 기풍이 부족하며 성품이 분명하고 곧으며 우활하고 성실하기 때문에 절대로 외모를 꾸며 사람들의 마음에 맞추려는 태도가 없고, 뜻이 커서 하찮은 일에 소략하고 자신감이 넘쳐 세속을 따르지 않았습니다.〉 삼사가 율곡을 탄핵하자 친구를 두둔하기 위해 붓을 들면서 단점부터 먼저 이야기한 대목이다. 둘의 공통 친구인 송익필에게 보낸 편지에서는 〈율곡이 견고하게 응집된 역량이 부족해 남이 모함하여 선동하는 말에 동요되곤 한다〉고 지적했다.

율곡 스스로도 일찍이 퇴계에게 보낸 편지(1567년)에서 자신을 이렇게 평한 적이 있다. 〈저는 품기(稟氣)가 경박해 말을 감히 안정하지 못하고 일을 만나면 곧 발설하여 앞뒤를 돌아보지 않기 때문에 남의 비방을 받은 것이 적지 않습니다.〉 겸손과 자성이 섞인 표현이지만 자신의 성격을 잘 설명한 글이다. 다음 해에 보낸 편지에서는 〈저는 경부(輕浮)하고 박잡(駁雜)*한 버릇이 벼슬을 하면서 더욱 심하니 이런 식으로 계속하다가는 아마도 사람 짓을 못할 듯합니다. 밤중에 조용히 생각하노라면 온몸에 소름이 오싹 끼칩니다〉라는 말까지 했다.

선조 2년, 영의정 이준경이 을사사화로 피해를 본 선비들의 신원 문제 등을 왕에게 이야기할 때, 율곡은 〈대신의 말이 어찌 그처럼 모호하고 분명하지 않을 수 있습니까?〉 하고 면전에서 따졌다. 경연에서 두 번이나 이준경의 말을 꺾자, 이준경은 이이가 현명하고 재능 있다고 칭찬하곤 했던 백인걸에게 〈그대의 이이는 어찌 그렇게 말이 경솔한가?〉 하고 물었다. 율곡 스스로가 『경연

---

* 이것저것 뒤섞여 순수하지 못함.

일기』에 기록한 내용이다.

율곡의 제자 사계(沙溪) 김장생(金長生, 1548~1631)은 율곡이 남의 질의에 답할 때 조금도 생각하지 않고 응구첩대(應口輒對)*했으나 모두 이치에 맞았다고 썼다. 또 언젠가 〈경연관은 부복하여 임금의 얼굴을 쳐다볼 수 없습니까?〉 하고 물으니 〈어찌 그렇겠는가. 나는 일을 아뢸 때 임금의 얼굴을 우러러 본다〉고 말했다고 한다.

율곡의 급하고 직설적인 언동은 타고난 성격 탓이겠지만 혹시 건강과도 관련 있는 게 아닐까. 율곡은 19세 되던 1554년 성혼에게 보낸 편지[答成浩原]에서 이렇게 말했다. 어머니 3년상을 치른 해다. 〈15, 16세 이전에 읽은 글은 얼마 없고 17세에야 비로소 배움에 뜻을 두었으나 얼마 안 돼 비위에 소화가 안 되는 병을 얻어 능히 글을 읽지 못했다. 약을 써서 비위를 치료한 지 3년 됐으나 아무 효력이 없고, 의원은 비위가 병든 게 아니라 곧 폐가 상한 것이라 하는데, 그 약제를 얻지 못해 짓지 못하고 있다.〉

어려서부터 병이 있었던 율곡은 약을 달고 살았다. 평소 현훈증(眩暈症)**이 있었던 율곡은 병중에 억지로 왕명을 받들어 나가던 중 등청하지 못하고 병조에 누워 있다가 〈임금을 업신여겼다〉는 죄목이 더해져 탄핵을 당했다. 조선 임금 중 성격이 급하기로 소문난 건 숙종이다. 숙종도 어지럼증으로 고생을 많이 했다. 스스로 말하기를 〈내가 세자 적부터 화증(火症)이 있었는데, 성미가 느긋하지 못해 일이 앞에 있으면 버려두지를 못한다. 근래에는 현기증이 발작하면 수레나 배 위에 있는 것 같다〉고 했다.

* 묻는 대로 지체없이 대답함.
** 어지럼증.

일을 놓아두고 쉬지 못하는 건 율곡이 더했다. 이조판서일 때 재상, 명사, 선비, 심지어 구직자들까지 겹쳐 방문객이 하도 많아 밤이 깊어서야 겨우 저녁을 먹는 경우가 많았다. 아우 우(瑀, 1542~1609)가 걱정스러워 사람 접견을 줄이라고 하자 〈그럴 거면 저 석담(石潭)* 같은 데 그대로 엎디어 살 일이지, 서울에 와서 벼슬할 필요가 뭐 있겠느냐. 이조판서 자리는 손님 싫어하는 사람으로서는 안 되는 자리야. 내가 괴롭더라도 사람들을 만나 보고 난 다음 재주에 따라 각각 그 자리에 써야 할 것이니 백 명이 와도 다 만나 봐야지〉라고 말했다. 인사 청탁을 받으면 그 사람들의 이름을 낱낱이 잡책에 적어 공개하거나 창가에 이름을 써 붙여 놓고 다른 사람들에게 의견을 물었다고 한다.

그렇게 격무에 과로를 하면서도 율곡은 평소 쇠고기를 먹지 않았다. 그는 〈국법에 있는 것은 아니지만 사람들이 소를 부려서 실컷 그 힘을 뽑아 먹고 또 그 고기마저 씹는다는 것은 결코 어질다 할 수 없는 일이다〉라고 말했다고 한다. 그러다가 마침 조정에서 쇠고기를 못 먹게 금지령을 내리자, 득의한 듯이 〈국법으로까지 금하는 일이니 더욱 범해서는 안 된다〉 하고, 그로부터는 제사라 할지라도 쇠고기는 쓰지 않았다.

율곡이 대제학 벼슬을 사양하고 잠깐 파주로 물러나 있을 무렵 율곡 밑에서 부제학을 지낸 최황(崔滉, 1529~1603)이 찾아와 겸상으로 밥을 먹는데, 반찬이 너무도 빈약했다. 최황이 수저를 들고 머뭇거리다 말고 〈아무리 청빈하기로 이렇게 곤궁하게 지낼 수가 있습니까. 반찬도 없이 진지를 잡숫는대서야……. 소생이 민망해 뵈올 수가 없습니다〉라고 했다. 율곡은 웃으며, 〈나중에 해

* 황해도 해주. 율곡의 처가가 있던 곳.

가 지고 난 뒤에 먹으면 맛이 있느니!〉라고 대답했다.

1574년(선조 7년) 5월 명나라 신종(神宗)의 생일을 축하하는 성절사(聖節使)의 서장관으로 명나라에 가던 하곡(荷谷) 허봉(許 篈, 1551~1588)이 이른 아침에 파주 율곡리로 찾아갔을 때, 율 곡은 39세의 젊은 나이인데도 병으로 일어나지 못하고 조카를 시켜 그를 서실(書室)에서 기다리게 했다. 오래 있다가 나온 율곡 의 안색은 전날과는 약간 달랐고 매우 피로해 보였다. 율곡은 선 조 6년에 직제학 등을 배명했으나 병으로 사퇴하고 율곡리에 돌 아온 뒤 계속 배명을 사양했다. 그러다가 이듬해 정월 부승지가 되어 「만언봉사」를 올렸고, 4월에 우부승지를 사퇴하고 다시 율 곡리로 돌아와 있을 때 하곡이 찾아온 것이다. 하곡은 이 일을 일 기에 썼지만 객지에서 병사하는 바람에 동생 허균이 1605년에 『조천기(朝天記)』로 편찬해 남겼다.

율곡이 해주 석담에 살 때는 언제나 점심에 밥을 먹지 않았다. 양식이 모자라 죽도 끓이지 못하는 때가 있었다. 젊을 때부터 친 구인 재령(載寧) 군수 최립(崔岦)이 쌀을 보내 주었으나 받지 않 았다. 가족들이 서운해 하자 〈국법에 장물(臟物)을 주고받는 죄 는 아주 엄격한 것이다. 우리나라 수령들이 나라 곡식 아닌 다음 에야 따로 무슨 곡식이 있을 것이냐. 수령들이라 할지라도 제 개 인의 곡식을 주는 다음에야 어찌 안 받을 것이 있겠느냐마는, 이 최 군수는 제 것이 있는 사람이 아니라 응당 나라 곡식을 보내 주 는 것일 테니 내가 어찌 그걸 받을 수 있겠느냐. 그대로 시장한 채 견디며 사는 것이지〉라고 했다고 한다.

그리고 대장간을 차려 호미를 만들어 팔아서 양식을 사먹었다. 뒷날 백사(白沙) 이항복(李恒福, 1556~1618)은 최유해(崔有海,

1588~1641)에게 보낸 편지에서 〈모재(慕齋) 김안국(金安國, 1478~1543) 선생이 여주(驪州)에 물러나 있을 때 친히 추수를 하러 다니며 이게 모두 하늘에서 준 것이라며 마당에 한 톨도 흘리지 못하게 했네. 율곡 선생도 해주에서 대장간을 일으켜서 호미를 만들어 팔아 양식을 바꾸었던 것이니, 이처럼 마땅히 해야 할 일은 큰 인물도 부끄러워하지 않고 했던 거라네〉라고 평했다.

율곡은 그러면서도 자세를 흩트리지 않고 몸가짐을 바르게 했다. 율곡의 문하에서 수학한 만퇴(晩退) 신응구(申應榘, 1553~1623)는 〈매양 선생을 대하면 마치 높은 누각에 올라 팔면의 창문을 활짝 열어 놓은 것 같아서 사람으로 하여금 저절로 사벽(邪辟)한 마음이 없게 한다〉며 또 말하기를 〈내가 산에는 풍악산을 보고 사람에는 율곡 선생을 보았다〉고 했다. 산이라면 금강산, 사람이라면 율곡이 으뜸이라는 뜻이었다.

친척이면서 문하생인 홍귀상(洪龜祥), 홍치상(洪致祥) 형제는 〈어려서부터 모시고 글을 배웠지만 평소 한 번도 남과 소곤소곤 이야기하는 것을 본 일이 없다. 언제나 제자들에게 군자는 일에 처하고 마음 가지는 것을 마땅히 저 청천백일같이 해야 한다고 당부하셨다〉고 증언했다. 가까운 제자가 할아버지의 비문을 써줄 것을 청하자 대답을 하지 않은 일도 있다. 하도 엄해 다시 말을 꺼내지 못하고 다른 제자를 통해 이유를 물으니 율곡은 〈죽을 때를 당해 처리한 의리가 온당치 못해 허락하지 않았다〉고 대답했다.

이처럼 엄하고 융통성이 없어 보이던 율곡에게도 따뜻한 일화가 있다. 율곡의 서모 쪽인 소년 하나가 집에 와서 놀다가 서재에서 물건을 훔쳐 간 일이 있었다. 율곡의 자제들이 아이를 내쫓았는데 한 열흘쯤 지나 율곡이 아이를 다시 불러와 전처럼 대해 주는 것이었다. 자제들이 불평하자 〈그동안 제 잘못을 회개했을 것이다. 사람을 영영 내버릴 수는 없는 것이다〉라고 했다. 그 말을 들은 소년은 진심으로 감복했다고 한다.

또, 자기는 친구가 보낸 쌀을 안 받았으면서 청주목사일 때 군수에게 말해 정철에게 백미 세 말을 보내 주었다. 정철이 수박만 받고 쌀은 돌려보내자 〈군수가 보낸 걸 안 받는 건 너무 지나친 거 아니냐〉고 편지로 따졌다.

율곡은 성혼과 대화하면서 성혼이 〈나는 책을 읽을 때 여덟 줄쯤 한꺼번에 읽을 수가 있다〉고 하자 〈난 한꺼번에 겨우 여남은 줄밖에 못 읽소〉 하고 야코를 죽였다. 그런 율곡이 다른 글에서는 〈나는 옛글을 수십 번 읽은 뒤에야 겨우 외우는데 세상 사람들은 아무개는 한 번 보기만 하면 곧 기억한다 하고 출입을 좋아하지 않아 밖에 나가지 않는데 글을 탐독하느라고 안 나간다고 한다〉고 썼다.

율곡은 글씨에도 능해 조자앙(趙子昻, 조맹부) 체를 습득했으며 그림에도 뛰어났다. 어머니 신사임당이 그림으로 유명했고, 누나 매창(梅窓)과 막내아우 우(瑀)도 각각 그림과 서예로 이름을 남긴 사람들이다. 율곡도 소질과 능력이 풍부했다.

율곡의 생애를 살펴보면 윤기가 모자라는 게 사실이다. 해학과 익살을 찾아보기 어렵다. 같은 말이라도 가령 맹사성(孟思誠, 1360~1438), 이원익, 이항복, 박지원이라면 좀 눙치면서 더 효과적으로 했겠지만 율곡에게선 유머를 찾기 어렵다. 왕조 시대에 쓰던 말에 쾌잠(快箴)이라는 게 있다. 임금의 기분이 좋을 때를 골라 올리는 잠계(箴戒)*를 말한다. 지금도 마찬가지이지만 왕

* 깨우쳐서 훈계함.

이든 대통령이든 역린(逆鱗)을 건드렸다간 될 일도 하나 없고 신상에도 해롭다. 그래서 사람들은 왕과 대통령의 기분을 살피고 진언을 할 기회와 계기를 엿보는 건데, 율곡은 그런 것을 의식하지 않았던 것 같다.

『서경』의 글로도 율곡을 설명할 수 있을 듯하다. 원래 율곡의 栗은 고향인 파주 율곡리에서 따온 글자이지만, 이 글자엔 밤나무 외에 단단하다, 위엄이 있다, 공손하다, 두려워하다라는 뜻도 있다. 慄과 통한다. 『서경』 순전(舜典)에 순이 즉위 직후 기(夔)에게 한 말에 栗이 나온다. 〈기여! 그대를 전악에 임명하니 주자를 가르치되 곧으면서도 온화하며 너그러우면서도 엄격하고 강하면서도 포악하지 않으며 간이하면서도 오만하지 않도록 해주오[夔 命汝典樂 敎胄子 直而溫 寬而栗 剛而無虐 簡而無傲].〉 전악은 음악을 관장하는 직책이며 주자(胄子)는 천자와 경대부의 맏아들을 말한다.

관이율(寬而栗)은 『서경』 고요모(皐陶謨)에도 나온다. 순임금의 신하인 고요가 사람을 아는 방법을 우(禹)에게 말하는 대목이다. 〈너그러우면서도 엄격하고 부드러우면서도 꿋꿋하며 성실하면서도 공경하며 다스리면서도 존경하며 온순하면서도 굳세며 곧으면서도 온화하며 간략하면서도 세심하며 억세면서도 착실하며 강하면서도 의로운 것[寬而栗 柔而立 愿而恭 亂而敬 擾而毅 直而溫 簡而廉 剛而塞 彊而義]〉, 이것이 이른바 구덕(九德)이다.

원래 언론인들이란 자신과 사물을 객관적으로 보는 데 훈련된 사람들이어서 말과 글에서 유머를 자주 볼 수 있다. 찰스 디킨스, 마크 트웨인 등의 글과 재담을 보라.

그러나 율곡은 시대와 겨루고, 왕과 속유(俗儒)들과 다투고, 자신의 건강과 싸우느라 여유가 없었던 것 같다. 남들보다 훨씬 빠른 속도로 책을 읽어 내려가듯, 죽음과 경주를 벌이듯 삶을 치열하게 압축해 살다가 겨우 49세로 서둘러 떠나간 것이다.

율곡이 선조에게 올린 소차(疏箚), 즉 상소(上疏)와 차자(箚子)*, 계(啓)를 읽다 보면 안쓰럽고 눈물겹다. 몇 가지를 살펴본다.

1) 교리(校理) 사직 상소(1569, 선조 2년)

소신은 타고난 기질이 매우 약해 조섭을 하기가 매우 어렵습니다. 전부터 위병이 있었는데 여름으로 접어들면서 더 심해져 음식이 소화되지 않고 흉격(胸膈)이 늘 답답한데 더위까지 먹어 뱃속이 허랭(虛冷)하여 설사가 멎지를 않고 있습니다.

2) 대사간 사직 상소(1578, 선조 11년)

1차: 신은 타고난 기운이 허약하여 병이 몸에서 떠나지 않고 있습니다. 병만 있고 재능도 없는데 한갓 정성만 있은들 무슨 소용이 있겠습니까.

2차: 타고난 기질이 허약해 병이 몸에서 떠나지 않아 한가히 지내면서 조섭하고 보양해야 약간 지탱할 수 있고, 한 번이라도 노동을 하면 여러 증세가 다시 도져 온 1년 동안 신중히 조섭해도 부족하고 하루만 수고로워도 그 상해는 남아나니 부지런히 뛰어다니며 여러 가지 일을 하여 조금이라도 성은에 보답할 수 없다는 것이 분명합니다.

* 일정한 격식을 갖추지 않고 사실만을 간략히 적어 올린 상소문.

3) 호조판서 사직 상소(1581, 선조 14년)

지금 신은 다만 허술하고 어리석은 하나의 병든 사람일 뿐이므로 (중략) 더구나 신이 항상 병을 지니고 있음은 여러 사람이 잘 아는 바이며 봄부터 가을까지 휴고(休告)[*]가 반이나 됩니다.

4) 대제학 사직 계(1581, 선조 14년 9월, 이때 호조판서를 겸직하고 있었다)

1차: 소신은 한낱 결점이 많고 병든 사람이옵니다. 질병이 떨어지지 않아 2년 내에 현기증이 크게 발생한 게 세 차례요, 그 외 사소한 병이 발작하지 않는 일이 없사와 혈기는 소모하고 정신은 혼매하옵니다.

재계(再啓, 1581, 선조 14년 11월): 소신은 타고난 기질이 허약해 항상 질병을 안고 있사옵니다. 다년간 한직에 물러나 어린애 보호하듯 하여 겨우 유지될 수 있었사온데, 지금 오은(誤恩)을 입어 높은 품질(品秩)에 특진되고 고된 직무를 제수받았습니다. 감히 몸을 아끼지 못하고 조석으로 출퇴근을 하다 보니 피로가 쌓여 병이 나고 게다가 찬바람을 쐬어 감기가 들어 20일 동안이나 앓았사옵니다. 움직이면 숨이 차고 식은땀이 나며 다리가 떨리옵니다. (중략) 신의 병약은 뭇사람들이 다 아는 바이니 통촉하시옵소서. 탁지(度支)^{**}, 문형(文衡)^{***}의 두 큰 직임을 겸하여 능히 일을 망치지 않을 리 만무하옵니다.

---

[*] 벼슬아치가 집에서 쉬는 것.
^{**} 호조판서를 말함.
^{***} 대제학의 별칭.

5) 잠시 쉬기를 청하는 계(1582, 선조 15년)

신은 본디 잔약하고 병든 몸으로 원접사(遠接使)의 중임을 맡게 되니 보전하기 어렵다고 의심하지 않은 사람이 없었사옵니다. 다행히 국가의 위령(威靈)에 힘입어 간신히 서울까지 모시고 왔습니다. 그러나 노열(勞熱)과 현기증이 함께 일어나고 눈병이 더욱 심합니다. (중략) 조사(詔使)가 서울에 머물 동안 2일 혹은 3일은 우선 따라다니지 않고 약을 먹고 조리하면 지탱할 수 있을 것입니다.*

6) 벼슬에서 물러나게 해달라는 상소(乞退疏, 1583, 선조 16년)

신이 염치를 무릅쓰고 받은 모든 것을 삭제하시어 돌아가 밭이나 갈고 우물이나 파서 여생을 보전하게 해주신다면 생성(生成)의 은혜는 죽음으로써도 보답하기 어렵겠나이다.

7) 병조판서 사직 상소(1583, 선조 16년)

신이 병조판서 직에 임명된 이래 근력이 감당하지 못함을 분명히 알지만 사양해도 면하지 못해 억지로 맡았습니다. (중략) 만일 수년간의 여가를 얻어 다시 심성 수양과 덕행 성찰의 공부에 힘을 써서 근본이 확립된 뒤에 돌아와 성의와 재능을 다해 성주(聖主)를 섬긴다면 반드시 오늘날처럼 어긋나지는 않을 것입니다.

* 율곡은 1582년 10월 명나라 사신 한림원 편수(翰林院編修) 황홍헌(黃洪憲)과 공과급사중(工科給事中) 왕경민(王敬民)을 영접하는 원접사를 하라는 명령을 받고 중국 사신들을 안내한 바 있다.

8) 탄핵을 당하고 병조판서를 사직하는 상소(1583, 선조 16년)

신은 본래 병약한 몸인데 애써 몸을 지탱하며 직무를 보아왔더니 오래 누적된 병상으로 현기증이 발작하여 일을 망칩니다. 부르심을 받고 달려가지 못해 죄범(罪犯)이 더욱 무거운데도 도리어 따뜻한 위문을 주시고 의원을 보내며 약을 하사하기까지 하셨으니 그 은혜 하늘처럼 넓고 커서 분골쇄신해도 보답하기 어려워 감격의 울음만 더해질 뿐입니다.

9) 병조판서 사직 재상소(1583, 선조 16년)

신은 타고난 기질이 몹시 잔약한 데다가 중병을 여러 번 겪어 평상시에도 목숨을 겨우 보전하는데, 먼 길을 갔다 오면서* 쓰러지지 않았으니 실로 천행입니다. 그런데 오래 상한 나머지 옛날 병이 다시 일어났으므로 극무(劇務)를 사양하고 한직을 청하는 것은 형세로 보아 부득이한 일입니다. (중략) 신이 병을 얻은 것이 이미 고질이 되고 원기가 이미 상패(傷敗)되어 몸뚱이는 노동하지 않아도 저절로 땀이 나고 다리는 걷지 않아도 저절로 떨립니다. 살갗은 전보다 심히 쇠모(衰耗)되지 않았으나 정신과 근력은 팔구십 늙은이와 같습니다.

10) 이조판서 사직 상소(1583, 선조 16년 10월, 사망 3개월 전)

소시에 질병이 많았는데 노경에 와서는 더욱 심해져 혈기는 소모하고 정신은 감소하여 잠시만 노동을 해도 금방 현기증이 발작합니다.

---

* 원접사 활동을 말함.

율곡은 사복시(司僕寺) 제조에 임명됐을 때(연도 미상) 〈낮에는 있는 힘을 다해 행동하고 밤이면 반드시 쓰러져 누워서 신음하니 보는 이가 모두 위태롭게 여깁니다〉라며 〈감당하지 못할 일을 맡기는 것은 성주(聖主)가 사람을 쓰는 도리가 아닙니다〉라는 말까지 했다. 죽기 2년 전 1월에는 우계 성혼에게 이런 시를 써서 보냈다. 〈융성한 시대를 천년 만에 만났건만 / 시사를 걱정하다 한 몸이 병들었네 / 바라기는 깊은 산속 늙은이를 나오게 해 / 끝내 자신만 위하지 않는 신하를 만들고 싶네[盛際千年會 憂時一身病 願回巖穴老 終作匪窮臣]〉

1575년(선조 8년) 3월, 병으로 파주 율곡리에 돌아갔을 때는 홍문관 부제학을 제수받고 상소하여 사양했으나 윤허받지 못했다. 그래서 4월에 들것에 실려 들어가 선조를 뵙고 세 차례나 사직한 일도 있었다.

그러나 이런 여러 상황과 절박한 상소에도 무심하고 용렬한 군주 선조는 끝내 어질고 충성스러운 신하의 건강과 목숨을 지켜주지 못했다.

더 읽어 보기
「유지사」에 담긴 맑은 로맨스

  율곡은 황해도 관찰사이던 1574년 항주(黃州) 기생 유지(柳枝)를 만났다. 그리고 1582년 원접사(遠接使)가 되어 관서 지방을 왕래할 때 다시 만나 상당 기간 아주 가깝게 지냈다. 1583년에도 황주의 누님을 찾아갔을 때 여러 날 함께 어울렸고, 돌아올 때는 유지가 절까지 따라와서 전송했다. 유지는 작별한 뒤에도 밤중에 숙소에 찾아왔다.

  율곡은 유지를 어여쁘게 여기기는 했지만 한 번도 잠자리를 같이하지는 않았다. 소실로 삼더라도 크게 문제가 될 것은 없었다. 그러나 율곡은 마지막으로 만날 때 타계 100여 일 전으로, 병이 깊은 상황에서 사랑하는 사람을 함부로 대할 수 없다는 윤리 의식과, 육체적 사랑을 넘어선 정신적 사랑 때문에 그녀를 받아들일 수 없었다. 율곡의 사랑은 친필로「유지사(柳枝詞)」를 써준 데서 분명하게 드러난다. 육체적 관계가 전혀 없었음을 분명히 밝힘으로써, 유지의 명예가 손상되거나 앞날에 장애가 되는 일이 없게 하려 했던 것이다.「유지사」중 말미의 칠언절구 부분은 다음과 같다.

天姿綽約一仙娥　　예쁘게도 태어났네 선녀로구나
十載相知意態多　　10년을 서로 알아 익숙한 모습
不是吳兒腸木石　　이 몸인들 목석 같기야 하겠나만
只緣衰病謝芬華　　다만 병들고 늙었기로 사절한다네

含悽遠送似情人　　헤어지며 정인처럼 서러워하지만
只爲相看面目親　　서로 만나 얼굴이나 친했을 따름
更作尹那從爾念　　다시 태어나면 네 뜻대로 따라갈까
病夫心事已灰塵　　병든 이라 세상 정욕은 이미 재 같다오

每惜天香葉路傍　　길가에 버린 꽃 아깝고 말고
雲英何日遇裵航　　운영처럼 배항을 언제 만날까
瓊漿玉杵非吾事　　둘이 같이 신선 될 수 없는 일이라
臨別還慙贈短章　　떠나며 시나 써주니 미안하구나

1583년 9월 28일 병든 늙은이 율곡이 밤고지 강마을에서 쓰
다[栗谷病夫 書于 栗串江村]

「유지사」는 유지와의 교분 관계를 서술한 부분, 유지에 대한
생각을 장문의 운문시로 표현한 부분, 유지에 대한 정을 칠언절
구 3수로 표현한 부분으로 나뉜다. 첫 부분에서 유지와의 만남부
터 그 이후의 일을 상세하게 적고, 마지막에 두 사람의 관계는
〈정〉에서 시작해 〈예〉로 끝난 순수하고 깨끗한 관계였음을 강조
해 밝히고 있다.
　둘째 부분의 운문시에서는 유지를 어여삐 여기고 몹시 아끼는

율곡이 유지에게 써준 글 「유지사(柳枝詞)」. 이화여자대학교 박물관 소장.

마음이 절절히 드러난다. 내생이 있다면 좋은 곳(부용성)에서 다시 만나겠다는 말로 끝난다. 마지막으로 자신의 마음을 담은 칠언절구 3수를 붙였다. 율곡과 유지가 서로 운을 띄우고 시를 지어 주고받은 것 같다고 추정하는 이도 있다.

「유지사」가 오늘날 대중에게 알려진 것은 언론인 성재(誠齋) 이관구(李寬求, 1898~1991)가 『경향신문』 주필일 때인 1958년 『경향신문』에 공개하면서부터다. 그 뒤 노산(鷺山) 이은상(李殷相, 1903~1982)이 1966년에 다시 역주했고, 율곡과 유지의 이야기는 방송 프로그램으로 소개되기도 했다. 「유지사」 원본은 현재 이화여자대학교 박물관에 소장돼 있다.

율곡 타계 후 유지는 서울로 올라와 곡을 하고, 그대로 삼년상을 치렀다고 한다. 또 「유지사」를 첩(帖)으로 만들어 황주를 지나는 사대부들을 찾아다니면서 「유지사」에 대한 화답을 요청했다. 한 사람에게 두 번 이상 찾아가 화답시를 받기도 했다. 이런 행동은 율곡이 타계한 지 25년이 지난 1609년까지도 계속됐다고 한다.

유학자가 기생에게 써준 글이라고 믿기 어려울 만큼 진솔한 「유지사」는 사대부들 사이에 흥미로운 화제가 됐다. 하지만 문집이 여러 번 간행됐는데도 수록되지 않은 것은 호사가들의 입방아를 우려해 편찬자들이 누락시켰기 때문이다. 그것을 알 수 있는 자료가 율곡의 사위인 신독재(愼獨齋) 김집(金集, 1574~1656)의 문인 치암(恥菴) 이지렴(李之濂, 1628~1691)이 문집을 편찬 중인 현석(玄石) 박세채(朴世采, 1631~1695)에게 보낸 편지다. 편지에 의하면 율곡문집 초고본에는 유지와 관련된 글이 모두 들어 있었으나 이 사실을 알게 된 이지렴이 삭제를 종용했고, 박세채는 이에 따랐다. 그 글들이 〈율곡의 성대한 덕에 누가 된다고 할 수는 없지만 후세에 모범이 되는 일도 아니므로 삭제하는 게 옳다〉는 주장을 수용한 것이다.

시로 이름을 날린 율곡의 세 살 아래 벗 간이(簡易) 최립(崔岦, 1539~1612)은 「유지사」의 시 중 첫 수의 운자를 따라 시 한 수를 지었다.

詎將文字重織娥	공이 미인을 중히 여겨 문자를 썼을 리야
一笑前頭當少多	한바탕 웃는 자리 무슨 비중을 두었을까
最是先生名義感	그래도 미인은 그 명의에 너무도 감격해
新粧不復攬菱華	능화* 쥐고 다시는 화장을 하지 않았으리

상촌(象村) 신흠(申欽, 1566~1628)도 1609년 가을 연경으로 가다가 황주를 지날 때 찾아온 유지에게 화답시를 써주었다[題柳枝詩帖 幷小序].

春蠶絲盡燭成灰　봄누에 실이 끝나고 초는 타서 재가 되고

* 능화(菱華)는 뒷면에 마름꽃[菱花]이 새겨진 고대의 청동 거울로, 여인의 화장을 말한다.

174

舊事悠悠夢幾回　　아득한 지난 일들 몇 번 꿈을 꾸었던가
一曲丁香歌自苦　　한 곡조 정향 노래* 자신이야 괴롭건만
傍人那解有餘哀　　남아 있는 서러움을 곁에서야 어찌 알리

* 정향 노래는 마음에 맺혀 풀리지 않는 감정을 나타내는 노래를 말한다.

율곡어록

율곡전서에 실려 있는 어록 중 10여 가지를 가려 싣는다. 전서에 실린 어록은 대부분이 제자들과의 학문적 문답인데, 본서와 관련이 적은 성리학 문답은 피하고 일상적이고 인간적인 면모가 엿보이는 것을 주로 골랐다.

◆ 백성을 부리는 것을 큰 제사를 받드는 것처럼 하는 것을 어째서 경(敬)으로써 몸을 가지는 것이라고 말할 수 있습니까?
— 대인을 본 듯이 하고 큰 제사를 받드는 것처럼 하는 것은 다 나의 경을 행하는 일이기 때문이다.

◆ 자기에게 편리하지 아니한 것을 알았으면 한 걸음 물러선다는 것은 무슨 뜻입니까?
— 한 걸음 물러선다는 것은 하지 않는다는 말이다.

◆ 우리나라의 학문은 어느 시대에 시작됐습니까?
— 고려 말엽부터다. 하지만 권근(權近, 1352~1409)의 『입학도(入學道)』*는 모순된 것 같고, 정몽주(鄭夢周, 1337~1392)

는 이학의 원조라고 부르지만 내가 보기에는 사직을 편안케 한 신하이지 유자(儒者)는 아니다. 도학은 조광조에서 비로소 일어나 이황 선생에 이르러서야 유자의 모습이 이루어졌다. 그러나 이황은 성현의 말씀을 준수·실행하는 사람 같고 그가 스스로 발견한 것은 보이지 않는다. 서경덕은 자기 견해는 있으나 그 한구석만을 본 것이다.

◆ 한(漢)나라 시대에는 사람을 등용함에 있어 반드시 군현(郡縣)에서 시용(試用)한 뒤에 그중 어진 사람과 유능한 사람을 조정에 승진시켰습니다. 그런데 지금 우리나라의 경우, 이재(吏才)가 있는 사람은 경관직(京官職)의 임무를 감당할 능력이 적고, 경관직에서 유명한 사람은 한 고을을 다스리는 능력이 부족하니 까닭이 무엇입니까?

— 한나라 때의 군현은 지금 우리나라와 같은 게 아니라 한도(道)와 같다. 대개 인품은 각각 다르다. 지금 사례로 말한다면 대사헌이 됐을 때는 남과 다름이 없다가 한 도나 고을을 맡으면 오히려 남만 못하며 또 한 도나 한 읍을 다스리는 데는 유능하다가 대각(臺閣)**에서는 제 구실을 못하는 사람이 있으니 일률적으로 논할 수는 없다.

◆ 율곡이 항상 말하기를 〈내가 다행히도 주자 후에 태어나서 학문이 거의 틀리지 않게 됐다〉고 했다.

---

*   고려 공민왕 2년에 권근이 지은 책.
**   사헌부와 사간원의 통칭.

◆ 축색(蓄色)*한 일과 을사년 일에 있어서 회재(이언적)와 퇴계(이황)가 다 같이 과실이 있었는데, 선생이 회재만을 허물하기에 까닭을 물으니 한참 있다가 답변하기를 〈대저 사람을 보는 도리는 덕을 이룬 뒤와 덕을 이루기 이전을 구분해야 한다. 퇴계의 실수는 나이가 젊은 시기에 있었지만 회재는 이미 늙어서 이런 실수가 있었으니 이래서 구별이 없을 수 없는 것이다〉 하였다.**

◆ 일찍이 선생에게 묻기를 〈선생께서는 어떤 일에나 통하지 못하는 것이 없으니 장수의 소임도 역시 감당할 수 있겠습니까?〉 하니 〈스스로 장병의 일을 맡는 것은 내 또한 감히 자신하지 못하겠지만 장수의 스승은 될 수 있겠다〉 하였다.

◆ 〈선생께서 나라 일을 담당해 만일 극히 어려운 처지에 이르게 된다면 어찌하시겠습니까?〉 하고 물으니 〈죽을 때까지 해볼 뿐이다. 학문도 또한 그러하다. 성공하느냐 못하느냐는 아직 의론하지 말고 마땅히 국궁진췌(鞠躬盡瘁)하여 죽은 후에야 그만두는 것이 옳다〉 하였다.

◆ 〈박문(博文)과 약례(約禮) 두 가지는 성인 문하의 학문에서 수레의 두 바퀴 같고 새의 두 날개와 같다〉면서 율곡은 언제나 이것을 외워 가르쳤다.

* 여색을 좋아해 첩을 두는 것.
** 출처(벼슬을 하는 것과 물러남)의 의리로 보면 이언적이나 이황이나 모두 중용에 맞지 않는다는 취지.

◆ 선생이 이성춘(李成春)에게 일러 말하기를 〈네 문리가 아직도 통투(通透)하지 못하니 당분간 『성학집요』는 놓아두고 『통감』*을 읽는 게 좋겠다〉고 하자 이성춘이 〈소생의 나이 30에 가까운데도 조금도 성취된 바가 없습니다. 지금부터 성리학의 서적을 읽어도 따라가지 못할까 두려운데, 어느 겨를에 다른 책을 읽을 수 있겠습니까?〉 하니 선생이 말하기를 〈네 말도 옳다. 그러나 학문을 하는 방도는 반드시 먼저 문리에 통달해야 하는 것이다. 그런 후에야만 지식이 날로 늘어나고 소견이 날로 밝아지는 것이다. 그래서 공부하기가 쉬워져 소득도 반드시 있게 되는 것이다. 만일 글 뜻에 통달하지 못한 채 먼저 도를 구하려 한다면 마음씨가 모색(茅塞)**하고 식견이 망매(茫昧)하여 아무리 도를 구하려 해도 될 수 없을 것이다. 더구나 학문의 길은 바로 우리들의 종신 사업인데, 어찌 그렇게 급급히 서두를 것이 있겠느냐. 공자가 말하기를《속히 하려 하면 달성하지 못한다[欲速不達]》고 했으며 맹자가 말하기를《나아가는 것이 빠른 사람은 물러가는 것도 빠르다[進銳者退速]》고 하였다. 성현의 교훈이 분명하게 경전에 있는데 네 그것을 배우지 않았느냐〉 하였다.

◆ 여러 학생들이 모시고 앉았는데, 선생이 말하기를 〈여러 학생들이 모여 있으면서 종일토록 마음을 쓰는 데가 없다면 산당에 고요히 앉아 그 마음을 기르는 것만 못하다〉면서 이어 훈계하여 말하기를 〈요즈음 보면 여러 학생들이 그냥 놀기만 하

* 『통감절요』를 말한 듯.
** 길이 띠로 인하여 막힌다는 뜻으로, 마음이 물욕에 가리어 어리석고 무지함.

면서 학업에 근면하지 않으니 무엇 때문인가. 내가 여러 학생들에게 가르치는 것이나 여러 학생들이 나에게서 배우는 것이 그 본의가 어찌 이와 같은 것이겠느냐. 유념하고 또 유념해서 조금이라도 게을리하는 일이 없도록 하라〉 하였다.

◆ 허극성(許克誠)이 묻기를 〈형제가 동거하는 것은 인륜의 두터운 일입니다. 지금 여기에 형제 세 사람이 있는데, 한 형의 뜻은 나와 같고 한 형의 뜻은 나와 같지 않다면 뜻이 같은 형하고만 동거해도 좋겠습니까〉 하니 선생이 말하기를 〈그렇게 해도 된다. 그러나 뜻이 같지 않은 형에게도 반드시 감동하고 뉘우쳐서 끝내는 동거하게 되는 것이 더 좋다〉 하였다.

◆ 한음(漢陰) 이상국(李相國)*이 문과에 급제해 벼슬길에 나간 다음, 율곡 선생을 뵙고 문장에 대해 의논했는데, 율곡이 말하기를 〈마음이 도에 통한 후에야 자연히 문장이 이루어질 수 있는 것이다. 마음이 통하지 않으면 문장 기운이 유창하지 못하는 것이니 대개 도를 배우는 것을 반드시 문장을 배우는 것보다 앞서 해야 할 것이다〉 하였다.

◆ 왕이 대신들에게 시사를 물으니 박순(朴淳, 1523~1589)은 〈이조에 연소한 사람을 임용하는 것이 불가하다〉고 하고, 구봉령(具鳳齡, 1526~1586)은 〈오늘날 유생들은 글 읽기를 일삼지 않고 고담대언(高談大言)만 한다〉고 하였다. 이때에 율곡이 입시하고 있다가 임금 앞으로 나아가 말하기를 〈이조의

* 이덕형(李德馨, 1561~1613)을 말함.

관원은 인재만을 택해야 하므로 비록 나이가 젊더라도 쓸 만한 재주가 있으면 임용해도 불가할 것이 없습니다. 또한 선비의 습관이 바르지 않으면 조정에서 마땅히 어진 스승을 선택해 배치하여 교화를 밝혀 중정(中正)한 데로 돌아가게 해야 할 것입니다〉 하였다.

◆ 선생이 일찍이 상에게 아뢰기를 〈옛날부터 선비는 시속의 관리들과 함께 일을 도모하기가 어렵습니다. 선비들이《당우(唐虞, 요순 시대)의 정치를 당장 이룰 수 있다》고 하면 시속 관리들은《옛날 도는 반드시 행하기 어렵다》고 합니다. 그래서 시속 관리들은 유학자들을 비난하고 유학자들은 또 시속 관리들을 비난하는데, 공평하게 말한다면 양쪽 말이 모두 그릅니다. 정치를 하는 데는 마땅히 삼대(三代, 요순우)를 본받아야 하지만 일은 모름지기 점차로 진취시켜야 합니다. 신이 삼대를 말하는 것은 한걸음에 바로 도달하자는 것이 아니라 오늘에 한 가지 선한 정사를 시행하고 내일에 또 한 가지 선한 정사를 시행해 점차 지극한 경지에 이르자는 것입니다〉 하였다.

◆ 하서(河西)는 맑은 물의 연꽃[淸水芙蓉]이요 맑은 바람에 갠 달[光風霽月]이다. 벼슬하고 은거함[出處]의 바른 것이 공과 비견할 사람이 없다.*

◆ 윤두수(尹斗壽, 1533~1601)가 조용히 말하다가 하서 선생에 이르러서는 일어나서 말하기를 〈숙헌(叔獻)이 생존 시에

* 하서 김인후(金麟厚, 1510~1560)를 칭찬한 말.

매양 하서의 출처의 바름이 우리나라에서 그와 비견할 사람이
없다고 칭찬했다〉 하였다.

율곡의 「언행난(言行難)」

1582년에 말과 행동의 일치하기 어려움과 고민을 희곡 형식을 빌려 토로한 글이다. 율곡은 평생 출처와 언행일치의 어려움을 의식하며 살았다. 율곡은 금강산에서 돌아와 20세 때 지은 「자경문(自警文)」에서 〈마음이 안정된 자는 말이 적다. 마음을 안정시키는 일은 말을 줄이는 것으로부터 시작한다. 말을 해야 할 때가 온 다음에 말을 한다면 말은 간략하지 않을 수 없다〉고 자신을 경계했다.

아래 글에서는 말을 하는 것의 어려움과 함께 진리를 추구하는 양심적 지식인과 현실의 생활인, 정치인으로서 겪는 자기 정체성의 혼란과 분열에 대한 조선 지식인의 고뇌가 드러난다. 과거를 통해 출사한 학자 관료들은 정치적 야망과 권력욕이 강한 사람이 아닌 한 평생 이런 고민을 안고 살았다. 우재(愚齋)는 율곡의 또 다른 호이다.

어떤 사람이 우재에게 질문하였다. 「그대의 말은 옛 성인을 본받아 스승으로 삼는데 그대의 행동은 세속 선비[俗士]와 뒤섞여 그것을 따르니 어찌 그다지도 말과 행동이 서로 모순되는가?」

　우재는 대답하였다. 「무엇을 성현을 스승으로 삼는다고 말하며 무엇을 속사를 따른다고 말하는 것인가?」

　객이 말하기를 「그대의 말은 반드시 도덕과 인의로써 의귀처(依歸處)를 삼고 그대의 행동은 반드시 공명과 이예(利譽)를 추구해 나간다. 성인은 도덕과 인의로 성인에 이른 것이요, 세상의 속된 선비는 공명과 이예를 좇아 그리된 것이니 어찌 서로 모순되는 것이 아니겠는가. 대저 도덕에 뜻을 둔 사람은 공명이 족히 그 마음을 움직일 수가 없는 것인데, 그대는 마음이 공명에 움직이면서 입으로는 도덕을 이야기하니 그래서야 되겠는가?」

　우재가 말하기를 「그대가 어찌 나의 말과 행동을 모두 알겠는가?」

　객이 정색을 하고 말하기를, 「그대의 입에서 나오는 말은 공자 아니면 증자나 맹자, 정자(程子)나 주자의 말씀이니 어찌 옛 성인을 추구함이 아닌가. 그대의 몸으로 행동하는 것은 첫째는 과명(科名)을 구하는 것이요, 둘째는 공리를 구하는 것이요, 셋째는 현예(顯譽)를 구하는 것이니 이것이 어찌 속된 선비와 뒤섞인 것이 아닌가?」

　우재는 용모를 가다듬고 단정하게 앉아서 한참동안 수심에 잠겨 있다가 이윽고 말하였다. 「이것은 그대의 알 바가 아니네. 대저 언어란 마음에 쌓여 밖으로 발현하는 것이며 행위란 몸에서 일어나 일에 발동하는 것으로서 근거가 없는 말은 오래갈 수 없고 실지가 없는 행동은 진실되지가 못한 것이네. 나와 같은 사람은 성인을 배우고자 하였으나 거기 이르지 못한 사람이

네. 성인의 도란 자기 자신을 착하게 하고자 하는 것뿐만 아니고 장차 나의 착함을 미루어 남에게 미치고자 하는 것이네. 대저 나를 미루어 남을 교화하는 일이란 성인이 아니면 가능하지 않으며 비록 성인이라 해도 지위를 얻지 못하면 될 수가 없네. 오늘날 지위를 얻는 것은 과명이나 현예가 아니면 불가능하네. 이것을 버리고는 방법이 없으니 내게 장차 달리 무슨 방도가 있겠는가. 나의 뜻은 성인을 추구하고자 하며 그 지위를 얻고자 하는 것이니 지위를 얻는 것은 개인을 위한 사(私)가 아니라 천하의 공(公)을 위한 것이네. 성인을 추구하고자 하기 때문에 그 말은 성인을 배우고, 그 지위를 얻고자 하기 때문에 그 행동은 시속 선비와 같은 것이니 무엇이 서로 모순된 점이 있겠는가[欲追聖人 故其言也學聖人 欲得其位 故其行也齊俗士 何相悖之有].」

객이 말하기를, 「그대는 어찌 자신을 과대평가하는가. 그대가 성인인가?」

우재가 말하기를, 「나의 몸은 성인이 아니지만 나의 성(性)은 성인이니 그것을 확충하는 데 달려 있을 뿐이네. 나는 바야흐로 이를 위해 노력하고 있는 것이지 감히 스스로 성인으로 자인하는 건 아니네[我身非聖人 我性則聖人也 在擴而充之耳 吾方勉旃 非敢自許於聖人也].」

객이 말하기를, 「오늘날 관직에 종사하는 사람들이 다 그대의 마음과 같은가. 아니면 우르르 떼 지어 몰려갔다가 몰려나왔다가 하면서 관료의 숫자나 채우고 있는가. 아니면 사리사욕을 따지고 봉공(奉公) 정신은 망각하여 부귀나 탐내고 있는가. 아니면 뛰어난 성인이 있는가. 아니면 성인도 아니고 어리석은 사람도 아닌 자가 있는가.」

　우재는 한참 동안 묵묵히 있다가 이윽고 크게 한숨 쉬며 말했다.「알 수 없는 일이네[非所知也].」

더 읽어 보기
율곡은 삭발을 했었나

율곡은 1551년 열여섯 살 때 어머니 신사임당과 사별하고 3년 상을 치른 뒤 1554년 금강산에 들어갔다. 〈서모가 패악하고 특히 맏형과 사이가 좋지 않아 힘들어 하다가 도저히 화합이 이루어지지 않자 아버지와 형, 서모에게 편지를 남기고 강릉의 외조모에게 갔다가 마침 금강산에 간다는 사람이 있자 어머니의 명복을 빌고 평소 관심 대상이었던 불교 공부를 하고자 입산했다.〉 율곡의 저서 『격몽요결』로 학문을 시작한 남계(南溪) 박세채(朴世采)의 기록이다.

출가 동기에 대해서는 색비지설(塞悲之說)*, 양기설(養氣說)**, 불교 공부설 등으로 분석되고 있으나 청소년기의 방황과 탐구욕이 주 동기가 아닐까 싶다.

율곡은 출가 직후 산인(山人)들로부터 〈생불출세(生佛出世)〉라는 말을 들을 만큼 불교에 일가견을 보였다. 친구에게 보낸 편지에 〈호연지기(浩然之氣)를 기르기 위해 산속으로 들어간다. 호연지기를 기르려면 산속이 아니고서는 되지 않는다〉고 말하고

---

* 어머니를 여읜 슬픔을 막음.
** 산에 들어가서 기를 기르고자 함.

스스로 의암(義庵)이라 호를 지었다. 이 호는『맹자』호연장(浩然章)의 집의이소생(集義而所生)*에서 취한 말이니 완전히 불교에 귀의하려 했던 건 아니었으며 젊어서도 맹자를 좇았음을 알 수 있다.

후일 율곡은『동호문답』에서 한 명제(28~75)가 호교(胡敎)**를 처음으로 숭상해 만세의 끝없는 걱정거리를 열어 놓았다고 평하고, 우리나라의 왕도 정치에 관해서도 불교 학문[쓰學]에 잘못 빠져들거나 화복설(禍福說)에 흘려 유구한 천 년 동안 특출한 이가 전혀 없었다고 쓸 만큼 불교를 배척했다.

하지만 오늘날 객관적으로 평가하면 금강산 출가는 율곡의 학문과 철학이 깊어지고 넓어지는 데 도움이 되었다. 율곡이 퇴계와는 달리 개방적 입장에서 학문을 한 것이나 그의 철학에서 느껴지는 회통(會通)의 논리는 분명 불교적 영향이라고 보는 사람들이 있다. 율곡은 젊어서 쓴 시「우연히 읊다[偶吟]」에서 〈자장(子長)***은 내가 사모하는 분 / 열경(悅卿)****은 내가 친애하는 사람[子長吾所慕 悅卿吾所親]〉이라고 말한 적도 있다. 유교와 불교의 정신을 아울러 포섭한 사상과 탁월한 문장력으로 일세를 풍미했던 방랑 승려 김시습을 친애하는 사람이라고 한 것이다.

어쨌든 입산 경력은 평생 시빗거리가 되었고, 율곡은 이단에 빠졌다는 비난을 받아야 했다. 율곡의 입산 사실이 처음 걸림돌로 등장한 것은 1564년 29세에 사마시에 합격한 다음 성균관 입학 때였다. 생원으로 성균관에서 선성(先聖)을 배알할 때 통례

---

* 의를 쌓아 곧게 기른다는 뜻.
** 불교를 말함.
*** 사마천의 자.
**** 김시습의 자.

(通禮)*민복(閔馥)이 장령이 되어 율곡은 중이었으니 응시를 허락할 수 없다고 시비를 건 일이 있었다.

특히 삭발을 했느냐 안 했느냐가 논쟁거리가 되기도 했다. 제자인 사계(沙溪) 김장생(金長生, 1548~1631)이 〈풍악(금강산)에 계실 때 일찍이 모습을 바꾸지 않으셨습니까?〉 하고 물었을 때 율곡은 웃으며 〈이미 산에 들어왔으니 형용을 바꾸지 않았다 하더라도 어찌 그 마음이 빠진 데에 도움이 되겠는가. 이 일에 대해서는 물어볼 것이 없다〉고 대답한 일이 있다.

대답이 좀 애매한데, 세상엔 이미 율곡 삭발설이 퍼져 있어 사계는 긴가민가한 상태로 다른 이들에게 율곡이 삭발을 했던 것 같다고 말했다. 이에 대해 계곡(谿谷) 장유(張維, 1587~1638)는 다음과 같은 글을 남겼다. 승지 조지세(趙持世)한테서 들었다는 내용이다.

김남창(金南窓), 김현성(金玄成)이 그렇지 않음을 극력 변명하며 말하기를, 〈율곡이 산에서 내려온 지 1, 2년 만에 과거에 응시하려고 서울로 들어왔기에 가보니, 이때 율곡은 이미 세상에 알려진 명성이 있어 손님이 자리에 가득하였다. 율곡이 여러 사람이 보는 데서 머리를 빗고 있었는데, 머리 길이가 땅에 끌려 일어서서 빗기에 이르렀다. 머리 깎았다가 기른 사람이라면 수년 사이에 결코 이같이 길 수는 없을 것이니, 삭발하지 않았음이 분명하다〉 했다. 정이주(鄭以周)도 말하기를, 〈율곡이 처음 산에서 나왔을 때 함께 잠을 잤는데, 상투의 크기가 주먹만 했으니 세상에서 전하는 삭발설은 거짓이다〉 하였다.

* 통례원의 정3품.

그런데, 김장생의 제자인 우암 송시열(1607~1689)의 문집 송자대전(宋子大全)에 웃지 못할 기록이 있다. 요약하면 이렇다. ① 연산(連山) 현감 정찬휘(鄭纘輝)가 송시열을 찾아와 〈김장생의 아들 김구(金榘)가 백헌(白軒) 이경석(李景奭, 1595~1671)에게 《율곡이 분명히 머리를 깎았다는 것을 아버지로부터 들었다는 말을 하고 갔다 한다》고 말했다. ② 놀랍고 분해 김구의 아들을 꾸짖으며 〈너의 아비가 허황된 말을 했다니 매우 한심스럽다〉 했더니 돌아가 아비에게 말을 전했다. ③ 김구가 이경석의 아우에게 편지를 보내 〈나는 대감께 그런 말을 한 적이 없는데 회덕(懷德)*의 꾸짖는 말이 왔으니 이 뜻을 대감께 아뢰고 나를 위해 발명하게 해달라〉 했다. ④ 이경석이 편지를 보고 〈김구는 나에게 그런 말을 한 적이 없고 정찬휘도 나와 친분이 두터우니 만에 하나 나를 해칠 리가 없다. 이것은 반드시 중간에서 말을 지어낸 자의 소행일 것이다〉라고 답장을 했다. ⑤ 김구가 이경석의 답장을 나에게 보내어 보였는데 그가 〈말을 지어냈다〉고 말한 것은 정녕 나를 가리킨 것이다. ⑥ 그 후 정찬휘가 왔기에 편지를 내보였더니 〈이경석의 말이 지금도 귀에 쟁쟁해 엊그제 들은 것 같은데, 지금 그의 편지가 이러하니, 인간에는 별일이 다 있군요. 지금 서로 쟁변(爭辨)할 수 없으니, 말을 지어낸 책임은 제가 스스로 감당하겠습니다〉 하였다.

열두 살 적은 송시열을 중용하라고 인조에게 추천하기도 했던 이경석은 나중에 병자호란 당시 왕명에 의해 치욕의 삼전도비문을 쓰고 〈글을 배운 게 후회된다[有悔學文字之語]〉고 했던 사람이다. 송시열은 고마움도 잊은 채 나중에 그를 비꼬고, 〈아첨을

* 송시열을 말함. 송시열은 회덕(지금의 대전광역시 대덕구 회덕 지역)에 살았다.

잘 하는 자로 오랑캐를 끼고 평생 몸을 보전했다〉고 욕했다. 율곡 삭발 논란도 감정이 틀어지게 된 하나의 원인일 수 있겠다.

송시열은 말년에 제주로 유배를 떠날 때 〈위로는 주희를, 아래로는 율곡을 배워 / 폐단을 제거하려 마음을 다했는데[上爲閩翁 下栗翁 要除弊事罄愚衷]〉라고 읊은 바 있다. 그만큼 율곡과 신사임당을 존숭하고 현양했다.

이런 상소를 올린 적도 있다.

이이가 머리를 깎았다는 말에 이르러서는, 참으로 말도 안 되는 헛소리입니다. 과연 그러한 일이 있었다면, 이이의 문집에 노승과 문답한 내용이 실려 있는데, 노승이 어찌하여 〈조대(措大)*는 속유(俗儒)가 아닌가〉라고 하였겠습니까? 그리고 또 임억령(林億齡, 1496~1568)의 시집에는 어찌하여 〈이생(李生) 이(珥)와 더불어 산에서 노닐었다〉고 했겠습니까? 설사 이이에게 참으로 그런 일이 있었다 하더라도, 이를 제자인 김장생에게 입증하게 하는 것은 온당치 못합니다. 하물며 절대로 그러한 사실이 없는 데이겠습니까.

율곡의 삭발 문제는 이렇게 선비들 사이에 큰 논란거리였고 정치적 진실 게임의 양상까지 빚어졌던 것이다. 중요한 것은 율곡이 불교를 버리고 유학으로 돌아온 것은 현실을 가환(假幻)으로 보려는 불교의 비현실주의를 버린 것이지 우주를 포용적 조화관계로 보려는 통합적 상생적 세계관마저 버린 것으로는 보이지 않는다는 점**이다. 한 가지 덧붙인다면, 불교는 율곡이 중시한 수

* 깨끗하고 가난한 선비.

기(修己)와 치인(治人) 두 덕목 중에서 수기에만 치중하는 학문이며 종교였기 때문에 율곡으로서는 이에 의탁할 수 없었던 것으로 생각된다.

**   한영우, 『율곡 평전』, 민음사, 2013, 15면.

율곡 사후의 평가와 존숭

　　율곡 사후 1611년(광해군 3년)에 문집이 1차로 간행되고 인조 반정 이후 추숭 사업이 궤도에 올랐다. 1624년(인조 2년)에 문성 (文成)이라는 시호가 내려진 데 이어 1681년(숙종 7년) 9월 문묘 배향이 시작됐다. 그러나 남인이 집권한 뒤인 1689년(숙종 15년) 문묘배향이 폐지됐다가 1694년(숙종 20년) 갑술환국으로 서인이 다시 집권하자 재개됐다. 율곡전서를 간행케 한 영조와, 대를 이은 정조는 율곡 추숭과 현양에 앞장섰던 왕이다. 특히 숙 종과 영조는 경연에서 『성학집요』를 장기간 강독하기도 했다.

1　율곡 卒記

　　조선왕조실록에는 졸기(卒記)라고 부르는 부분이 있다. 대개 〈아무개가 졸(卒)했다〉고 쓴 후 사관이 망자에 대한 세간이나 자 신의 평가를 서술한 글이다. 조선 시대에는 망자가 생존했을 당 시의 사회적 지위에 따라 그 죽음에 대한 호칭이 달랐다. 대부(大 夫), 즉 비교적 높은 관직을 지낸 인물의 죽음을 〈졸〉이라고 불렀 는데, 꼭 대부가 아니어도 사회적으로 그 정도 지위에 있던 사람 들의 졸기도 있다.

선조실록 선조 17년 1월 16일 기사에는 〈吏曹判書李珥卒(이조판서 이이가 졸하였다)〉, 이렇게 딱 일곱 자만 씌어 있다. 선조수정실록은 졸기가 상세하다. 특히 율곡의 1월 16일 타계 사실을 1월 1일 첫 기사로 싣고 있다. 그만큼 중요 기사로 다룬 것이다. 선조실록은 1610년(광해군 2년) 11월, 선조수정실록은 1657년(효종 8년) 9월에 완성됐다.

선조수정실록 17년 갑신(1584) 1월 1일(기묘)

이조판서 이이가 졸하였다. 이이는 병조판서로 있을 때부터 과로로 인하여 병이 생겼는데, 이때에 이르러 병세가 악화되었으므로 상이 의원을 보내 치료하게 하였다. 이때 서익(徐益)이 순무어사(巡撫御史)로 관북(關北)에 가게 되었는데, 상이 이이에게 찾아가 변방에 관한 일을 묻게 하였다. 자제들은 병이 현재 조금 차도가 있으나 몸을 수고롭게 해서는 안 되니 접응하지 말도록 청하였다. 그러나 이이는 말하기를, 〈나의 이 몸은 다만 나라를 위할 뿐이다. 만약 이 일로 인하여 병이 더 심해져도 이 역시 운명이다〉 하고, 억지로 일어나 맞이하여 입으로 육조(六條)의 방략을 불러 주었는데, 이를 다 받아쓰자 호흡이 끊어졌다가 다시 소생하더니 하루를 넘기고 졸하였다. 향년 49세였다.

상이 이 소식을 듣고 너무도 놀라서 소리를 내어 슬피 통곡하였으며 3일 동안 소선(素膳)*을 들었고 위문하는 은전을 더 후하게 내렸다. 백관의 요우(僚友)와 관학(館學)의 제생(諸生), 위졸(衛卒)·시민, 그 밖의 서관(庶官)·이서(吏胥)·복례(僕隷)

* 생선이나 고기를 쓰지 않는 간소한 반찬.

들까지도 모두 달려와 모여 통곡했으며, 궁벽한 마을의 일반 백성들도 더러는 서로 위로하며 눈물을 흘리면서 〈우리 백성들이 복이 없기도 하다〉 하였다. 발인하는 날 밤에는 멀고 가까운 곳에서 집결하여 전송하였는데, 횃불이 하늘을 밝히며 수십 리에 끊이지 않았다.

이이는 서울에 집이 없었으며 집안에는 남은 곡식이 없었다. 친우들이 수의(襚衣)와 부의(賻儀)를 거두어 염하여 장례를 치른 뒤 조그마한 집을 사서 가족에게 주었으나 그래도 가족들은 살아갈 방도가 없었다. 서자 세 사람이 있었다. [부인 노씨(盧氏)는 임진왜란 때 죽었는데 그 문에 정표(旌表)하게 했다.]

이이의 자는 숙헌(叔獻)이고 호는 율곡(栗谷)이다. 나면서부터 신이(神異)하였고 확연히 큰 뜻이 있었다. 총명하여 지혜가 숙성해 7세에 이미 경서를 통달하고 글을 잘 지었다. 천성이 지극히 효성스러워 12세 때 아버지가 병들자 팔을 찔러 피를 내어 드렸고 조상의 사당에 나아가 울면서 기도하였는데 아버지의 병이 즉시 나았다. 학문을 하면서 문장 공부에 힘쓰지 않았어도 일찍부터 글을 잘 지어 사방에 이름이 알려졌다[爲學不事雕篆 而文章夙成 名聞四方].

어머니가 돌아가시자 비탄에 잠긴 나머지 잘못 선학(禪學)에 물이 들어 19세에 금강산에 들어가 불도를 닦았는데, 승려들 간에 생불(生佛)이 출현했다고 소문이 자자하였다. 그러나 얼마 후에는 잘못된 행동임을 깨닫고 돌아와 정학(正學)에 전념하였는데, 스승의 지도를 받지 않고서도 도의 큰 근본을 환하게 알고서 정미하게 분석하여 철저한 신념으로 힘써 실행하였다.

과거에 급제한 후에는 청현직(淸顯職)을 여러 번 사양하였으며, 그 도를 작게 쓰고자 아니하여 해주(海州)의 산중으로 물러가 살면서 강학하며 후학을 교육했다. 이에 은병정사(隱屛精舍)를 세워 주자(朱子)를 사사(祠祀)하며 정암(靜庵)·퇴계(退溪)를 배향(配享)하여 본보기로 삼았는데, 나아가고 물러남과 사양하고 받아들이는 일을 한결같이 옛사람이 하던 대로 하는 것을 스스로의 규범으로 삼았다.

어려서부터 장공예(張公藝)가 구세동거(九世同居)한 것을 사모하여 항상 그림을 걸어놓고 완미하였는데, 이때에 와서 (남편과 사별한) 맏형수에게 신주를 받들어 함께 살기를 청하여 모시고 아우와 자질(子姪)을 모아 의식을 함께하면서 세시(歲時)와 초하루 보름에는 이른 아침에 찾아 배알하는 등 한결같이 『주자가례(朱子家禮)』대로 하였다.

아래로 비복(婢僕)에 이르기까지 참알(參謁)*하고 출입하는데 모두 예식이 있었는데 별도로 훈사(訓辭)를 만들어 한글로 번역해서 가르쳤으며 규문(閨門)이 마치 관부와 같았다. 한 당(堂)에 모여 식사를 하고, 연주하고 노래하며 놀 때에도 모두 예절이 있었다. 당세에 예의를 강구하여 초상 때와 제사 때에 정성을 다한다고 이름난 사람이라도 가정교육의 예절에 있어서는 모두 따를 수가 없었다. 매양 아버지를 일찍 여읜 것을 슬퍼하여 중형(仲兄)을 아버지 섬기듯이 하여 성심과 성의를 다하고 게을리함이 없었다. 그리고 서모를 친어머니 섬기듯이 하여 겨울에는 따뜻하게, 여름에는 시원하게 보살폈으며 저녁과 아침마다 정성으로 문안드렸다. 또 녹봉도 마음대로 처리하지

* 윗사람이나 영정, 능묘 등을 찾아가 뵙는 일

않았는데, 학자들이 그것은 예가 아니라고 하자, 이이는 말하기를, 〈내 의견이 그러할 뿐인데, 본보기가 될 수는 없다〉 하였다.

　조정에 나아가서는 위를 섬김에 있어 갈충진력하였으며 시골에 물러나 있을 때에도 애타는 심정으로 잊지 못하였다. 전후에 걸쳐 올린 봉장(封章)과 면대하여 아뢴 말들을 보면 그 내용이 간절하고도 강직한데, 치체(治體)를 논함에 있어 규모가 높고 원대하여 삼대의 정치를 회복하는 것으로 목표를 삼았다.

　나라 형세가 쇠퇴해져 난리의 조짐이 있음을 분명히 알고는 항상 임금의 마음을 바르게 하고 풍속을 바로잡고 조정을 화합하게 하는 것을 근본으로 삼았고, 폐정을 고치고 생민을 구제하고 무비(武備)를 닦는 것으로 급무를 삼았다. 그리고 이를 반복해서 시종일관 한뜻으로 논계하였는데, 소인이나 속류의 배척을 당했어도 조금도 거들떠보지 않았다. 임금도 처음에는 견제를 가하였으나 늦게나마 다시 뜻이 일치되어 은총과 신임이 바야흐로 두터워지고 있는 때에 갑자기 졸한 것이다.

　이이는 타고난 기품이 매우 고상한 데다가 수양을 잘하여 더욱 높은 경지에 나아갔는데, 청명한 기운에 온화한 분위기가 배어 나오고 활달하면서도 과감하였다. 어떤 사람이든 어떤 상황이든 한결같이 정성되고 신실하게 대하였으며, 은총과 사랑을 받거나 오해나 미움을 받거나 털끝만큼도 개의치 않았으므로 어리석거나 지혜 있는 자를 막론하고 마음으로 그에게 귀의하지 않는 자가 없었다.

　한 시대를 구제하는 것을 급선무로 여겼기 때문에 물러났다가 다시 조정에 진출해서도 사류(士類)를 보합하는 것으로 자신의 임무를 삼아 사심 없이 할 말을 다하다가 주위 사람들에게 꺼리는 대상이 되었는데, 마침내 당인(黨人)에게 원수처럼 되어 거의 큰 화를 면치 못할 뻔하였다. 이이는 인물을 논하고 추천할 때 반드시 학문과 명망과 품행을 위주로 하였으므로 진실되지 못하면서 빌붙으려는 자들은 나중에 많이 배반하였다. 그래서 세속의 여론은 그를 너무도 현실에 어둡다고 지목하였다.

그러나 이이가 졸한 뒤에 편당이 크게 기세를 부려 한쪽을 제거하고는 조정을 바로잡았다고들 하였는데, 그 내부에서 다시 알력이 생겨 사분오열이 되어 마침내 나라의 무궁한 화근이 되었다. 그리하여 임진왜란 때에 이르러서는 강토가 무너지고 나라가 마침내 기울어지는 결과를 빚고 말았는데, 이이가 평소에 미리 염려하여 먼저 말했던 것이 사실과 부합되지 않는 것이 없었다. 그래서 그가 건의했던 각종 편의책들이 다시 추후 채택되었는데, 국론과 민언(民言)이 모두 〈이이는 도덕과 충의의 정신으로 꽉 차 있어 흠잡을 수 없다〉고 칭송하였다.

2 율곡문집에 쓴 이항복(李恒福, 1556~1618)의 글

율곡 공의 아들 경림(景臨)이 공의 문집 안에 고체(古體)와 금체(今體)의 시 약간 편이 유실되어 수록되지 못한 것을 한스럽게 여긴 나머지, 나의 한마디 말을 빌려 그러한 사실을 뒤에 전할 수 있도록 해달라고 부탁해 왔다. 이에 내가 다음과 같이 말하였다. (중략)

공의 시문이 모두 수록되지 못한 것을 생각한다면 어찌 유독 그 집안의 한스러움으로만 그친다고 하겠는가. 내 나름대로의 기억에 의하면, 지난 임오년 연간에 공이 황(黃)과 왕(王) 두 조사(詔使)의 원접사(遠接使)가 되었을 당시에, 공이 평소에 시를 지어 읊는 것을 좋아하지 않았던 만큼 혹시라도 시문을 수창(酬唱)하는 데에 실력이 부족하지나 않을까 하고 시배(時輩)가 의심하기도 하였다. 그때 내가 관서의 성천(成川)에서 수령으로 재직하고 있었으므로 서쪽으로 계속 오는 조정의 사대부들을 만나 보게 되었는데, 그들을 접할 때마다 내가 유독 큰소리를 치면서, 〈율곡 공이야말로 중국의 사신들에게 크게 중시될 것이 분명하다〉고 장담하곤 하였다. 그런데 과연 얼마 뒤에 조사와 공이 빈주(賓主)로 성대하게 만나 서로들 경외하는 가운데 한껏 즐거워하며 만족스러운 시간을 보내게 되었으니, 이는 용재[容齋, 이행(李荇)]와 호음[湖陰, 정사룡(鄭士龍)]이 조사와 수창한 일을 두고 아직도 사람들이 일컫고 있는 근고(近古)의 고사를 훨씬 능가하는 것이었다고 하겠다. 이 일 하나만 보더라도 공이 일찍이 시를 잘 짓지는 않았지만 한번 짓기만 하면 멋진 시를 짓지 않은 적이 없었다는 사실을 충분히 알 수 있을 것이다. (하략)

3 이항복의 율곡 선생 비명(碑銘)

이이 선생의 경우는 태평성대를 만나서 옛 성인의 도를 계승하고 후학을 개도하는 것을 자신의 책임으로 삼아 장차 큰일을 해낼 듯하였다. 그런데 갑신년 정월에 하늘이 선생을 급속히 빼앗아 갔다. 부음이 전해지자 선종(宣宗)*은 소복을 입고 소식(素食)을 하였다. (중략)

* 선조를 말함.

임진년 이후 7년 동안 병란이 종식되지 않고 유복(儒服)이 땅에 떨어져, 세상이 공리만을 서로 다투어 사욕이 하늘에 넘침으로써, 협서율(挾書律)과 위학(僞學)의 금령(禁令)이 이미 조짐을 나타내어 선인(善人)들의 두려워하는 바가 되었다. 그러고 보면 전일에 이씨의 도를 높이던 사람들이 의당 외면을 하고 팔을 내저어 그 학문을 말하기를 꺼려야 할 것이다. 그런데도 조관(朝官)이나 선비들이 날로 더욱 마음으로 복종하여, 재목을 모으고 비석을 다듬어 후세에 영원토록 전하기를 도모하여 나에게 그 중책을 맡기었다. 나는 감히 할 수 없다고 굳이 사양하였으나, 무릇 여섯 차례나 왕복을 하면서까지 끝내 고집하여 마지않으므로 마침내 가엾게 여겨 삼가 승낙을 하였다. (중략)

　　일찍이 경연에서 치란(治亂)을 말하고 왕사(王事)를 진술하면서 경술(經術)로써 부연하였는데, 말마다 상청(上聽)을 감동시키므로 듣는 이들이 놀라워하였다. 또 서당의 과제(課製)를 인하여 왕도와 패도의 치안[王伯治安]에 관한 도리를 진술해 이를『동호문답』이라 명명하고 이것으로 상의 마음을 계발시킴이 있기를 기대하였다.

　　하루는 상이 을사년의 일을 언급하자, 대신으로서 그때 연좌 체포된 선사(善士)가 많았다고 말하는 자가 있으므로, 공이 반박하여 말하기를, 〈대신은 모호한 언행을 해서는 안 됩니다. 간인(奸人)이 쓸데없는 말을 날조하여 사류(士類)들을 모조리 제거하고 이것을 빙자해 위훈(僞勳)을 만들었던 것이니, 이제 신정(新政)을 당하여 의당 먼저 위훈을 삭제하고 명분을 바로잡아야만 국시가 정해질 것입니다〉 하고, 물러나와 조정에서 그

의논을 제창하니, 선배인 퇴계(退溪), 고봉(高峯) 같은 이들도 오히려 그 일을 중난하게 여기었는데, 공이 홀로 굽히지 않고 항언(抗言)하여 마침내 힘을 다해 남김없이 격파하니, 조야에 사기가 증진되었다.

경오년에는 공이 스스로 학문이 더 진취되지 못하여 정치에 종사할 수 없다는 이유로 마침내 벼슬을 버리고 돌아가 해주(海州)의 고산(高山)에 집을 짓고 은거하면서, 성철(聖哲)의 글이 아니면 읽지 않고 의리에 어긋나면 비록 천사(千駟)*라도 돌아보지 않았으며, 그 일체의 세미(世味)에 대해서는 담박하였다.

그러자 조의(朝議)가 더욱 관작으로 공을 묶어 두고자 하여 누차에 걸쳐 천관원외(天官員外), 옥당, 중서(中書), 미원(薇垣)의 아장(亞長)을 임명하였는데, 간혹 억지로 입조(入朝)한 때도 있었으나 모두 오래지 않아서 물러갔다. 공이 직제학으로 들어왔을 적에는 조야가 모두 공에게 확연한 뜻이 있는 줄로 알았고, 삼사에서는 서로 상소하여 공을 머물게 하기를 청하기까지 했으나 공은 바로 떠나 버렸다. (중략)

공이 매양 상을 뵐 적마다 걸핏하면 삼대를 끌어대므로 상이 공을 우활(迂闊)하다고 여겼는데, 이때에 이르러서는 또 상에게 큰 뜻을 분발하라고 권유하였다. 또 말하기를, 〈고사에 의하면 현량(賢良)의 선비는 비록 등제(登第)를 못했을지라도 모두 대관(臺官)이 될 수 있었는데, 기묘년에 사림이 패배한 이후로 이 길이 마침내 폐해졌으니, 이는 매우 훌륭한 인재를 넓히는 길이 아닙니다〉 하고, 이를 계청(啓請)하여 시행하게 하였다.

* 4천 필의 말. 즉 지극히 높은 벼슬.

갑술년에는 만언소(萬言疏)를 올리니, 상이 명하여 한 통을 쓰게 해서 조석으로 보았다. (중략)

공이 일찍이 십만의 군대를 길러서 대비하려는 뜻으로 건의하자, 서애(西厓) 유성룡(柳成龍)이 불가하다고 말하였다. 그러자 공이 조정에서 물러나와 서애에게 말하기를, 〈나라의 형세가 부진한 지 오래인데, 속유(俗儒)들은 시의를 모르겠으나 공이 또한 이런 말을 할 수 있단 말인가〉 하였다. 그 후 임진년의 변란이 일어나자, 서애가 항상 조당(朝堂)에서 말하기를, 〈당시에는 무사하기에 나 또한 백성을 소요시키는 일이라고 했었는데, 지금에 와서 생각해 보니, 이 문정(李文靖)은 참으로 성인이었다〉라고 하였다.

공은 평생에 붕당을 하나로 하고 공안을 고칠 것과 사례(祀禮)를 약정(約定)하여 민력(民力)을 펴게 할 것을 우선으로 삼았는데, 상이 처음에는 매우 실망되게 여겼으나, 오랫동안 시험해 보고는 믿음이 더욱 두터워져서 바야흐로 공을 의뢰하여 정사를 하게 되었다. (중략)

지금 세상에 저울대를 가지고 전배(前輩)의 경중을 헤아려 평론할 만한 호걸스러운 사람이 없는 게 한스럽다. 그래서 다만 나 같은 하찮은 사람의 소견으로 천년토록 고증할 수 없는 경중을 결정하려고 하니, 한갓 뻔뻔스러울 뿐이다. 사람들이 누가 이것을 믿어 주겠는가. (하략)

4 친한 벗 정철의 제문(祭文) 발췌

슬프다. 시국을 걱정하는 일념은 죽을 때까지도 쇠하지 아니하여 죽어 갈 무렵에 나의 손을 잡고 간절히 부탁한 말은 국사가 아닌 것이 없었으니 죽어서도 이 기운이 뭉쳐서 흩어지지 않고 상서로운 구름과 단비가 되어 풍년을 만들어 우리 백성에게 태평을 구가하도록 하려는가. 그리고 세찬 바람과 맹렬한 천둥이 되어 도깨비에게 멀리 달아나고 자취를 감추도록 하려는가. 기린과 봉황이 되어 온갖 상서가 아울러 이르고 온갖 복록이 모두 모이게 하려는가. 태산과 교악이 되어 우리 신도(神都)*를 수호하여 국운이 수백 년 연장하도록 하려는가. 공은 이네 가지 일에 반드시 말없이 돕고 몰래 보호해 줄 것이요, 결코 평범한 사람의 혼기(魂氣)로 살아서는 벌레처럼 꿈틀거리고 죽어서는 풍연(風煙)처럼 흩어져 버리지는 않을 것이오.

5 숙종의 『성학집요』 공부

숙종 6년(1680) 7월 24일 옥당 관원 오도일(吳道一, 1645~1703)이 아뢰기를, 〈『성학집요』는 곧 선정신 이이가 지어 선조에게 올린 것으로, 그 글이 제왕의 학문에 가장 절실하므로 선조께서도 그 글이 정치하는 방법에 보탬이 있다고 매양 일컬었습니다. 혹 한가한 때 늘 열람하신다면, 반드시 많은 도움이 있을 것입니다〉 하니, 임금이 홍문관에 명하여 베껴서 올리라 하였다.

숙종 7년(1681) 1월 3일 송시열(宋時烈, 1607~1689)이 진계(進啓)하기를, 〈성상께서 오랫동안 개강(開講)을 폐하셨는데, 비록 연석(筵席)에는 나가실 수 없다 하더라도 반드시 성람(省覽)하시는 글이 있을 것이라 생각되는데, 무슨 책인지 알지

* 한양을 말함.

못하겠습니다〉 하자, 임금이 말하기를 〈『심경(心經)』과 『성학집요』를 때때로 보고 있다〉고 대답했다.

6 율곡을 존숭했던 영조

영조 32년(1762) 6월에 명하여 문성공(文成公) 이이의 석담서원(石潭書院)과 유거(幽居)를 그려 바치게 하셨는데, 『성학집요』를 보고 유례없는 느낌을 일으키셨기 때문이다. (「영조대왕 행장」)

영조 36년(1760) 11월 29일 임금이 경현당에 나아가 대신과 비국(備局)의 유사 당상(有司堂上)을 불러 보았다. 임금이 〈선정(先正)의 『성학집요』를 강하고 감동을 일으킨다〉는 것으로써 명제를 삼아 어제(御製)를 불러 쓰게[呼寫] 하였다. 대저 스스로 힘쓰는 성상의 뜻으로 전벽(殿壁)에 붙이고 이어 유신(儒臣)에게 명하여 『옥당고사(玉堂故事)』*에 싣게 하였다. (영조실록)

7 정조의 『성학집략』 편찬

정조는 세손이던 당시 대리청정 시기인 1775년(영조 51년)에, 율곡의 『성학집요』에서 중요한 부분을 가려 뽑아 『성학집략(聖學輯略)』을 직접 편찬했다. 6권으로 구성되어 있고, 필사본이다(홍재전서 권179 『군서표기(羣書標記)』 1). 6년 후 정조 5년엔 자운서원에 제사를 지내고 고산구곡을 그려 바치도록 했다. 1788년 『격몽요결』의 서문을 쓰고 오죽헌에 보관된

* 조선 시대 홍문관이 경사(經史) 가운데 격언과 아름다운 정치적 일을 모아 펴낸 책.

율곡의 벼루에 연명(硯銘)을 써 새겨 넣게 했다. 석담서원에 각종 서적을 하사하기도 했다.

8 성호(星湖) 이익(李瀷, 1681~1763)의 평가

법이 오래되면 폐단이 생기고 폐단이 생기면 반드시 고쳐야 하는 것은 당연한 이치……. 조선 개국 이래로 시무(時務)를 알았던 분을 꼽아 보면, 율곡 이이와 반계 유형원 두 분뿐이다[國朝以來 屈指識務 惟李栗谷柳磻溪二公在]. 율곡의 주장은 태반이 시행할 만한 것들이고, 반계의 주장은 그 근원을 캐고 전체를 혁신하여 왕도 정치의 기반을 만들려던 것이니, 그 뜻이 참으로 크다.

이이의 주장에 감사는 오래 재임토록 하고 작은 고을은 큰 고을에 합치고 종은 그 아비를 좇지 못하게 한다는 따위의 말은 하나하나 사리에 합당한데 무엇을 꺼려 시행하지 않았던가. 오직 공안을 개정하는 한 가지 일만 결국 시행되었으나 오히려 부역은 가볍고 조세는 무겁다는 아쉬움이 있었으니 이는 역량이 부족하고 조치하는 국량이 좁았기 때문이다. 진실로 이이나 유형원을 시켜 시행했더라면 반드시 볼 만한 성과가 있었을 것이다. (『성호사설』 인사문(人事門) 변법)

9 좌참찬 이준민(李俊民, 1524~1590)의 만사

지란의 집이 비니 향기를 맡을 수 없구나. 석 잔 술을 드리고 나니 늙은 눈물이 줄줄 흐르네. 끊어진 비, 쇠잔한 구름이 율곡 마을을 감추었으니 이 세상에선 나의 미치광이를 알아줄 이 다시 없네[蘭空室不聞香 奠罷三杯老淚長 斷雨殘雲藏栗谷 世間無

復識吾狂].

10 홍성민(洪聖民, 1536~1594)의 만사

율곡 사망 1년 뒤 신응시(辛應時, 1532~1585)가 죽자 만사를 지어 〈지하에서 율곡을 만나거든 시사가 날로 틀어진다고 말하게[地下如逢栗谷老 爲言時事日乖離]〉라고 하였다.

11 간이 최립이 율곡문집에 쓴 글

문장이란 도(道)의 여사(餘事)요, 시는 또 문장의 여사이다. 공은 평생에 걸쳐 인의에 관한 말을 남기고 숙속(菽粟)*과 같은 문자를 저술하였다.

12 동춘당(同春堂) 송준길(宋浚吉, 1606~1672)의 글

내 나이 금년에 이미 30이 되었건만 학문과 덕은 증진되지 않고 질병만 날로 깊어져 구습을 제거하지 못했다. (중략) 이 선생(율곡)이 이른바 〈어제의 행위를 오늘 고치기 어려워 아침에 그 행위를 후회하지만 저녁엔 다시 그런 행위를 되풀이한다[昨日所爲 今日難改 朝悔其行 暮已復然者]〉는 말이 참으로 나의 경우를 이른 것이다. 이는 대체로 기질이 나약하고 공부가 독실하지 못한 탓이니, 오늘부터는 고치기를 바라는 마음에서 이 글을 써서 스승으로 삼기로 한다.

---

* 숙속은 포백숙속(布帛菽粟)의 준말로, 옷감이나 곡식 등 의식주에 절대적으로 필요한 물품을 가리킨다. 즉 율곡이 현실과 동떨어져 알기 어려운 고원(高遠)한 형이상학을 지양하고, 일상생활 속에서 인의의 도를 추구하는 유가(儒家)의 이상을 실현하려 노력함으로써 정자(程子)처럼 대유(大儒)의 경지에 오른 인물이라는 뜻이다.

13 홍대용(洪大容, 1731~1783)이 정철교(鄭鐵橋)에게 보낸 편지

율곡 선생 이이는 동방의 대유(大儒)입니다. 학문을 논하고 진리를 논한 것이 모두 볼 만한 데가 많습니다. 문집 23책이 있는데, 권질(卷帙)이 많아서 멀리 부쳐드리지 못하고 그중『성학집요』한 질은 편집이 간명하고 엄격한 데다가 부설(附說)이 또 절실하고 간절해 임금의 귀감(龜鑑)이 될 뿐만 아니라 선비의 학문도 또한 이에서 벗어나지 않습니다. 이에 집에 소장하고 있던 구본을 인편에 전해드립니다. 바라건대, 평순한 마음으로 익숙히 보아 깊이 체득하고 힘써 행해 보십시오. 또한 이로 인하여 판각에 부쳐 천하에 널리 유포시킨다면 어찌 동방의 영광이며 다행이 아니겠습니까?

14 송시열의 문인 연최적의 상소

숙종 19년(1693) 8월 6일 승정원에서 연최적(延最績, 1663~1693)이 상소해 이르기를, 〈선정신 이이는 이학(理學)의 연원을 천명하고, 당세(當世)의 시귀(始龜)*를 맡아 임금에게 글을 올릴 적이면 충성된 마음을 다하였으며, 빠뜨려진 것을 다스리고 좀이 슨 것을 긁어 내는 데 있어서 자세하게 적절하고 적당하며, 다시 성현의 격언을 뽑아 모으고, 오로지 가르쳐 인도하는 궤범(軌範)을 찾아『성학집요』라고 이름 붙였습니다. 그 가운데 제3, 4권은 제왕이 지녀야 할 표리(表裏)의 가장 중요한 부분을 명료하게 한 것이니, 더욱 하천을 막는 기둥이며 남쪽을 가리키는 수레라고 이를 만합니다[其中第三四卷 瞭帝王表裏之大頭腦 而尤可謂障川之柱 指南之輪矣]. 원하건대, 전

---

* 점칠 때 쓰는 시초(蓍草)와 거북. 대사를 결정하는 중심인물을 가리킴.

하께서는 이이를 소급하여 스승으로 삼으시고 그의 소차(疏
箚)와 집요(輯要)를 상고하여 거울로 삼으소서. 천덕(天德)과
왕도에 알맞게 공부에 힘써서 어려움을 생각하며 쉬운 것을 도
모하고 훌륭해지기를 생각하여 행동으로 하여 법도를 늦추었
다 줄였다 하는 것을 법전(法典)대로 하고, 너그럽게 하고 사납
게 하는 것을 적당하게 하여 처음과 끝이 변하지 않는다면 성
실하고 아름다움이 끝이 없을 것입니다〉하였다.

광해군 4년(1612년) 봄 행대제학(行大提學)^{**} 월사(月沙) 이정
귀(李廷龜, 1564~1635) 찬(撰)

선생의 휘(諱)는 이(珥)요, 자(字)는 숙헌(叔獻)이며, 학자들이
율곡 선생이라 불렀다. 풍덕군(豊德郡) 덕수현(德水縣)이 본관이
니, 덕수 이씨(德水李氏)로 불려 온 지가 오래이다. 고려 중랑장
(中郎將) 휘(諱) 돈수(敦守)가 곧 시조이다. 10대조는 소(劭)이니
합문지후(閣門祇侯) 사자금어대(賜紫金魚袋) 지삼사사(知三司
事)이고, 9대조는 윤온(允蒕)이니 민부전서(民部典書) 증 첨의정
승(贈僉議政丞) 덕수부원군(德水府院君)이며, 8대조는 천선(千
善)이니 수사공주국(守司空柱國) 낙안백(樂安伯)이고, 시호는 양
간(良簡)이다. 7대조는 인범(仁範)이니 정당문학 예문관 대제학
(政堂文學藝文館大提學)이고, 6대조는 양(揚)이니 비로소 아조

* 한국고전번역원, 이상하 옮김, 2005(https://db.itkc.or.kr/dir/item?itemId=BT#/
dir/node?dataId=ITKC_BT_0282A_0540_010_0010)

** 행(行)은 조선 시대에 관계(官階)가 높고 관직(官職)은 낮은 경우 벼슬 이름 위
에 붙여 일컫던 말. 가령 품계가 종1품 숭정대부인 사람이 정2품 관직인 이조판서가 되
면 숭정대부행이조판서(崇政大夫行李曹判書)라고 했다.

(我朝)에 들어와 공조참의가 되었다. 5대조는 명신(明晨)이니 지돈녕부사이고, 시호는 강평(康平)이다. 4대조는 추(抽)이니 지온양군사(知溫陽郡事) 증 좌찬성(贈左贊成)이다. 증조는 의석(宜碩)이니 경주판관(慶州判官) 증 대사헌이고, 조부의 휘는 천(蕆)이니 증 의정부 우참찬이다.

아버지의 휘는 원수(元秀)이니 사헌부 감찰(司憲府監察) 증 좌찬성(贈左贊成)인데, 진실하고 정성스러우며 선을 좋아하여 옛사람의 기풍이 있었다. 평산 신씨(平山申氏)에게 장가들었으니, 곧 기묘명현(己卯名賢)인 진사 명화(命和)의 딸이다. 영특하고 뛰어나며 지조가 곧고 차분하며 고금의 일에 두루 통하였으며, 그림을 잘 그리고 글을 잘 지었다. 가정(嘉靖) 병신년(중종 31년, 1536) 12월 26일에 강릉 임영(臨瀛) 북평촌(北坪村)에서 선생을 낳았다. 선생을 낳은 날 저녁 신부인의 꿈에 흑룡이 대해에서 솟아올라 침실로 날아 들어오는 것을 보았는데, 어렸을 때의 이름을 현룡(見龍)이라 한 것은 이 때문이다.

선생은 태어날 때부터 자품이 비상하여 말을 배울 무렵에 벌써 문자를 알았다. 겨우 3세 때 외왕모(外王母)*가 석류를 손에 쥐고 〈이것이 무엇과 닮았느냐?〉 하니, 즉시 대답하기를 〈붉은 가죽 주머니 속에 부서진 붉은 구슬이 들어 있습니다[紅皮囊入碎紅珠]〉 하였다. 사람들이 기이하게 여겼다.

5세에 모친의 병환이 위독하자 온 집안사람들이 어쩔 줄 모르고 분주했는데 선생은 외왕부(外王父)의 사당에서 몰래 기도하니, 사람들이 깜짝 놀라 기이하게 여겼다. 한번은 어떤 사람이 물을 건너다 발이 미끄러져 거의 위태한 지경에 이르렀다. 사람들

* 외조모를 말함.

은 모두 손뼉을 치며 웃었으나 선생은 홀로 기둥을 껴안고 주목하며 근심스런 기색이 얼굴에 나타났다가 그 사람이 무사히 물을 건너자 안심하였다. 그 효성과 인애(仁愛)의 마음은 천성에서 우러난 것이었다.

6세에 강릉 외가에서 부모를 따라 경성으로 들어왔다.

7세에 『진복창전(陳復昌傳)』을 지었는데 그 대략의 내용에 〈군자는 내면에 덕을 쌓으므로 그 마음이 늘 평탄하고 소인은 내면에 유약함을 쌓으므로 그 마음이 늘 근심한다. 내가 복창의 사람됨을 보건대 속으로는 근심스런 마음을 품고서 겉으로는 평탄한 척하려고 하니, 이 사람이 뜻을 얻어 현달한다면 후일의 후환이 어찌 끝이 있겠는가. 이때에 복창이 아직 현달하지 못했고 마침 이웃에 살고 있다〉하였다.

9세에 장공예(張公藝)의 구세동거(九世同居)를 책에서 보고 개연(慨然)히 흠모하여 말하기를 〈구세동거는 형편상 어렵겠지만 형제만은 서로 떨어져 살아서는 안 된다〉하고는 손수 형제가 부모를 봉양하며 한집에서 함께 사는 광경을 그림으로 그렸으며, 또 전고(前古)의 충현(忠賢)의 사적을 모으고 각각의 사적마다 그 충현의 성명을 적어 두고서 보았다.

12세에 부친 찬성공(贊成公)의 병환이 위독하자 선생은 팔뚝을 찔러 피를 내어 부친의 입에 넣었고 사당에 들어가 눈물을 흘리며 자신의 목숨을 대신 거두어 달라고 기도하니, 부친의 병환이 나았다.

13세에 진사 초시(初試)에 입격했고 문장이 일취월장하여 명성이 자자하였으나 학문에 전념하고 문장과 같은 소기(小技)를 좋아하지 않았다.

16세에 모친 신씨 부인이 별세하자 3년 동안 여묘(廬墓)하며 최질(衰絰)*을 벗지 않았고 상제(喪制)는 한결같이 『가례(家禮)』를 따랐다. 그리고 몸소 제사를 모셔 제사 음식을 장만하는 일도 동복(僮僕)에게 맡기지 않았으며, 전후의 부모상에 모두 그렇게 하였다.

선생은 일찍 모친을 잃은 것을 슬퍼하여 밤낮으로 울부짖으며 울었다. 하루는 우연히 불가의 책을 보다가 그 사생(死生)에 관한 설에 깊이 감동하고, 또 그 공부가 간편하고 청정한 것을 좋아하여 인사(人事)를 버리고 출가하려는 생각을 가지게 되었다. 그리하여 19세에 금강산에 들어갔다가 동행한 벗에게 서찰을 주어 작별하고 그대로 산사에 머물렀다. 당시 선생은 계율과 선정(禪定)이 견고하여 침식을 잊는 지경에 이르렀으나 오래지 않아 불가의 설의 근리난진(近理亂眞)**한 곳을 간파하고는 마침내 그 공부를 모두 버리고 오도(吾道)에 전심하였다.

그리하여 자경문(自警文)을 지어 오로지 성현을 준칙으로 삼았다. 일찍이 학자에게 말하기를, 〈내가 소싯적에 선가(禪家)의 돈오법(頓悟法)이 도에 들어가는 첩경이라고 망령되이 생각하여 몇 해 동안 사색하였으나 끝내 깨달음을 얻지 못하였다. 그래서 돌이켜 오도에서 이치를 찾아보고서야 그 설이 그르다는 것을 알았다〉 하였다.

23세에 도산(陶山)에서 퇴계 선생을 배알하였고, 그 이후로 서찰을 왕래하며 의리(義理)를 논변하였는데 퇴계 선생이 선생의 설을 많이 따랐다. 월천(月川) 조목(趙穆)이 선생의 「화도산시(和

---

* 상중(喪中)에 입는 삼베옷.
** 이치에 가까우나 진리를 어지럽게 함.

陶山詩)」를 보고 칭찬해 마지않으니, 퇴계 선생이 〈시가 그 사람만 못하다〉 하였고 선생에게 보낸 서찰에서 〈세간의 영재가 어찌 한량이 있으랴만 고학(古學)에 마음을 두지 않는다. 군(君)과 같이 젊은 나이에 높은 재주를 가진 사람이 정로(正路)를 가기 시작하였으니, 훗날의 성취가 어찌 한량이 있겠는가〉 하였다.

신유년(1561)에 부친 찬성공의 상을 당하였다.

갑자년(1564)에 사마시(司馬試)와 문과에서 모두 장원급제하였다. 이에 초시(初試)와 복시(覆試)에서 모두 장원급제한 것을 아울러서 사람들이 구도장원(九度壯元)이라 일컬었으며, 곧바로 호조좌랑에 배수되었다. 명묘(明廟)*가 〈석갈등용문(釋褐登龍門)〉이라는 제목을 내니, 선생이 30운(韻)의 율시를 지어 바쳤다. 이에 명묘가 가상히 여겨 은상(恩賞)을 특별히 후하게 하사하였다.

을축년(1565)에 예조좌랑으로부터 사간원 정언에 배수되었다. 선생은 신진으로서 갑작스레 언책(言責)을 맡을 수 없다는 이유로 소장을 올려 사양하였으나 윤허를 내리지 않았다. 이에 동료들과 더불어 차자(箚子)를 올려 〈뜻을 세우고 학문에 힘쓸 것[立志勉學]〉, 〈정인을 가까이 하여 나라의 근본을 견고히 할 것[親正人固邦本]〉을 청하였다.

병인년(1566)에 이조좌랑에 선입되자 선생은 개연히 공도(公道)를 회복할 것을 자임하였다.

무진년(1568, 선조 1년)에 천추사 서장관(千秋使書狀官)으로 연경(燕京)에 갔고, 그해 겨울에 홍문관 부교리에 배수되었으니, 바로 선묘가 즉위한 때였다. 선생은 소장을 올려 사직하기를 〈신

* 명종(1534 ~ 1567, 재위 1545~1567).

은 어린 나이부터 구도(求道)의 길에 들어섰으나 학문의 방도를 몰라 제가(諸家)의 서적을 두루 보며 분명한 길을 찾지 못하였습니다. 그러다 좋지 못한 시운을 만나 일찍 자모(慈母)를 잃었습니다. 이에 망령되이 슬픔을 달래려 불가의 서책을 탐독하고 그 학설에 침잠하여 미혹된 길로 빠져들었습니다. 그리하여 선문(禪門)에 들어가 공부한 것이 거의 1년이 되었는데 천행으로 어느 날 잘못을 깨닫고 보니, 허탄(虛誕)한 불가의 학설의 파탄이 환히 드러났습니다. 이에 신의 장부(臟腑)를 꺼내어 씻어도 과거의 더러운 때를 다 씻을 수 없기에 스스로 세상에 버림받은 몸이 되는 것을 당연히 여겼습니다. 그래서 곧 세무(世務)를 사절하고 경서를 읽으며 여생을 보내려 하였는데 신의 아버지가 신에게 조금 문장 솜씨가 있는 것을 아까워하여 굳이 과거를 보게 하였습니다. 아버지가 살아 계실 때에는 아버지의 뜻을 따르는 법이라 마음대로 할 수 없었습니다. 그리고 스스로 생각건대 집안은 가난하고 아버지는 연로한 터라 봉양할 길이 없기에 수치를 안고 허물을 가린 채 과거에 응시했습니다. 그런데 과거에 급제하기도 전에 신의 아버지가 세상을 떠나고 말았습니다. 이에 명환(名宦)에의 뜻이 마음속에서 당장 끊어지고 그저 작은 녹봉을 얻어서 기한(飢寒)이나 면하고자 했을 뿐이었으니, 어찌 뜻밖의 좋은 관직을 받고 과분한 성은을 입을 것을 기대했겠습니까〉 하였다. 이에 상이 비답에서 〈예로부터 호걸의 선비조차도 불가의 설에 빠지곤 했으니, 지난날 선학(禪學)에 탐닉했다는 작은 잘못을 이유로 논사(論思)의 중임을 가벼이 체개(遞改)할 수 없다. 게다가 지난 잘못을 뉘우치고 새로운 길로 들어섰으니, 그 뜻이 가상하다〉 하고 다시 선생을 이조좌랑에 배수하였다. 선생은 외왕모의 병환이 매우 위독하다는 소식을 듣고는 곧바로 관직을 버리고 강릉으로 귀성하였다. 이에 언관(言官)이 법도에 맞지 않다 하여 선생을 탄핵하였으나 상이 선생의 효성을 가상히 여겨 윤허하지 않았다.

기사년(1569)에 교리(校理)에 배수되자 선생은 스스로 〈학문의 진전이 없어 정치에 종사할 수 없습니다. 외조모는 양육해 준 은혜가 있으니 관직을 사직하고서 돌아가 봉양하고 학문의 진전이 있을 때를 기다려 조정에 돌아오겠습니다〉라는 뜻을 진달하니, 상이 비답에서 〈왕래하며 성근(省覲)할 수 있는데 굳이 관직을 해임할 필요가 있겠는가〉 하고 이어 이조에 하교하기를 〈비록 법례(法例)는 아니지만 특별히 성근하게 하라〉 하였다. 선생이 성은에 감읍하여 직책에 나아갔다.

당시 명묘가 담제(禫祭)*를 지낸 뒤에 진하(陳賀)를 받으려 했는데 선생이 〈예제(禮制)를 겨우 마친 터에 곧바로 하례를 받고, 백관은 곡읍(哭泣)을 하던 끝에 이내 진하한다면 이는 노래와 곡을 동시에 하는 것이다〉 하고 차자를 올려 〈하(賀)〉를 〈위(慰)〉로 바꿀 것을 청하였다.

일찍이 경연에서 아뢰기를 〈인군(人君)이 선치(善治)를 이루고자 하면 반드시 먼저 학문에 공력을 들여야 합니다. 학문이란 부지런히 경연에 납시고 고서를 많이 읽는 것뿐만이 아닙니다. 반드시 격물(格物)·치지(致知)와 성의(誠意)·정심(正心)에 힘써 실제로 공효(功效)가 있어야 비로소 학문이라 할 수 있습니다. 전하께서 등극하신 지 몇 해인데 아직도 치효(治效)를 보지 못하고 있으니, 적이 생각건대 격물·치지와 성의·정심의 공부가 아직

---

* 초상으로부터 27개월 만에, 곧 대상을 치른 그다음 다음 달 하순의 정일(丁日)이나 해일(亥日)에 지내는 제사.

부족한 탓인 듯합니다. 만약 그럭저럭 세월만 보내고 단지 형식에 치중한다면 비록 공맹(孔孟)이 늘 곁에 있으면서 매일같이 도리를 얘기한다 하더라도 무슨 이익이 있겠습니까〉하였다.

당시 상신(相臣)이 〈승지가 청대(請對)하는 것은 근래의 규례가 아니니, 체통을 무너뜨릴까 걱정이다〉하자 선생이 〈단지 그 말하는 바가 어떠한 것인가에 달렸을 뿐입니다. 만약 말한 것이 옳다면 체통에 무슨 문제 될 게 있겠습니까. 승지도 경연참찬관(經筵參贊官)이니, 청대하여 언사(言事)하는 것이 그 직분입니다. 오늘날 선정이 제대로 거행되지 못해 온갖 제도가 해이하니, 만약 분발해 진작하여 일대(一代)의 규모를 쇄신하지 않고 한갓 상규와 구례에만 구애된다면 어찌 적폐를 제거하여 큰일을 이루어낼 수 있겠습니까. 대신이 임금을 정도로 인도하지 못하고 오직 근래의 규례만 준수하니, 전혀 바라는 바가 아닙니다〉하였다.

상이 경연에 와서 문답하는 것을 좋아하지 않자 선생이 아뢰기를 〈입시하는 신하는 미리 진달할 바를 강구하느라 밤낮으로 생각했더라도 막상 상의 앞에 가면 천위(天威)에 눌려 생각을 다 말하지 못하고 열에 여덟아홉은 잊어버립니다. 상이 허심탄회하게 응수하더라도 오히려 신하가 제 생각을 다 말하지 못하는데 하물며 침묵하고 말하지 않음으로써 말을 막음에야 말할 나위가 있겠습니까. 공헌대왕(恭憲大王, 명종)께서 200년 종사(宗社)를 전하께 맡기셨으니, 전하께서는 근심을 받으신 것이지 즐거움을 받으신 것이 아닙니다〉하였다. 상이 〈어찌 덕행이 없으면서 사업을 할 수 있겠는가. 게다가 삼대의 선치(善治)는 갑작스레 회복할 수 없는 것이다〉하니, 선생이 〈덕행은 하루아침에 이룰 수 있는 것이 아니고 정사(政事)는 하루도 폐기할 수 있는 것이 아닙니다. 덕행이 이루어지기 전에는 정사를 불문에 부치고 문란하건 말건 내버려 두어야 하는 것입니까? 덕행과 사업은 아울러 닦고 함께 추진해야 하는 것입니다〉하였다.

일찍이 동호서당의 월제(月製)를 지으면서 선생이 문답을 가설하여 왕도와 패도의 치안의 도를 진달하고 그 글을 『동호문답』이라 명명하였다. 상이 〈『동호문답』에서 한(漢)나라 문제(文帝)를 자기(自棄)한 임금이라 한 것은 어째서인가?〉하니, 선생이 대답하기를 〈문제는 자질이 훌륭한 임금으로 한나라의 융성기를 만났으니, 고도(古道)를 회복할 수 있었습니다. 그런데도 끝내 그 정치에 패도를 섞고 말았으니, 큰 뜻은 없고 낮은 의론만 좋아하였기 때문에 자기한 임금이라 한 것입니다. 입지가 높지 않은 임금은 대체로 모두 자기한 것입니다〉하였다.

당시 중궁을 아직 세우지 않았는데 선생이 시폐(時弊)를 진달하는 소장에서 왕비를 간택하는 도리를 아울러 진달하기를 〈옛날의 제왕은 혼인한 배필이 모두 인현(仁賢)의 후손이었으며, 배필을 구하는 도리는 《요조숙녀(窈窕淑女)를 자나 깨나 찾도다. 찾아도 얻지 못하여 자나 깨나 생각하도다》라는 것에 불과합니다. 오늘날처럼 대궐 뜰에 규수를 모아 놓고 우열을 가렸다는 것은 듣지 못했습니다. 청컨대 지금부터 용자(容姿)와 복식, 또는 점괘의 길흉으로 등급을 매기지 말고 먼저 그 부모가 어진 사람인지를 살펴 그 가법을 관찰하고 다음으로 위의가 법도에 맞는지를 살펴 그 여덕(女德)을 관찰해야 할 것입니다. 그런 다음 대신에게 묻고 중의에 맞은 뒤에 결정하면 국가의 복이 될 것입니다〉하였다.

하루는 상이 을사년(1545, 명종 즉위년)의 일을 언급하니, 영의정 이공 준경(李公浚慶)이 〈을사년의 화에 착한 선비들도 혹 연좌되어 죽었습니다〉하였다. 선생이 〈대신의 말이 모호해서야 되겠습니까. 사직을 보위했다고 한 것은 모두 위훈(僞勳)이요 당시에 죄인이 된 이들은 모두 착한 선비입니다. 인묘(仁廟, 인종)께서 승하하시자 중묘(中廟, 중종)의 적자(嫡子)로는 단지 명묘(明廟) 한 분밖에 없었으니, 천명과 인심이 어찌 다른 곳으로 쏠리겠습니까. 그런데도 간흉들이 감히 하늘의 공을 탐내어 사림을 도륙하여 위훈으로 공신이 되었으니, 귀신과 사람이 분울(憤鬱)한 지가 이미 오래입니다. 이제 성상께서 새로 즉위하신 당초에 응당 위훈을 삭제하고 명분을 바로잡는 일을 늦추어서는 안 됩니다〉하니, 이공이 〈선조(先朝) 때 있었던 일이니, 갑작스레 고칠 수 없습니다〉하였다. 선생이 〈그렇지 않습니다. 명묘께서 유충(幼沖)할 때 즉위하시어 비록 간흉에게 기만을 당하고 말았지만 지금은 하늘에 계신 혼령도 간흉의 정상을 환히 알고 계실 터이니, 비록 선조의 일이라 하나 어찌 고치지 않을 수 있겠습니까〉하였다.

경오년(1570)에 또 교리에 배수되었다. 당시 백공 인걸(白公仁傑)이 상소하여 을사년(1545)과 기유년(1549, 명종 4년)의 억울한 죄인을 신원해 줄 것을 청하였다. 이에 정부와 삼사가 함께 의논하였으나 그래도 위훈을 삭제하지는 못하였다. 이에 선생이 〈명분을 바로 세우는 것은 정치의 근본인데 명분이 바르지 못하기로는 위훈보다 심한 것이 없다〉하고 옥당에서 위훈을 삭제할 것을 힘써 주장하였다. 당시 명현대신(名賢大臣)도 혹 어려운 일로 여겼으나 선생은 홀로 항의하여 뜻을 굽히지 않았다. 그리하여 무릇 옥당이 올린 41통의 차자 중 5, 6통의 차자 외에는 모두 선생이 지은 것이었다. 정축년(1577)에 이르러 선생이 지난날 주장한 의론으로 말미암아 마침내 성상의 뜻을 돌릴 수 있게 되니, 여론이 통쾌하게 여겼다.

이보다 앞서 사암(思庵) 박순(朴淳)이 이조판서에 배수되었으나 누차 사양하고 출사하지 않았다. 선생이 박공에게 말하기를, 〈오늘날의 일은 청류(淸流)들을 두루 모아 물의를 진정시키고 성의를 힘써 쌓아서 성심(聖心)을 감동시켜야 합니다. 공이 만약 고사하여 속배(俗輩)가 권병(權柄)*을 잡는다면 이는 국가를 그르치는 것입니다〉하니, 박순이 그제야 출사하였다. 김공 계휘(金公繼輝)가 선생에게 〈지금의 조신 중 대사를 맡을 만한 사람은 누구입니까?〉하니, 선생이 〈박화숙(朴和叔, 박순)이 표리(表裏)가 결백하고 성심으로 나라를 근심합니다. 다만 정신과 기백이 약하게 태어난 것이 아쉽습니다. 백로(白老, 백인걸)는 심사(心事)는 비범하고 임금을 사랑하는 뜻이 간절하지만 기상이 거칠고 학문이 엉성하여 큰일을 할 수 없습니다. 퇴계 선생 같은 분은 학문이 정밀하고 덕망이 높아 큰일을 할 수 있으나 끝내 큰일을 담당할 뜻이 없습니다. 기명언(奇明彦, 기대승)은 기개가 일세(一世)를 덮으니, 호걸의 선비입니다. 다만 자부심이 너무 지나쳐서 온화하고 겸손하게 남의 선을 받아들이는 뜻이 없습니다. 굳이 고른다면 화숙일 것입니다〉하였는데, 이때에 이르러 박사암이 과연 크게 등용된 것이다. 겨울에 사직하고 해주(海州)로 돌아갔다.

신미년(1571)에 파주로 돌아와 이조정랑에 배수되었으나 나가지 않았다. 얼마 뒤 교리로 소명(召命)을 받고 조정에 들어가 검상(檢詳), 사인(舍人), 부응교에 배수되었으나 모두 사직하고

---

* 권력으로 사람을 마음대로 좌우할 수 있는 힘. 또는 그런 지위나 신분.

해주로 돌아와 학도들과 고산구곡(高山九曲)을 유람하며 그 천석(泉石)을 사랑하였다. 그리하여 드디어 그중 제5곡(曲)에 복거(卜居)*하였다.

6월에 청주 목사에 제수되었다. 선생은 고을을 다스릴 때 교화에 역점을 두어 손수 향약법을 지어 백성을 가르쳤다. 오래지 않아 병으로 체직하였다.

임신년(1572)에 또 부응교에 배수되자 사은한 뒤 다시 사직하고 임진강 가의 누각으로 돌아갔다. 원접사가 선생을 종사관으로 삼고자 하였으나 사양하였으며, 사간, 부응교에 배수되었으나 사양하였다. 선생은 스스로 학문의 진전이 없으므로 정치에 종사할 수 없다는 뜻으로 누차 현요직(顯要職)을 사양하였으며, 진설(陳說)한 모든 내용은 반드시 요순과 삼대의 선치(善治)에 관한 것이었다. 이에 상이 〈이이는 본래 우활(迂闊)한 자이다〉라고 하고 하였다.

전한(典翰), 직제학에 배수되었으나 모두 취임하지 않았다. 이에 삼사가 교장(交章)을 올려 선생을 유임할 것을 청하였으나 결국 유임시키지 못했다. 선생은 감군은(感君恩) 4장(章)을 짓고는 배를 타고 파주로 돌아갔다.

계유년(1573) 가을, 또 직제학에 배수되었는데 세 차례나 소명을 내려 마지않자 마침내 입조하였다. 상이 선생을 소견(召見)하고 사퇴를 쉽게 하는 것에 대해 책망하자, 선생이 대답하기를 〈신은 병은 깊고 재주는 엉성하기에 스스로 헤아려 보건대 큰일을 할 수 없고 한갓 녹봉만 축낼 뿐이라 차라리 사퇴하여 죄과(罪過)를 면하는 편이 좋을 것이라 생각되었습니다〉하였다. 상이 〈그

* 살 곳을 정한다는 뜻.

대의 재주는 내가 아는 바이다. 이제부터 다시는 사퇴하려 하지 말라〉 하니, 선생이 〈필부가 책을 읽어도 오히려 뜻이 제세(濟世)에 있는 법입니다. 하물며 전하께서는 큰일을 할 만한 자품을 타고나셨고 큰일을 할 만한 형세를 잡고 계시거늘 어찌 개연히 분발하는 뜻이 없으시겠습니까. 전하께서 성심으로 선치를 원하신다면 그 한 생각이 바로 관저(關雎)·인지(麟趾)의 뜻입니다. 게다가 인군(人君)은 숭고한 자리에 계시니, 반드시 신하들의 견해를 두루 듣고 허심탄회하게 좋은 것을 채택해야 할 것입니다. 그런 뒤에야 신하들이 모두 임금의 스승이 되고 모든 선이 임금의 몸에 모여 덕업이 이로써 높고 넓어질 것입니다. 만약 스스로 자신에 만족한다면 선언(善言)이 무슨 수로 들어올 수 있겠습니까. 전하께서는 겸허하고 퇴양(退讓)하시는 뜻이 언사에 넘칩니다. 그러나 공론을 따르지 않으시고 자신을 옳다고 하며 남을 그르다고 하시는 때에 이르러서는 도리어 《남은 나보다 못하다》라고 여기시는 병통이 있습니다. 삼공이 비록 건의하고 싶은 일이 있어도 성상의 뜻을 거스를까 두려워 그저 침묵하며 시일을 보내고 있습니다. 만약 성상의 뜻이 선치를 이루는 데 있으면 대신도 반드시 소견을 다 말하고 정신(廷臣)들도 저마다 소회를 진달할 것입니다〉 하였다.

그리고 얼마 뒤 동부승지로 승진했는데 연중(筵中)에서 매양 큰 뜻을 분발할 것을 상에게 권면하는 한편 진달하기를 〈예로부터 사람은 소견이 같지 않습니다. 우활한 선비는 《요순의 선치를 조석 사이에 이룰 수 있다》라고 하고, 속된 선비는 《고도(古道)는 결코 오늘날에 실행할 수 없다》라고 하는데, 이는 모두 잘못입니다. 정치는 반드시 요순의 시대를 표준으로 삼아야 하고 사공(事

功)은 반드시 점진적으로 추진해야 합니다. 신이 매양 요순과 삼대의 정치를 상의 앞에 진달한 것은 대뜸 그러한 효험을 보고자 한 것이 아니라 단지 오늘 한 가지 일을 시행하고 내일 한 가지 일을 시행하여 점입가경하고자 한 것일 뿐입니다. 기묘년(1519, 중종 14년)에 조광조가 치군택민(致君澤民)의 큰 뜻을 품고서 연소한 사류들이 일을 너무 급박하게 추진하다가 결국 사림의 화를 초래하고 말았습니다. 그래서 지금도 일을 맡은 사람들은 늘 기묘년의 일을 경계로 삼습니다. 그러나 기묘년에 일을 너무 급박하게 추진하다 실패한 것이 오늘날 아무 일도 추진하지 않는 것보다야 낫지 않겠습니까. 게다가 임금은 모름지기 터럭만 한 사의(私意)도 없어야 사람들의 마음을 감발(感發)할 수 있습니다. 그런데 근자에 언관이 논사할 때 궁금(宮禁)에 관한 문제를 언급하면 전하께서 반드시 굳게 거부하시니, 신하들은 전하께서 사의를 가지고서 침묵으로써 체통을 지키는 것으로 여기고 계신다고 의심하고 있습니다. 신과 같이 어리석은 자가 어디에 있겠습니까〉 하였다. 그리고 또 누차 출신(出身)하지 않은 사람을 대헌(臺憲)의 자리에 넣을 것을 청하니, 상이 그 의론을 대신에게 하달하여 시행하였다.

신하들이 퇴계 선생에게 시호를 내릴 것을 청하니, 상이 행장이 없다는 이유로 윤허하지 않았다. 선생이 〈이황은 일생 동안 의리의 학문에 침잠하였고 그 언론과 풍지(風旨)는 비록 옛날의 명현에 비교해도 손색이 없으니, 행장이 있고 없는 것 때문에 무슨 증감이 있겠습니까. 전하께서 이미 죽은 현인에 대해 그 행적이 이미 드러났는데도 오히려 포숭(褒崇)을 아끼시는데 하물며 당시의 선비들에 대해 어찌 선을 좋아하는 정성을 가지시겠습니까.

이황의 시호는 비록 한두 해 늦게 내려진다 하더라도 크게 문제될 것은 없을 것입니다. 그러나 전하께 선을 좋아하는 정성이 없다고 사방의 선비들이 의심한다면 그 해는 어찌 작겠습니까〉하였다.

이 당시에 선생은 임금의 은우(恩遇)에 감격하여 마지못해 종사(從仕)하고 있었다. 우계(牛溪) 선생 성혼(成渾)이 말하기를 〈유자(儒者)는 임금의 마음을 바로잡는 것을 가장 중요한 일로 삼아야 하니, 상의 마음을 돌릴 수 없다면 속히 인책하고 물러나야 한다. 상의 마음을 얻지 못한 채 먼저 사공(事功)에 힘쓰면 이는 왕척직심(枉尺直尋)*이라 유자가 할 일이 아니다〉하니, 선생이 〈이 말이 진실로 옳다. 그렇지만 상의 마음을 당장에 돌릴 수 없으면 의당 천천히 오래 정성을 쌓아 상이 감오(感悟)할 때를 기다려야 할 것이다. 만약 천박한 정성으로 순월(旬月)의 짧은 기간 안에 효험을 얻고자 하다가 뜻대로 되지 않자 문득 인책하고 물러나고자 한다면 이 또한 인신(人臣)의 할 일이 아니다〉하였다.

갑술년(1574)에 선생이 만언소(萬言疏)를 올려 시사를 기탄없이 진달하니, 상이 비답에서 〈소장의 내용을 보니, 요순군민(堯舜君民)의 뜻을 알겠다. 참으로 훌륭한 의론이니, 고인(古人)일지라도 이보다 더하지는 않을 것이다. 이와 같은 신하가 있으니, 선치를 이루지 못할 것을 어찌 근심하리오. 그대의 충성을 깊이 가상하게 여기노니, 어찌 감히 명심하지 않겠는가. 다만 경장할 일이 많으므로 갑자기 다 변혁할 수는 없다. 대신과 의처(議處)토록 하겠다〉하는 한편 선생의 소장을 등서(謄書)하여 올릴 것을 명하

* 한 자[尺]를 굽혀 여덟 자[尋]를 바르게 함. 작은 일을 돌보지 아니하고 큰일을 이룸.

였다. 선생은 비록 상의 권우(眷遇)를 입었으나 진언이 받아들여지지 못하였기 때문에 혹자는 선생이 조정을 떠나지 않는 것을 의심하였다. 선생이 말하기를 〈조정에서 물러나자니 성상의 마음을 혹 돌릴 수도 있을 듯하고 조정에 머물자니 진언이 받아들여지지 않는다. 이런 까닭에 진퇴를 결정하지 못하고 있을 뿐이다〉 하였다.

하루는 상이 선생에게 〈한 문제는 어찌하여 가의의 말을 받아들이지 않았는가?〉 하니, 선생이 〈한 문제는 비록 어진 임금이었지만 지취(志趣)가 높지 못한 탓에 가의의 말이 큰 것을 보고 의심하여 받아들이지 못한 것입니다. 무릇 사람은 큰 뜻이 있은 뒤에야 큰일을 할 수 있는 법입니다. 비유하자면 주인은 작은 집을 지으려 하는데 목수가 큰 집을 지으려 하면 주인이 어찌 목수의 말을 들으려 하겠습니까〉 하고, 이어 상에게 아뢰기를 〈지금 백성의 곤궁함이 날로 심해져 가고 있으니, 경장하지 않으면 나라를 제대로 다스릴 수 없습니다. 그렇다고 하여 조종(祖宗)의 법을 바꾸고자 하는 것은 아닙니다. 예컨대 공안(貢案)으로 말하자면 연산군이 경정한 것이지 조종의 법은 아닙니다. 신은 경장하고자 하는 것이 아니라 민폐를 고치고자 할 뿐입니다〉 하였다.

기강이 진작되지 않는 것을 상이 탄식하자 선생이 〈기강이 국가에 있는 것은 마치 호연지기가 일신에 있는 것과 같습니다. 호연지기는 의(義)가 모여서 생기는 것입니다. 어느 한 가지 일이 우연히 의에 맞는다고 하여 갑자기 호연지기를 밖에서 가져올 수 있는 것이 아닙니다. 모름지기 아침에 한 가지 의를 실천하고 저녁에 한 가지 의를 실천하여 의가 몸에 축적되어 위를 우러러보아도 부끄럽지 않고 아래를 굽어보아도 부끄럽지 않은 뒤에야 호연지기가 충만하고 유행하는 것입니다. 기강도 마찬가지이니, 하루아침에 발분한다 하여 세울 수 있는 것이 아닙니다. 모름지기 공평정대한 마음을 정사에 베풀어 곧은 사람은 반드시 기용하고 굽은 사람은 반드시 축출하며 공로가 있으면 반드시 상을 주고 죄과가 있으면 반드시 형벌을 주면 기강이 절로 서게 됩니다〉 하였다.

당시 반중(泮中)*의 유생들이 나이로 서열을 정하니, 유속(流俗)의 사람들이 비난하기를 〈장원한 사람을 존경하는 것도 예속(禮俗)이다. 어찌 나이가 많다고 하여 장원한 사람 위에 앉을 수 있단 말인가〉 하니, 선생이 〈장원을 존경하는 것은 동방(同榜)의 모임에서나 할 수 있는 일이다. 성균관은 인륜을 밝히는 곳이니, 장유(長幼)의 서열을 어지럽혀서는 안 된다. 세자가 입학해도 오히려 나이 순서로 앉히는 법인데 장원의 존숭(尊崇)함이 세자와 비교해 어떠한가?〉 하였다.

일찍이 병으로 승지를 사직하니, 상이 비답에서 〈그대는 의당 나의 좌우에 있으면서 나의 부덕을 보필해야 할 것이니, 사퇴해서는 안 된다〉 하였다. 그리고 대사간에 배수되어 여러 차례 사직하였으나 상이 윤허하지 않았다.

하루는 상이 의영고(義盈庫)에 명하여 황랍(黃蠟) 500근을 내수(內需)로 바치게 하였는데 궁중 밖에서는 어디에 쓸 것인지 아무도 알지 못하였다. 혹자는 〈불사에 쓸 것이다〉 하였다. 이에 선생이 아뢰기를 〈용도가 바르다면 속히 성의(聖意)를 보여 뭇사람의 의혹을 풀어 주시고, 용도가 바르지 않다면 황랍을 내수로 바치라는 명을 거두어 주소서〉 하니, 상이 〈내수의 물건은 신하들

* 성균관을 중심으로 한 근처 동네.

이 감히 용도를 물을 바가 아니다〉 하였다. 선생이 또 아뢰기를 〈궁중에는 허다히 황랍을 쓸 곳이 별로 없으니, 이는 필시 정당하지 않은 목적에 쓰일 터라 사람들에게 그 용도를 알릴 수 없는 것입니다. 옛날 사마광(司馬光)은 자신이 평생 한 일로 남에게 말할 수 없는 것은 일찍이 없었다고 합니다. 지금 신 등이 바야흐로 정심·성의를 전하께 바라고 있는데 이 한 가지 일에서 전하의 뜻을 환히 보여 주지 못하신다면 남이 보지 않아 사심(私心)으로 행동할 수 있는 곳에서는 어찌 옥루(屋漏)*에 부끄럽지 않을 수 있겠습니까. 청컨대 전하의 뜻을 청천백일과 같이 환히 보여 군하(群下)들이 우러러볼 수 있게 하소서〉 하니, 상이 〈옛날 양 무제(梁武帝)가 입이 아프도록 꿀을 달라고 하였으나 얻지 못하였는데 오늘 그러한 경우를 다시 보게 될 줄 몰랐구나〉 하였다.

이에 선생이 동료들과 함께 사직하며 아뢰기를 〈해사(該司)의 물건은 전하의 소유이니, 그 용도가 바르다면 군하는 전하의 뜻을 받들기에도 겨를이 없을 것입니다. 그러나 그 용도가 바르지 않다면 비록 해사라 할지라도 의당 복역(覆逆)해야 할 것입니다. 하물며 언관(言官)이 어찌 감히 침묵만 지키고 있을 수 있겠습니까. 외간에 전파된 말로는 혹 이 황랍으로 장차 불상을 조성할 것이라 하니, 신 등이 어찌 우려하지 않을 수 있겠습니까. 전하께서는 단지 안으로 마음을 돌이켜 보시어 그러한 사실이 있으면 고치고 없으면 더욱 면려하시면 될 것입니다. 그런데 이토록 사실을 숨기고 준엄하게 거절하시는 것은 무슨 까닭입니까? 옛날 순임금이 칠기를 만들자 간한 이가 10명이었으며, 무왕(武王)이 포어(鮑魚 소금에 절인 어물)를 좋아하였으나 태공은 올리지 않으

* 집 안에서 가장 깊숙하여 어두운 곳. 사람의 눈에 잘 보이지 않는 구석진 곳.

며 말하기를 《예(禮)에 포어는 조(俎)에 올리지 않습니다》 하였으니, 이 어찌 임금에 대한 사랑과 공경이 부족하여 그렇게 한 것이겠습니까. 진실로 충신은 덕으로써 임금을 사랑하고 예로써 임금을 공경하는 법이고, 임금의 뜻을 무조건 받들어 따르기만 하는 것은 도리어 사랑하고 공경하는 도리에 해가 되기 때문입니다〉 하니, 상이 〈가령 이교(異教)를 숭봉(崇奉)한다 하더라도 옛날에 조성한 불상도 많은데 무엇하러 새로 불상을 조성하겠는가. 누구에게서 그러한 말을 들었는가? 내가 나국(拿鞫)하겠다〉 하였다. 선생이 아뢰기를 〈소문으로 전파된 말은 한 사람의 입에서 나온 것이 아닙니다. 그런데 굳이 사람들을 일일이 나국하고자 하신다면 이는 위(衛)나라 무당이 비방을 감시했던 것과 무엇이 다르겠습니까. 전하께서는 신 등의 망언한 죄를 다스리면 될 것입니다. 굳이 위엄을 세워 사람들의 입에 재갈을 물림으로써 사방의 이목을 놀라게 하실 필요가 어디 있겠습니까〉 하니, 비답에서 〈말을 들은 사람을 감히 숨기다니, 이것이 임금에게 소회를 숨기지 않는 도리인가. 응당 터무니없는 말을 날조한 죄를 받게 될 것이다〉 하였다.

선생이 아뢰기를 〈소문으로 전파된 말은 그 말의 뿌리를 힐난하여 찾을 수 없다는 것을 전하께서도 알지 못하지 않을 것입니다. 그런데 이처럼 핍박하여 물으시니, 이는 뇌정(雷霆)의 위엄으로 신하들의 기운을 꺾어 언로를 막으려는 것에 불과합니다. 대간이 무릇 들은 바가 있으면 그것이 비록 전파된 소문에서 나온 것일지라도 감히 진달하지 않을 수 없는 것은 임금을 섬김에 소회를 숨기지 않는 도리입니다. 만약 굳이 소문으로 전파된 말을 끝까지 따져서 터무니없는 말을 날조한 죄를 간신(諫臣)에게 씌우려 하신다면 한마디 말로 나라를 잃는 것에 가깝지 않겠습니까〉 하였다. 선생은 이렇게 누차 아뢰었는데 말이 갈수록 더욱 직절(直切)하고 조금도 꺾이지 않았다.

이윽고 상이 자못 뉘우치고 황랍을 도로 의영고로 내려줄 것을 명하였다. 이에 선생이 누차 임금의 엄한 꾸짖음을 받았으므로 조정에 있는 것이 편안치 않다 하여, 입시하여 병이 많다는 이유를 들어 사퇴를 청하니, 상이 〈병이 만약 이와 같다면 어찌할 수 없다. 은거하는 것이 가장 좋겠다. 고시(古詩)에《귀 씻고 인간사를 듣지 않고서 푸른 솔을 벗하고 사슴과 어울려 논다[洗耳人間事不聞 靑松爲友鹿爲羣]》하였으니, 어찌 즐겁지 않겠는가〉하였다. 선생이 대답하기를 〈신은 그렇지 않습니다. 옛날의 은사는 임금과 군신(君臣)의 교분이 없었기 때문에 임금을 잊고 좋은 산수 속에서 자적할 수 있었습니다. 지금 신은 성은을 받은 것이 매우 무거우니, 비록 초야에 있더라도 마음은 전하를 잊지 못할 터이니 퇴거(退居)한들 무슨 즐거울 게 있겠습니까. 단지 녹봉만 축낼 수 없기에 부득불 사퇴하는 것일 뿐입니다〉 하고 마침내 병을 이유로 사직하여 체면(遞免)되었다. 그리고 이내 승지에 배수되었으나 질병을 이유로 사직하고 파주로 돌아갔다.

선생이 도성을 떠날 무렵 최공 영경(崔公永慶)이 〈군(君)의 자처(自處)는 응당 이와 같아야 하겠지만 시사는 어찌할 것이오?〉 하니, 선생이 〈자처가 미진하고서 시사를 구제하는 사람은 없소〉 하였다. 노공 수신(盧公守愼)이 사람들에게 말하기를 〈이모(李某)가 경석(經席)에서 상이 듣기 싫어하는 말을 많이 했으니 일이 생길까 두렵다. 내가 만류하고자 했으나 뜻대로 되지 않았다〉 하니, 선생이 그 말을 듣고 웃으며 〈내가 조정에서 물러가면 말하

는 사람이 없을 터이니, 소재(蘇齋, 노수신)는 걱정하지 않아도
될 것이다〉 하였다.

황해도 관찰사에 배수되자 외직이라 하여 배명(拜命)하였다.
그리고 상소하여 백성의 질고(疾苦)를 진달하는 한편, 오로지 학
교를 일으키고 교화를 높이고 백성의 고통을 구휼하고 군정(軍
政)을 정비하는 데에 힘썼다. 이듬해에 질병으로 체직(遞職)되어
파주로 돌아오자 곧바로 부제학에 배수되었기에 질병을 이유로
사직하였으나 상이 윤허하지 않았다.

당시 인순왕후(仁順王后)의 상(喪)이 있어 선생은 병든 몸을
가마에 싣고 경성에 들어왔다. 지평 민순(閔純)이 졸곡(卒哭) 후
에 임금이 송나라 효종의 고사에 따라 흰옷을 입고 흰 관을 쓰고
정사를 볼 것을 청하였다. 이에 정신(廷臣)들의 의론을 모으니,
모두 〈『국조오례의(國朝五禮儀)』는 조종(祖宗) 때 찬정(撰定)한
것으로 시행된 지 오래이니, 지금 바꿀 수 없다〉 하였다. 이에 선
생이 고례(古禮)를 인용하여 아뢰기를 〈반드시 선왕의 예에 다
맞게 하고자 한다면 상하가 모두 『의례』의 제도와 같이 최질(衰
経)을 입고, 따로 포모(布帽), 포삼(布衫), 포대(布帶)를 만들어
정사를 보실 때 입는 복장으로 삼아야 할 것입니다. 그런데 지금
은 이미 이와 어긋났으니 차라리 송나라 효종의 제도를 따르는
것이 고례에 가까울 것입니다. 현관(玄冠)·오대(烏帶)와 같은 제
도는 송나라 고종 때 나점(羅點)이 건의한 바로 주자의 군신복의
(君臣服議)에 그 잘못이 상세히 변론되어 있으니, 어찌 주자의 의
론을 따르지 않고 나점의 의론에 집착할 필요가 있겠습니까. 『국
조오례의』를 찬정할 때 예를 모르는 유신이 선왕을 정례(正禮)
로 인도하지 못하였는데 어찌 오늘에 그러한 잘못을 반복할 수

있겠습니까〉 하니, 상신(相臣) 박순·노수신과 대사간 김계휘가 이 주장에 동조하여 마침내 흰옷을 입고 흰 관을 쓰고 정사를 보는 제도를 채택하였다.

상이 조회에서 특별히 선생을 불러 앞으로 오게 하고 말하기를 〈부제학이 향리로 돌아갔다가 이어 감사가 되었기에 오래도록 보지 못했다〉 하고, 이어 해서(海西)의 질고에 대해 묻고는 오래도록 온유(溫諭)하였다. 선생이 묻기를 〈듣건대 전하께서 시신에게 《내가 학문을 하고 싶으나 일이 많아 겨를이 없다》라고 했다는데 그러한 사실이 있습니까?〉 하니, 상이 〈그렇다〉 하였다. 선생이 〈신이 이 말을 듣고 한편으로는 기뻐하고 한편으로는 걱정하였습니다. 기뻐한 것은 전하께서 학문할 뜻을 가지신 것을 기뻐한 것이고, 근심한 것은 전하께서 학문의 이치를 살펴 알지 못하시는 것을 걱정한 것입니다. 학문이란 단정하게 앉아서 종일토록 책을 읽는 것을 말하는 게 아닙니다. 단지 일상생활 중의 처사가 일일이 다 이치에 맞는 것을 말합니다. 처사가 이치에 맞는지 여부를 스스로 알 수 없기 때문에 책을 읽어 그 이치를 궁구하는 것입니다. 만약 책을 읽는 것만 학문으로 여기고 일상생활 중의 처사를 이치에 맞게 하려고 하지 않는다면 어찌 이른바 학문이란 것이겠습니까. 성상께서는 자질이 아름답고 사욕이 적으시니, 학문에 있어서는 하지 않으실지언정 능력이 부족한 것은 아닙니다〉 하고 또 〈어저께 본관(本館)의 차자(箚子)에 대해 내리신 비답에서 《그다지 고론(高論)이 없다》 하셨는데 만약 단지 전하의 겸사일 뿐이라면 모르겠지만 만약 실제로 신 등의 말을 고론으로 여기신다면 종사와 신민의 복이 아닐 듯합니다. 한 문제는 삼대의 정치에 관한 말을 고론으로 여겼기 때문에 공렬(功烈)이 저토록 낮았으니, 이 어찌 본받을 만한 것이겠습니까〉하니, 상이 모두 가납(嘉納)하였다.

상이 선생에게 말하기를 〈사서(四書)의 소주(小註)에 온당치 못한 곳이 많으니, 다소 산개(刪改)하여 보기에 편리하게 하고 싶다. 경이 이 일을 맡을 수 있겠는가?〉하니, 선생이 〈이는 신의 학력으로 혼자 감당할 수 있는 바가 아닙니다. 학문이 있는 선비는 출신(出身) 여부를 막론하고 함께 의논에 참여하게 해야 합니다〉하였다. 상이 〈지난날 대신이 나에게 성혼을 불러 보게 했는데 나도 만나 보고 싶다. 다만 아직 출신하지 않은 사람은 경연에 참석한 예가 없으니, 비록 현자를 부른다 하더라도 한 번 보아서야 무슨 이익이 있겠는가〉하니, 선생이 〈전하께서 참으로 큰일을 하고자 하신다면 비록 구례(舊例)에 없더라도 변통할 수 있을 것입니다. 학문이 있는 선비는 한직을 주고 윤일(輪日)*로 경연에 입시하게 하면 성덕(聖德)을 이루는 데 크게 도움이 될 것입니다〉하였다.

당시 사헌부 관리가 참람(僭濫)된 복장을 한 궁노(宮奴)를 붙잡았는데, 그 궁노가 관리를 때리고 도망쳐 왕자의 집에 숨어들어 갔다. 이튿날 사헌부가 다른 관리를 보내어 그 궁노를 잡아서 감옥에 넣었다. 상이 이 사실을 듣고 사헌부의 관리가 왕자의 집에 난입(闌入)한 것으로 여겨, 그 사헌부의 관리를 금부(禁府)에 수감할 것을 명하여 하교하기를 〈사헌부는 왕자의 집에서 사람을 잡아가서는 안 된다〉하였다. 사헌부가 이 일로 인피(引避)하여 관리가 왕자의 집에 들어가지 않았다는 사실을 밝혔다.

이에 선생이 차자를 올리기를 〈이 일은 상하가 서로 잘못한 것

---

* 무슨 일을 날을 바꾸어 돌려가면서 함. 또는 그날.

입니다. 사헌부 관리가 한 행동은 대관(臺官)이 직접 눈으로 보지 못한 것이니, 어찌 그 사람이 왕자의 집에 들어가지 않았다는 것을 알 수 있겠습니까. 곧바로 왕자의 집에 들어갔다고 하는 것도 전하께서 눈으로 보신 바가 아니고 단지 부시(婦寺)*의 말을 들은 것일 뿐입니다. 부시의 말을 모두 믿을 수는 없습니다. 게다가 왕자의 그 하인은 평소 방자하기로 소문난 자이니, 응당 엄히 검속(檢束)해야 할 것입니다. 후씨(侯氏)**는 일개 부인인데도 오히려 자식을 가르치는 방도를 알아서 일찍이 《남에게 굽히지 못할까 걱정해야지 남을 이기지 못할까 걱정해서는 안 된다》 하였습니다. 전하의 아들이 남을 이기지 못할까 걱정할 필요가 어디 있겠습니까〉 하고, 이어 아뢰기를 〈근자에 사헌부의 관리에 관한 한 가지 일은 법을 지키느라 성지(聖旨)를 거스른 신하를 전하께서 몹시 싫어하신 것이니, 신은 민망합니다. 예로부터 아첨하고 빌붙는 자는 후일에 반드시 임금을 저버리고, 정도를 지켜 아부하지 않는 자는 후일에 반드시 충성을 다하는 법입니다. 주창(周昌)의 일만 보더라도 주창이 몹시 강경하게 정쟁(廷諍)한 것은 조왕(趙王)을 사랑하지 않았다 할 만합니다. 그러나 후일 주창이 조왕의 재상이 되어 충성을 다해 보호하여, 여후(呂后)가 조왕을 죽이려 하자 주창은 그 뜻을 따르지 않았습니다. 평소에 정도를 지키는 절개가 있었기 때문에 후일에 조왕을 보호할 수 있었던 것이니, 이러한 뜻은 전하께서 아실 뿐아니라 비빈(妃嬪)들도 알고 있을 것입니다〉 하니, 상이 침묵하였다.

* 궁중에서 일을 보던 여자와 환관의 통칭.
** 송나라 태중대부 정향(程珦)의 부인이자 정호(程顥)·정이(程頤) 형제의 어머니. 이들이 대학자가 된 것은 후씨 부인의 어진 부덕과 가정 교육에서 비롯된 것이라고 한다.

선생이 임금의 마음을 바로잡는 데 예의 주력하여 학문과 정사에 요긴한 경전 및 사가(史家)의 글들을 모아서 분류하여 수기(修己)·치인(治人)의 순서로 책을 편집하고 『성학집요』라 명명하였다. 그리고 차자를 올려 이 책을 바치고 훗날 입시하니, 상이 〈그 책은 치도(治道)에 매우 도움이 된다. 다만 나와 같이 불민(不敏)한 임금이 실행하지 못할까 두려울 뿐이다〉 하였다. 선생이 일어나 대답하기를 〈옛날 송나라 신종(神宗)이 《이는 요순의 일이니, 내가 어찌 감당할 수 있겠는가》 하니, 정 백자(程伯子 정호(程顥))가 서글픈 기색으로 말하기를 《폐하의 이 말씀은 종사와 신민의 복이 아닙니다》 하였습니다. 지금 전하의 말씀도 이에 가까운 것이 아니겠습니까〉 하였다.

이보다 앞서 심의겸이 사인(舍人)이 되어 영상(領相) 윤원형의 집에 갔다가 윤원형의 사위의 서실에 사인(士人)의 침구(寢具)가 있는 것을 보고 사람에게 물어 그가 김효원이라는 것을 알았다. 김효원은 당시 아직 등제(登第)하지 못하였으나 문명(文名)이 있었는데 심의겸이 내심 그를 비루하게 여겨 남에게 말하기를 〈어찌 사인으로서 권문(權門)에 유숙하는 자가 있단 말인가〉 하였다.

그 후에 김효원이 괴과(魁科)* 에 급제하여 재명(才名)이 날로 알려졌다. 이에 전관(銓官)이 김효원을 천거하여 전랑(銓郎)을 삼고자 하니, 심의겸이 번번이 예전의 일을 이유로 저지하였다. 그 후에 김효원이 마침내 전랑이 되어 누차 심의겸의 단점을 들추어 공공연히 배척하니, 선배들이, 심의겸은 사림을 부호(扶護)

---

* 과거(科擧)에서 가장 어려운 문과의 갑과를 일컫던 말. 장원한 사람을 괴방(魁榜) 또는 장원랑(壯元郞)이라고 했다.

한 공로가 있다고 여겨 〈김효원이 보복하려고 이러한 말을 한다〉라고 말하자 김효원의 무리들도 외척이라 하여 심의겸을 배척하였다. 이로부터 사림의 선후배가 서로 불화하여 마침내 동서분당의 자취가 있게 되었다. 선생은, 심의겸과 김효원이 서로 맞버티어 조정이 안정되지 못한 것을 근심하여 상신 노공 수신에게 말하기를 〈이 두 사람은 모두 사류인데 결국 서로 불화하여 근거 없는 말로 서로 비난하니, 대신이 진백(陳白)하여 이 두 사람을 외직으로 내보내면 조정이 진정될 것입니다〉 하였다.

노수신이 옳다고 여겨 연중(筵中)에서 진백하니, 선생이 아뢰기를 〈이 일이 반드시 깊은 혐극(嫌隙)을 만들지는 않겠지만 두 사람의 친구들이 저마다 들은 말을 전파하여 마침내 분란을 일으키고 말았으니, 대신의 이 말은 조정을 진정시키고자 한 것입니다. 만약 소인이 붕당이라 지목하여 두 사람 모두를 치죄할 계책을 꾸민다면 사림의 화가 일어날 것입니다〉 하였다. 이에 특명을 내려 김효원을 부령 부사(富寧府使)로, 심의겸을 개성 유수(開城留守)로 내보냈다. 김효원은 병으로 부임하지 못하였다.

선생이 독계(獨啓)하기를 〈두 사람을 외직으로 내보내자는 의론은 신이 실로 주장하였습니다. 이것이 비록 사림의 공론이지만 김효원은 질병이 심중하니 이 근력으로 북새(北塞)의 직임을 맡는다면 어찌 일을 주획(籌劃)하여 변방을 굳건히 지킬 수 있겠습니까. 게다가 대신의 뜻은 단지 조정을 진정시키려는 것이었지 김효원에게 죄가 있어 방축(放逐)하려던 것은 아니었습니다. 청컨대 내직에 옮겨 제수하여 안으로는 군신의 의리를 온전히 이루고 밖으로는 변방의 방어를 굳건히 지키소서〉 하니, 상은 선생이 김효원에 편당(偏黨)한다고 여겨 엄한 비답을 내리고 따르지 않았다. 그 뒤에 선생이 연중(筵中)에서 더욱 간절히 진백하니 그제야 김효원을 삼척 부사로 고쳐 제수하였다.

선생은 인재를 보합하고자 하여 오직 현능한 사람을 뽑았다. 이에 혹자가 선생에게 이르기를 〈천하에 양시양비(兩是兩非)는 없는 법인데 공은 오늘의 일에 시비를 분간하지 않고 양전(兩全)의 방책에만 힘쓰니 사람들의 불만이 가득합니다. 어떻게 생각합니까?〉 하니, 선생이 〈심의겸과 김효원의 일은 국가에 관계되는 것이 아니라 서로 알력이 생긴 나머지 조정이 안정되지 못한 데 이른 것일 뿐이니, 참으로 양비입니다. 비록 양비이나 두 사람 모두 사류이니, 다만 양쪽이 원한을 풀고 화해하게 해야 할 것입니다. 만약 굳이 한쪽을 옳다 하고 한쪽을 그르다 하고자 한다면 서로의 알력이 언제 끝나겠습니까〉 하였다.

요우(僚友)*가 이 말을 따르지 않자 선생은 마침내 벼슬을 그만두고 향리로 돌아가기로 결심하였다. 이에 심의겸과 김효원 양쪽의 사람들이 모두 전별하러 오니, 선생이 〈내가 지금 정론(定論)을 말하고자 하니, 제공들은 들어 보시오. 권간(權奸)이 탁란(濁亂)할 때 그 기세를 꺾고 조정을 정화하여 사론(士論)을 신장시킨 것은 어찌 방숙(方叔, 심의겸의 자) 등 제공의 공이 아니겠습니까. 그런데 인백(仁伯, 김효원의 자)이 사사로운 마음으로 배척하여 선배들은 울분을 품고 사림이 서로 반목하게 하였으니, 이는 인백의 죄입니다. 이미 현실이 이와 같았기 때문에 공론이 그를 억제하여 외직으로 내보낸 것은 이치에 맞는 처사였습니다. 그런데도 오히려 그를 너무 심하게 미워하여 서로 조화하지 못하였으니, 이는 선배의 죄입니다. 이렇게 논단하면 실정에 맞을 것

* 같은 일자리에서 일하는 같은 계급의 벗.

입니다〉하니, 모두 선생의 말을 공론으로 여겼다.

3월에 관직을 해임하고 파주로 돌아갔다. 그리고 승지, 대사간, 이조 참의, 전라도 관찰사, 병조 참의에 배수되었으나 모두 벼슬에 나아가지 않았다.

정축년(1577)에 해주로 돌아갔다. 선생은 늘 종형(宗兄)이 조몰(早歿)하여 조상의 신주가 과부가 된 형수의 집에 있는 것을 한스럽게 여겼다. 이때에 이르러 고산(高山)의 옛날에 복거하던 곳에 집을 지어 사당을 세우고는 백형수(伯兄嫂) 곽씨(郭氏)에게 청하여 종가의 신주를 모시고 형제 조카들을 다 모아 한집에 함께 살게 함으로써 평생의 뜻을 이루었다. 이에 원근 학도들이 소문을 듣고 날로 모여들어 더 이상 사람을 수용할 곳이 없게 되었다.

선비들이 힘을 모으고 재목을 모아 거실 동쪽에 정사(精舍)를 지어 학문하는 곳으로 삼고 은병정사라 명명하였다. 그리고 염락(濂洛)의 군현(群賢)들 중 집대성자(集大成者)로는 주자만 한 분이 없고 우리 동방에서 주문(朱門)의 성법(成法)을 삼가 지킨 분으로는 정암·퇴계 두 선생만 한 분이 없다 하여 정사의 북쪽에 주자의 사당을 세우고 두 선생을 배향하였다. 매양 봄가을이면 선생이 제생(諸生)들을 거느리고 제향을 올리고 학규(學規) 및 『격몽요결』을 지어서 제생들을 가르쳤다. 그리고 사창(社倉)을 만들어 곡식을 비축하여 두었다가 형편이 곤궁한 백성들을 구제하였으며, 여씨향약을 본떠 향약을 만들어 향속(鄕俗)을 면려하였다.

당시 상이 대원군의 사당에 친제(親祭)하니, 옥당이 차자를 올려 불가하다 하였다. 이에 상이 매우 노하였다. 선생이 이 사실을 들고 〈주상이 대원군의 사당에 친히 제사한 것은 예에 어긋남이 없고 정리상 어쩔 수 없는 것이다. 옥당이 무슨 소견으로 그만둘 것을 청한단 말인가. 예에는 공조례(公朝禮)가 있고 가인례(家人禮)가 있고 학궁례(學宮禮)가 있다. 공조례는 임금을 존숭하는 것이다. 그러므로 비록 제부(諸父)*라 할지라도 임금에게 신하의 예를 공손히 갖추는 법이고 다만 친부는 신하로 삼을 수 없다. 가인례는 존속을 중시하는 것이다. 그러므로 임금이 부형의 아래에 있을 수 있다. 예컨대 한(漢)나라 혜제(惠帝)가 궁중에서는 제왕(齊王)의 아랫자리에 앉았던 것이 이 경우이다. 학궁례는 스승을 존숭하는 것이다. 그러므로 비록 천자라 할지라도 원로에게 절하는 의식이 있었다. 예컨대 한나라 명제(明帝)가 환영(桓榮)에게 절한 것이 이 경우이다. 더구나 대원군은 성상의 몸을 탄생하신 분이니, 생존해 계신다면 성상이 궁중에서 만날 때 반드시 절을 할 것이다. 지금 그 사당에 들어가 질자(姪子)가 숙부에게 제사하는 예를 갖추는 것이 어찌 불가하겠는가. 속유(俗儒)는 한갓 임금을 높이고 신하를 낮추는 것이 예인 줄만 알고 사친(私親)과 관계를 끊을 수 없다는 것을 모르니, 참으로 개탄할 만하다〉 하였다.

무인년(1578)에 공의왕대비(恭懿王大妃)의 상(喪)이 있어 선생이 대사간으로 소명을 받고 경성에 들어와 사은한 다음 다시 파주로 돌아갔다. 이때 〈배가 가매 종남산이 멀어지는 것 차마 못 보겠으니, 이르노라 사공이여 돛을 달지 말라[舟行不忍終南遠 爲報篙師莫擧帆]〉라는 시구를 지었다. 5월에 또 대사간에 배수되자 상소하여 사직하였다. 그 소장에서 〈신의 말이 받아들여진다

---

* 아버지와 항렬이 같은 당내지친(堂內至親). 백부, 중부, 숙부, 계부.

면 신의 몸은 비록 초야에 물러나 있더라도 조정에 있는 것과 같을 것입니다〉 하니, 상이 비답에서 〈소회가 있거든 봉사(封事)를 올려 진달하라〉 하였다.

이에 선생이 상소하여 시폐를 극도로 진달하니, 모두 1만여 자가 되는 장문이고 내용이 모두 개절(凱切)하였다. 성우계(成牛溪)가 그 소장을 읽고 말하기를 〈참으로 직언하고 극간(極諫)한 경세(經世)의 방책이라 할 만하다〉 하였다. 소장이 올라가자 대사간을 체면(遞免)하라는 명이 내렸다. 이에 정원과 옥당이 이는 선비를 대하는 도리가 아니라고 아뢰었으나 상이 윤허하지 않았다. 그리고 얼마 뒤 이조참의에 배수되었고 기묘년(1579)에는 또 대사간에 배수되었으나 모두 벼슬에 나아가지 않았다.

선생은 사림이 서로 편을 나누어 반목하는 것을 근심하였다. 정철(鄭澈)과 이발(李潑)은 모두 인망은 있으나 소견이 편벽하다 하여 그들에게 서찰을 보내 책망하기를 〈군(君)들의 논의가 서로 화합하면 국사가 잘 될 것이다〉 하였으나, 이발이 시의(時議)를 따르지 않고 오히려 크게 배척하였다. 이에 선생이 상소하여 말하기를 〈심의겸은 비록 외척이지만 기실 선인(善人)입니다. 지금 심의겸을 함정으로 삼아 사류들을 연루해 넣습니다. 정철은 충청(忠淸) 강직하여 일심으로 국가를 근심하는 사람이며, 김계휘는 청백 유아(儒雅)하고 치체(治體)를 익히 잘 아는 사람이며, 한수(韓脩)는 염정(恬靜) 노성(老成)하고 선을 좋아하고 선비를 사랑하는 사람입니다. 이들을 모두 사당(邪黨)이란 명목을 씌워 조정에 발을 들여놓지 못하게 합니다. 이 세 사람이 조정에서 물러나는 것도 이미 애석할 만한 일인데 더구나 취모멱자(吹毛覓疵)*가

* 털 사이를 불어 가면서 흠을 찾음. 남의 결점을 억지로 낱낱이 찾아내는 것을 말함.

이에 그치지 않음에 있어서겠습니까〉하였으나 상이 소장을 보지 않았다.

참찬(參贊) 백인걸(白仁傑)이 상소하여 동서분당을 세척할 것을 청하려 했는데 늙고 병든 몸이라 뜻을 잘 전달하도록 문장을 지을 수 없었다. 그래서 선생에게 소장의 문장을 윤색해 줄 것을 부탁하였고 선생은 그 우국의 정성을 가상히 여겨 허락하였다. 이에 송응형(宋應洞)이 자취를 감추고 대술하였다는 이유로 선생을 탄핵하니, 백인걸이 상소하기를 〈송나라 정이(程頤)는 팽사영(彭思永)을 대신하여 「논복왕전례소(論濮王典禮疏)」를 지었고 부필(富弼)을 대신하여 「논영소릉소(論永昭陵疏)」를 지었으니, 이러한 일은 선유(先儒)도 이미 한 적이 있습니다. 그래서 신이 이이의 글을 쓰는 것을 혐의적게 생각하지 않고 사람들에게 숨기지 않았습니다. 이 때문에 말을 전하는 사람들이 이이가 신을 유혹하여 상소하게 했다고 한 것입니다. 신이 비록 못난 사람이지만 어찌 감히 신의 본의가 아닌 일을 남의 지시에 따라 하겠습니까〉하였다.

경진년(1580) 겨울에 또 대사간에 배수되었다. 이때 상이 막 병환이 나은 터라 선생을 보고 싶어 하여 매우 격절(激切)한 유지(諭旨)를 내렸다. 선생이 감격하여 명을 받고 경성에 들어가니, 상이 선생을 인견하여 위로하며 묻기를 〈오래도록 보지 못했는데 하고 싶은 말이 있는가?〉하였다. 선생이 대답하기를 〈고사(古史)를 두루 보니, 큰일을 해내는 임금은 대대로 출현하지 않습니다. 전하께서는 처음 즉위하셨을 때부터 신민들이 태평성세를 이루실 것으로 기대하였습니다. 그러나 그럭저럭 세월만 보낼 뿐 별로 진작하는 것을 보지 못하였습니다. 이제 전하께서 대병(大

病)이 나으신 뒤에 선단(善端)이 개발(開發)하여 내리시는 호령이 인심을 열복(悅服)시키니, 신민들의 기대가 처음 즉위하셨을 때와 다름없습니다. 전하께서는 부디 치세를 이루겠다는 뜻을 굳게 잡고 뛰어난 인재들을 불러들인 다음 그들에게 일을 위임하여 성공을 책려하시면 거의 큰일을 이룰 수 있을 것입니다. 한갓 그릇된 규례만 지키면 치도를 이룰 수 없을 것입니다〉 하였다.

선생은 일찍이 야대(夜對)에서 아뢰기를 〈고인이 야대를 주강(晝講)보다 낫다고 한 것은 만물이 잠든 밤, 임금과 신하가 고요 속에 서로 대화하면 사려가 전일(專一)하여 계옥(啓沃)*의 효과가 있기 때문입니다. 오늘밤 상께서 학문의 의심스런 곳 및 시정(時政)의 득실을 신등에게 하문하셔야 할 것입니다〉 하니, 상이 〈학문은 반드시 소득이 있어야 의심할 수 있는 법이므로 질문하지 못하겠다〉 하였다. 선생이 〈옛날에 맹자가 제 선왕에게 묻기를 《사경(四境) 안이 다스려지지 않으면 어떻게 해야 합니까?》하니, 제 선왕이 좌우를 돌아보다가 다른 말을 하였습니다. 이에 주자가 《제 선왕은 큰일을 할 수 없다》라고 비판하였습니다. 지금 사경의 안이 다스려지지 않았으니, 전하께서는 어떻게 하시겠습니까?〉 하니, 상이 대답하지 못하였다.

상이 〈인신(人臣)이 녹을 먹었으면 마땅히 목숨을 바쳐 충성해야 한다〉라고 하교한 적이 있었다. 선생이 〈인신은 의당 분의(分義)를 중시해야 합니다. 만약 은록(恩祿)만 생각한다면 사람들이 모두 그 사람을 은록으로 유혹할 것입니다. 그러므로 분의를 중시하는 사람은 인군이 나를 어떻게 대우하는지는 따지지 않고 모두 절의를 위해 목숨을 바칠 것입니다. 그러나 단지 은록만 중시

* 신하가 좋은 의견을 임금에게 아뢰어 도움이 되게 하는 것.

한다면 그 마음을 믿을 수 없습니다〉하니, 상이 〈그렇다〉하였다. 선생이 또 〈상께서 성혼에게 성은을 내리신 것은 근고에 드문 일 이었습니다〉하니, 상이 〈성혼이 어질다는 것은 내가 이미 들어서 알지만 그 재주가 어떠한지는 알지 못한다〉하였다. 선생이 〈재주도 한 가지가 아니니, 국가 경륜의 책임을 홀로 맡을 수 있는 이도 있고, 선을 좋아하여 뭇 인재들을 기용할 수 있는 이도 있습니다. 성혼의 재주는 국가를 경륜할 수 있다고 한다면 지나친 말이 되겠지만 그 사람됨이 선을 좋아하니, 선을 좋아하는 것이 천하를 다스리는 데에도 충분합니다. 이 어찌 쓸 만한 인재가 아니겠습니까〉하였다.

신사년(1581)에 큰 가뭄이 들어 국가의 비축된 식량이 이미 고갈되었다. 선생이 깊이 근심하여 연중(筵中)에서 아뢰기를 〈만약 폐법(弊法)을 변통하여 현재의 간난을 구제하지 않고 단지 이 지방의 곡식을 저 지방으로 옮겨서 백성을 살리려 한다면 옮길 수 있는 곡식도 없을 것입니다〉하고, 연중에서 물러나 동료들과 차자를 올려 폐법을 변통하고 공안을 개정하며 감사의 임기를 오래 연장하여 주현(州縣)을 모두 살필 수 있게 할 것을 청하는 한편, 자기를 수양함으로써 정치의 근본을 맑게 하고 사욕을 제거함으로써 조정을 화합하게 할 것을 청하였다.

당시 국계(國系)에 관한 무함을 아직도 시원하게 씻지 못한 상황이었다. 선생이 개연히 말하기를 〈국군(國君)이 200년 동안이나 무함을 받고 있는데도 신원하지 못하는 경우가 어디 있겠습니까. 이는 사신을 제대로 뽑지 못했기 때문입니다. 주청사(奏請使)는 의당 지성으로 중국 조정을 감동시키되 성공하지 못하면 중국 연산(燕山)*에 뼈를 묻을 각오를 해야 할 것입니다. 청컨대 전대

(專對)할 사신을 가려 뽑으소서〉하였다. 조정에서 혹자는 선생을 사신으로 보내자고 하였는데 대신이〈이이는 하루도 조정을 떠나서는 안 된다〉하여 그만두었다. 선생이 어명을 받들어 주문(奏文)을 지어 바치니, 상이 읽어 보고〈좋다. 이보다 더 잘 지을 수는 없다. 대사를 장차 이룰 수 있겠다〉하였다.

6월에 특명으로 대사헌에 승진하였다. 당시 조정의 의론이 더욱 분열하여 기필코 심의겸을 공격하여 제거하려 하였다. 장령(掌令) 정인홍(鄭仁弘)이 연석(筵席)에서 그러한 주장을 펴니, 선생이〈심의겸은 산직(散職)에 있은 지 이미 오래이고, 단지 선후(先后)의 지친(至親)이기 때문에 그 녹봉을 잃지 않고 있을 뿐입니다. 이렇게 하는 것이 국가의 은의(恩義)에 무슨 불가할 것이 있다고 기필코 그를 논죄하고자 한단 말입니까〉하였다. 이에 군의(群議)가 더욱 과격해져 선생이 제지할 수 없었다. 이에 선생은 너무 과격하지 말고 다른 곳으로 파급하지 말라고 경계하였다. 정인홍이 뒤에 아뢸 때〈사류를 끌어들여 자기 편으로 만들었다[援附士類]〉라는 등의 말을 덧붙였다. 상이〈사류란 어떤 사람인가?〉하고 묻자, 정인홍이 정철 등의 사람들을 열거하여 대답하기를〈이들이 서로 결탁하여 형세를 엿보았습니다〉하였다.

선생이 정인홍에게 말하기를〈계함(季涵, 정철의 자)은 강개(剛介)한 선비이니, 만약 심의겸과 결탁하여 형세를 엿보았다고 한다면 너무도 억울한 일이다〉하니, 정인홍이 즉시 선생의 말을 따르고 독계(獨啓)하여 피혐(避嫌)하였다. 이에 삼사의 의론이 분분하여 정언 윤승훈(尹承勳)이 정철의 편을 들었다는 이유로 선생을 공격하였다. 선생이 집의 남언경(南彦經), 지평 유몽정

* 북경의 머리뼈가 되는 산.

242

(柳夢井)과 더불어 아뢰기를 〈정철은 성격이 강퍅하여 남을 포용하지 못하다 보니 사론(士論)이 과격한 것에 분노한 기색을 자주 말과 안색에 나타내었으며, 시배들도 정철의 심사를 깊이 살펴보지 않고 실상에 지나친 말로 공격하였습니다. 선비들이 정철을 의심하는 것이 심할수록 정철의 불평도 더욱 깊어졌습니다. 이에 말을 만들어 내어 일을 일으키는 자들이 양쪽 모두를 무함하여 양쪽 사이에 점점 반목의 골이 깊어져 이러한 지경에 이른 것입니다. 정철도 물론 옳지 않지만 정철을 두고 심의겸을 편당(偏黨)했다고 하는 것도 공론이 될 수 없습니다. 저 윤승훈이 무슨 식견이 있겠습니까. 사류의 풍지(風旨)를 받들어 그것에 추부(趨附)하고자 한 것일 뿐입니다〉 하였다. 양사(兩司)가 선생의 인피(引避)를 계기로 삼아 선생을 체직할 것을 청하였으나 상이 준엄한 비답을 내리고 윤허하지 않았다. 선생이 누차 사직을 청하자 그제야 체직을 허락하고 특명을 내려 윤승훈을 신창 현감(新昌縣監)으로 내보냈다.

선생이 입시하였다가 자신의 허물을 인책하여 진달하기를 〈윤승훈의 말은 시론에 영합하려는 듯한 점이 있었습니다. 그래서 우직한 성품의 신이 성급하게 그를 공척(攻斥)하였습니다. 그런데 전하께서 너무 지나치게 그를 꺾으셨으니, 이 일로 말미암아 직언하는 선비들이 말을 하지 못할까 두렵습니다〉 하였다. 박순이 탄식하며 말하기를 〈숙헌과 같은 이는 유림의 종장(宗匠)이 될 만하다. 연소한 이들은 식견이 암매(暗昧)하여 긴요하지 않은 일로 이토록 서로 쟁변(爭辨)하고 국사는 도외시하니, 사슴을 뒤쫓느라 태산을 보지 못하는 격이로다〉 하였다.

예문관 제학, 대사간에 배수되자 상소하여 사직하였으나 상이 윤허하지 않았다. 호조에 결원이 생기자 상이 적임자를 찾기 어려워하였다. 대신이 맨 먼저 선생을 천거하자 특별히 자헌대부(資憲大夫)에 승진시키고 호조 판서에 배수하였다. 당시 천재(天災)가 심하여 널리 대책을 자문하였다. 이에 선생이 아뢰기를 〈예로부터 치란(治亂)의 형세가 이미 결정되면 재이(災異)가 없는 법이니, 재이는 치란이 나뉘려는 즈음에 반드시 일어납니다. 아조(我朝)가 입국한 지 거의 200년이 되었으니, 이는 바로 치란이 나뉠 중요한 시점입니다. 이때에 분발하여 진작한다면 억만년의 무궁한 복이 될 것이고 그러지 못하면 장차 국가의 명맥이 궤파(潰破)하고 쇠진하여 손을 쓸 수 없게 되고 말 것입니다. 인군(人君)은 반드시 당시의 폐단을 잘 알아야 하니, 그런 뒤에야 한 시대의 선치(善治)를 일으킬 수 있습니다. 이는 의원은 반드시 병근(病根)이 어디 있는지를 안 뒤에야 그 증상에 맞는 약을 쓸 수 있는 것과 같습니다. 폐단을 혁파하는 일은 신의 망령된 생각에서 나온 것입니다. 청컨대 대신으로 하여금 상의(商議)*하여 부서를 만들고 경제사(經濟司)라 명명한 다음 대신으로 하여금 관장하게 하며 시무에 통달한 사람을 가려 뽑아 안건을 건의하고 시행하여 폐정(弊政)을 혁파하게 하소서. 그렇게 하면 실치(實治)를 이룰 수 있고 천심을 되돌릴 수 있을 것입니다. 그리고 교화를 밝히고자 한다면 반드시 선현을 존숭하여 후학의 본보기가 있게 해야 하는데 성상께서는 매양 이를 어려운 일로만 여기십니다. 아조(我朝)의 선현들을 모두 사전(祀典)에 넣을 수는 없겠지만, 예컨대 조광조는 도학을 창명(倡明)하였고 이황은 이굴(理窟)에 침잠하였으니, 이들을 먼저 종사하도록 허락함으로써 사

* 서로 의논함.

림의 여망을 진작하소서〉 하니, 상이 모두 옳다고 하였으나 실제로 시행하지 않은 것은 경장을 꺼려서였다.

얼마 뒤 대제학에 배수되었고, 임오년(1582)에는 이조판서에 배수되었는데 모두 누차 사직하였으나 윤허를 받지 못하였다. 이에 선생은 오로지 구폐(舊弊)를 고치고 사로(仕路)를 맑히는 데 힘썼다. 가을에 체직하고 우참찬에 배수되었으며, 얼마 뒤에 숭정대부로 승진하고 우찬성에 배수되었다. 상이 인심도심설(人心道心說), 선악기도(善惡幾圖) 및 김시습전, 학교규범을 지어 바칠 것을 명하였다. 그리고 얼마 뒤 선생이「만언봉사」(萬言封事)를 올려 시폐를 극도로 진달하니, 비답에서 〈충간(忠懇)을 잘 알았다. 자신을 책려하고 큰일을 하고 싶지 않은 것은 아니나 작고 미미한 과인의 몸에 재주와 식견이 부족하여 오늘에 이르러서는 세상사와 마음이 서로 어긋나고 말았으니, 나도 홀로 탄식한다〉 하였다.

겨울에 황조(皇朝)에서 한림원편수(翰林院編修) 황홍헌(黃洪憲)과 급사중(給事中) 왕경민(王敬民)을 보내 황태자 탄강(誕降)의 조서(詔書)를 반포하였다. 선생이 원접사가 되어 압록강 가에서 이들을 영접하던 날, 이 두 중국 사신이 한참 동안 선생을 주목하다가 역관(譯官)에게 묻기를 〈자못 산림의 기상이 있으니, 임하(林下)의 선비를 임시로 불러내어 우리를 대접하는 것은 아닌가?〉 하였다. 역관이 대답하기를 〈삼장장원(三場壯元)으로서 시종(侍從)의 반열에 오래 있다가 중년에 질병으로 사직하고 물러나 임하(林下)에 은거하였습니다. 지금은 국왕의 신임이 두터운지 이미 오래이니, 실로 임하의 선비가 아닙니다〉 하였다. 중국 사신이 또 묻기를 〈그렇다면 바로 천도책(天道策)을 지은 분인가?〉 하기에(선생이 과거를 볼 때 천도책을 지어 장원을 차지하니, 이 글이 당시 인구에 회자되었고 중국에까지 전해져 들어갔다. 그리하여 두 사신도 이미 이 글을 보고 선생을 흠앙한 지 오래였기 때문에 이렇게 물은 것이다) 〈그렇다〉라고 대답하니, 두 사신이 고개를 끄덕였다. 도중에 수창(酬唱)할 때 선생이 붓을 잡고 즉시 시를 지었는데도 문사(文辭)와 의사(意思)가 모두 아름다우며 절로 법도에 맞으니, 두 중국 사신이 탄복하며 말하기를 〈대수(大手)로다, 대수로다〉 하고는 매우 지극하게 예경(禮敬)하고 반드시 율곡 선생이라 불렀다. 그리고 문묘(文廟)에 가서는 선생에게 〈극기복례위인(克己復禮爲仁)〉의 뜻을 강해(講解)해 줄 것을 청하였다. 선생이 즉시 그 설을 지어 바치니, 두 사신이 말하기를 〈이 설이 극히 좋으니, 중국에 전포(傳布)해야겠다〉 하였다.

두 사신이 중국으로 돌아가다 압록강 가에 이르렀다. 중국의 정사(正使)가 미리 칠언(七言)의 장편과 장률(長律)을 지어 두었다가 출행할 무렵에 갑자기 꺼내어 화답할 것을 요구하였다. 이는 창졸간에 시를 짓게 하여 선생의 재주를 시험하려는 것이었다. 선생이 즉석에서 그 시에 보운(步韻)하고 그것을 손수 써서 바치니, 두 사신이 서로 돌려 보면서 재삼 칭찬해 마지않았으며 작별할 때에는 선생의 손을 잡고 연연하여 눈물을 흘리기까지 하였다. 이에 사람들은 〈조사(詔使)가 빈상(儐相)*을 애경(愛敬)한 것은 전고(前古)에 없던 일이다〉 하였다. 선생은 중국 사신을 전송하고 돌아오는 길에 병조판서에 배수되어 사양했으나 상이 윤허하지 않았다.

계미년(1583)에 정고(呈告)하여 면직을 청하는 한편 문형(文

---

* 손님을 안내하며 주인을 돕는 사람.

衡)과 주병(主兵)은 모두 중임이므로 병무를 해임해 줄 것을 청하였다. 이에 상이 비답에서 〈경은 늘 폐정(弊政)을 경장할 것을 전후로 지성스럽게 진달했으니, 이것이 경의 평소의 뜻이었다. 지금 경이 진실로 좋은 계책을 내어서 유폐(流弊)를 모조리 혁파하고 양병(養兵)의 규모를 세운다면 국가의 다행일 것이다. 경은 노력하라〉 하였다.

당시 북도(北道)에는 변방의 호인(胡人)들이 침입해 노략질을 일삼던 터라 선생은 마침내 병조 판서의 직무를 맡았다. 병조의 사무가 매우 번다한 데다 마침 변방이 경보가 다급한 때라 문서가 구름처럼 많이 쌓였는데 선생은 좌우로 응수하며 물 흐르듯 처결하면서도 조리가 정연하고 대소의 일을 하나도 빠뜨리지 않았다. 육조방략(六條方略)을 올려 현능한 사람을 임용할 것, 군민을 양성할 것, 재용(財用)을 넉넉하게 갖출 것, 번병(藩屛)을 견고히 지킬 것, 전마(戰馬)를 구비할 것, 교화를 밝힐 것 등을 진달하였으며, 또 봉사를 올려 〈조정을 화합하고 폐정(弊政)을 혁파하는 것이 근본이며, 군병과 식량을 조달하고 방어를 견고히 하는 것은 지말(枝末)입니다. 지금 당론이 날로 과격하여 사화가 장차 일어날 태세이니, 조정 사대부를 융화하고 탕척(蕩滌)하며 진정하고 조화하는 한편 잘한 일과 잘못한 일에 대한 상벌을 한결같이 공도에 따름으로써 국시를 정해야 합니다. 그리하여 조정이 이미 화합한 뒤에야 인재를 얻어서 폐정을 혁파하는 문제를 의논할 수 있을 것입니다〉 하였다.

그리고 또 청하기를 〈서얼(庶孽) 및 공천(公賤)과 사천(私賤)을 모집하여 무재(武才)가 있는 자는 북변(北邊)에 수자리를 살게 하고 무예가 없는 자는 변방에 곡식을 납부하게 함으로써 군비 강화에 도움이 되게 하되 그 서얼은 허통(許通)하고 천례(賤隷)는 양민으로 만드소서. 이는 모두 세조조(世祖朝)에 이미 시행한 규례로, 북비(北鄙)에 경보가 몹시 다급하고 국가의 군병과 식량이 모두 부족한 지금에는 이러한 권도(權道)의 방책을 쓰지 않을 수 없습니다〉하였으며, 그리고 전일에 건의한 공안과 군적을 개정할 것을 다시 청하였다.

상이 비답에서 〈내가 우연히 경이 올린 전일의 소장을 보고 있는데 지금 경의 소장이 또 마침 왔구나. 전후로 올린 소장에서 용렬한 임금을 잊지 않는 경의 고충(孤忠)을 알겠다〉하였다. 선생의 뜻은 오직 연산조의 폐정 중 아직 다 혁파하지 못한 것들을 모두 제거하는 한편, 근래의 잘못된 규례가 예전의 제도를 혼란시키는 것들을 혁파하고 오로지 조종조(祖宗朝)의 고사에 따라 쇠폐(衰廢)한 제도를 고쳐 구법을 따르게 하고자 한 것일 뿐이었다. 따라서 선생이 경장하고자 한 것은 기실 복고(復古)하고자 한 것이었다.

그리고 선생은 문소전(文昭殿)과 연은전(延恩殿)에 하루 세 번 올리는 제사 및 산릉(山陵)에 삭망(朔望)으로 올리는 제사를 비례(非禮)라 하여, 산릉에는 사절(四節, 봄·여름·가을·겨울 네 계절)에만 제사하고 문소전과 연은전에는 하루에 한 번 제사함으로써 사사(祀事)를 신중히 하고 민력의 부담을 줄여 줄 것을 청하였다. 이는 선생이 전후로 누차 진달하여 마지않은 것이었으나 상의 뜻은 일시에 가볍게 고치는 것을 곤란하다고 여겼다.

상이 이러한 논의들에 대해서는 혹 듣기 싫어할 때도 있었으나 공정하고 충성스러워 편당하지 않으며 지성으로 나라를 걱정하는 선생의 모습을 보고 선생에 대한 권애(眷愛)와 신임이 매우 두터우니 시배들은 날이 갈수록 선생을 꺼리고 미워하여 선생을 해칠 방도를 꾀하였다. 그러나 선생의 재학(才學)과 덕망은 흠잡을 데가 없었으므로 상이 폐정을 개혁하자는 주장을 듣기 싫어한다는 것을 헤아려 알고는 마침내 경장한다는 것으로 지목하여 선생이 건의할 때마다 번번이 방해했다. 그리하여 근거 없는 의론으로 공격하여 더욱 교묘한 방법으로 취모멱자(吹毛覓疵)하였으나 선생은 정색을 하고 입조하여 남의 비방을 아랑곳하지 않았다.

여름에 북방의 호인(胡人)이 재차 거병하여 종성(鍾城)을 오래 포위하니 변보(邊報)가 날로 다급하고 국내가 소요하였다. 이에 선생은 밤낮으로 근심하며 심력을 다 쏟아 낮에는 저녁까지 공무를 보고 밤에는 옷의 띠를 풀지 않은 채 등잔불을 밝히고 아침까지 앉아 있었다. 공사(公事)가 오면 즉시 받아 처리하고 지체하지 않았으며 호령이 분명하고 엄숙하여 완급에 따라 적절한 차서(次序)를 두니, 사람들이 신복(信服)하여 조용하면서도 일이 완수되었다. 이로 말미암아 상의 마음이 더욱 흡족하여 선생을 신임하였고 선생을 시기하는 자들은 해칠 방도를 더욱 도모하였다.

당시 사수(射手)는 뽑았으나 관가에 전마(戰馬)가 없어 갑자기 전마를 갖추기가 어려웠다. 선생은 을묘년(1555)에 전사(戰士)들이 민가의 말을 약탈한 일을 경계로 삼아 이 문제가 난을 일으키는 계제가 될까 깊이 걱정하였다. 그리하여 뽑은 전사들 중에서 늙고 약하여 말을 바쳐 변방으로 가는 전사에게 공급하기를 원하는 사람들을 모집하였다. 그러나 응모할 사람이 있을지 여부를 미리 알 수 없는 터라 시기를 앞당겨 명을 내려 모집하였다. 이에 말을 바치려는 사람들이 구름처럼 모여들었는데 전사들의 출정이 급박하여 시기를 늦출 수 없었다. 선생이 한편으로는 조정에 보고하고 한편으로는 말을 전사들에게 나누어 주니, 상이 즉시 그렇게 할 것을 윤허하였다. 이에 출정하는 사람들은 말을 얻은 것을 다행으로 여겼고 남아 있는 사람들은 방역(防役)을 면하게 된 것을 기뻐하여 공사(公私)에 두루 편리하였다.

하루는 변보(邊報)가 들어와 상이 불시에 선생을 불렀다. 선생은 평소 현훈증(眩暈症)이 있었는데 이때에 이르러 과도한 업무로 피로가 쌓인 나머지 더욱 증세가 악화되었다. 그래서 병든 몸으로 명에 나아갔으나 병이 너무 심해 인사(人事)를 살필 수 없기에 내병조(內兵曹)에 들어가 누웠다.

이에 삼사가 권병을 전천(專擅)하고 교만하여 상에게 태만하다는 이유로 탄핵하였으니, 이른바 권력을 전천하고 상에게 태만하다는 것은 바로 위의 두 가지 일을 가리킨다. 이보다 앞서 박근원(朴謹元), 송응개(宋應漑), 허봉(許篈)이 모두 선생에게 공척(攻斥)을 받은 적이 있었다. 이 세 사람이 원한을 품고 합세하니, 이들을 돕는 사람이 많았다. 그리하여 오래도록 원한을 쌓아 오다가 이때에 이르러 터뜨려 누차 선생을 탄핵하였으나 상이 윤허하지 않으니 그제야 정지하였다.

이에 선생이 상소하여 인구(引咎)하고 죄를 청하니, 상이 비답에서 〈경은 식견이 명민하고 재주가 높으며 충성으로 나라를 생각한다. 지금 변방이 다사다난한 때에 바야흐로 경의 모유(謨猷)*에 의지하여 북방을 진무(鎭撫)하고 군민을 안정시키고 있으니, 동요하지 말고 나의 바람에 부응하라〉하였다. 모두 여섯 차례 상소하였는데 성상이 자상하고 간절한 내용의 비답을 내려 직무를 맡아 줄 것을 재촉하는 한편 하교하기를 〈아득하고 적막

* 어떠한 일을 이루기 위해 세우는 원대하고 담대한 꾀.

한 천고의 세월에 훌륭한 군신이 만나서 공업을 이루어 낸 것은 거의 없거나 있더라도 겨우 있었다. 경은 접때 내린 하교를 듣지 못했는가? 내가 조정에서 물러나라고 명한 뒤에 물러나라고 한 그 정녕(丁寧)한 말은 귀신도 헤아려 알 터인데 경이 어찌 차마 오늘 사퇴하고자 하는가〉하였다.

그래서 선생이 부득이 예궐(詣闕)하여 자핵(自劾)하기를 〈대간이 정계(停啓)한 것은 오래도록 윤허를 받지 못했기 때문이었습니다. 그리고 신을 전연 염치가 없는 사람은 아니라 한 것은 필시 신이 스스로 처신하는 도리를 안다고 생각했기 때문일 것입니다. 신이 만약 성상께서 넉넉히 포용해 주시는 것을 다행으로 여겨 뻔뻔스럽게 정치에 종사한다면 종전에 누차 올린 신의 소장은 단지 성총(聖寵)을 공고히 하려는 계책에서 나온 것으로 너무도 의리에 어긋나게 될 것입니다. 먼저 스스로의 처신이 옳지 않으면서 어떻게 임금을 섬길 수 있겠습니까. 청컨대 신의 죄명을 들어 좌우에 자문하여 만약 용서할 만하다고 한다면 신이 비록 마음에 미안하지만 감히 애써 조반(朝班)을 수행하지 않겠습니까. 그러나 만약 실제로 범법했다고 한다면 찬축되고 주벌(誅罰)을 받는다 하더라도 신은 실로 달게 받아들일 것입니다〉하니, 상이 비답에서 〈경의 스스로 처신하는 도리에는 비록 이와 같이 해야겠지만 내가 이 일을 좌우에게 자문한다면 이는 터럭만큼이라도 경을 의심하는 뜻을 가진 것이다. 내가 어찌 감히 이렇게 할 수 있겠는가〉하였다.

이에 대사간 송응개, 헌납 유영경(柳永慶), 집의 홍여순(洪汝淳) 및 전한(典翰) 허봉 등이 다시 대간을 업신여기고 공론을 무시했다고 탄핵하고 심지어 〈아랫사람을 막고 상의 이목을 가리니, 그 뜻이 장차 무슨 일을 하고자 하는 것인가?〉하는 말까지 하였다. 상이 수교(手教)를 대신에게 내리기를 〈근래 이이의 언어상의 문제를 가지고 대간이 격분하여 나라를 그르치는 소인에 비기기까지 하였으니, 이는 우연히 낸 말이 아니다. 이이가 예전부터 신진을 억제하고 그들이 시세를 좇고 편당을 짓는 것을 싫어하여 누차 그 문제점을 진론(陳論)하다가 시론의 미움을 받은 지가 오래이다. 그 때문에 시배들이 기회를 틈타고 틈을 엿보아 기필코 이이를 탄핵하여 제거하고야 말려는 것이다. 무릇 공경대부 중에 소명을 받고도 오지 않는 이가 많았지만《상에게 태만했다》라는 말로 논죄한 경우가 있다는 것은 듣지 못했다. 어찌하여 대간의 말이 유독 이이에게만 직절(直截)할 수 있단 말인가. 말을 바치게 한 사실을 보고하지 않았던 것도 허다한 사무를 보느라 미처 보고할 겨를이 없었던 것에 불과하니, 이 어찌 권병을 전천(專擅)해서 그러한 것이겠는가. 대저 권병을 전천하고 상에게 태만한 것은 인신의 극죄(極罪)이다. 인군이 소민(小民)에게도 오히려 실정을 벗어난 죄명을 경솔하게 씌울 수 없는 법인데 하물며 재상이야 말할 나위가 있겠는가. 이미《권병을 전천하고 상에게 태만했다》했으면 어찌하여 그 죄를 바로 밝혀서 왕법에 따라 처리하지 않고, 감히 파직을 청하기를 마치 을사년(1545)에 간신배들이 반역이라는 죄목을 씌우고는 파직으로 처벌한 것처럼 한단 말인가〉하였다.

대신이 회계(回啓)한 뒤에 하교하기를 〈이이는 출사할 리가 없고 병무는 매우 급하니, 우선 체직하여 그의 마음을 편안케 하라. 지금 북방에 병란이 일어나 국가가 위망한 때에 조정이 혼란하여 현사(賢邪)를 분변할 수 없으니, 어떻게 나라를 다스리겠는가. 나는 너무도 마음이 아프다. 아, 이이는 향리로 잘 돌아가 백운 사이에 높이 누웠으니, 누가 그를 붙잡아 둘 수 있겠는가〉하였다. 이에 조야가 분격하고 행인들도 개탄하였다.

우계 성혼이 징소(徵召)를 받고 경성에 왔다가 상소하여 선생의 사정을 해명하니, 상이 비답에서 〈그대의 상소를 보매 충분(忠憤)이 격렬하니, 간사한 무리들이 이 내용을 들으면 놀라 간담이 깨어지겠구나. 군자의 한마디 말이 국가의 경중(輕重)이 된다는 것이 참으로 사실이구나〉하였다. 그리고 삼공을 불러 하교하기를 〈이이를 배척한 것은 누가 한 짓인가? 간사한 무리와 붕당을 지은 자는 누구인가? 변별하여 아뢰라〉하니, 영상 박순이 청대(請對)하여, 선생이 자신을 잊고 나라를 위해 일한 실상과 허봉, 송응개 등이 때를 틈타서 무함한 정상을 낱낱이 진달하였다.

이에 양사(兩司)가 다시 선생 및 박순과 성혼을 함께 탄핵하여 추악한 말로 마구 헐뜯었다. 그러자 태학생(太學生) 유공신(柳拱辰) 등 470명, 전라도 유생 서태수(徐台壽) 등 240명, 황해도 유생 유대춘(柳帶春) 등 180명이 선생을 위해 차례로 항소(抗疏)하고 궐문에 모여 신변(伸辨)하였다. 상이 비답에서 〈그대들의 소장을 보니 충성스런 직언이 격발하였다. 의기가 이와 같으니, 다시 무엇을 근심하리오. 지금의 사풍(士風)이 멀리 한(漢)·송(宋)을 능가하는구나〉하였다.

왕자사부(王子師傅) 하락(河洛)이 상소하여 말하기를 〈삼현(三賢)*은 곧 사림의 영수인데 삼사의 무함을 입었습니다〉하니, 도승지 박근원 등이 아뢰어 하락이 편당한다고 하였다. 상이 비답에서 〈그대들은 남의 말을 막아 임금의 총명을 가리려 하는가?

* 이이, 성혼, 박순을 가리킴.

이와 같이 하여 끝내 무엇을 하고자 하는가? 대저 공론이 세상에 있는 것은 마치 물이 땅속에 있는 것과 같아서 반드시 대간이라 하여 옳은 것도 아니고 반드시 추요(蒭蕘)*라 하여 그른 것도 아니다. 지금 대간의 말이 나오자 인심이 불복하고 의사(義士)가 분격하여 장차 사람들이 사방에 항의하고 나설 터이니, 그대들이 힘을 다해 사태를 미봉하려 해도 안 될 것이다〉 하였다. 정원이 또 아뢰어 유생을 두고 패란(悖亂)하다고 하였고, 양사는 아뢰어 박근원 등을 두고 직언하였다고 하였다.

상이 비답에서 〈송나라 때 육적(六賊)이 국정을 맡고 이강(李綱)이 도성을 떠나자 태학생 진동(陳東) 등이 상소하여 극론하였으니, 천추의 후대에도 그 풍절(風節)을 들으면 자신도 모르게 소매를 떨치고 분연히 일어난다. 지금 조정의 의론이 옳지 못한 것을 보고 유생들이 창의(倡義)하여 소장을 올렸으니, 그 충의의 간담이 늠름하여 범접하지 못할 기상이 있다. 참으로 평소에 배운 바를 저버리지 않았으며 횡류(橫流) 중의 지주(砥柱)라 할 만하다. 태학은 공론이 있는 곳이다. 조정의 시비는 일시적으로 어지러울 수도 있지만 태학의 공론은 어찌 없앨 수 있겠는가. 설사 과격한 유생의 말이 혹 중도에 지나친 점이 있을지라도 그들을 이와 같이 대우해서는 안 된다. 더구나 그 정직한 기상이 청송을 능가하여 고절(高節)이 우뚝함에랴. 저 하찮은 몇몇 신하들이 근밀(近密)한 지위에 앉아서 마음대로 붕당을 만들어 사람들의 언로를 막고 임금의 총명을 가리고서 감히 유생을 지목하여 패란하다 하니, 이는 황잠선(黃潛善)**의 소행을 뒤따르려는 것이다. 참으로 기탄없이 간특한 짓을 자행하는 소인이로다. 내가 즉시 유배

* 나무꾼과 목동.

254

하고 찬축하는 법을 거행하지 않아 도깨비 같은 무리들이 캄캄한 밤중에 마구 날뛰게 하였으니, 이미 형벌의 시행이 잘못된 것이다. 그런데 양사가 도리어 이러한 자들을 신구(伸救)한단 말인가〉 하고는 어필로 친히 교서를 써서 박근원, 송응개, 허봉 등을 찬축할 것을 명하였다.

그 교서에 〈간사한 자가 높은 자리에 앉아 조정이 안정되지 못하고 사법이 형벌을 잘못 시행하여 국시가 안정되지 못하고 있다. 이에 유배의 형전(刑典)을 거행하여 길이 후세의 본보기로 삼노라. 박근원 등은 간사한 성품으로 작은 기국(器局)을 믿고서 부박한 무리와 결탁하고 붕당을 만들어 자기 쪽의 사람들을 조정에 끌어들여 요로를 점거하게 하였다. 그리하여 어떤 자는 후사(喉司)의 자리를 더럽히고 어떤 자는 대시(臺侍)의 벼슬을 차지하여 마구 성세(聲勢)를 떨치고 사설(邪說)을 떠들어 정권을 농락하고 조정을 협박하며 대신을 모함하고 충현(忠賢)을 배척하였다. 이러한 붕당을 이룬 자취가 이미 밝혀졌는데도 오히려 자기들의 주장을 공론이라 일컫고, 보복한 작태가 다 드러났는데도 자신들의 행위를 방정하다 말하니, 소행과 말이 모두 거짓이다. 충량(忠良)한 신하가 억울한 죄명을 받았으니 그 악은 조정을 탁란시킨 점에서 극도에 이르렀으며, 군소배들이 득의하여 날뛰고 있으니 그 죄는 국가를 그르쳤다는 점에서 용서받을 수 없다. 이러한 사실은 원근의 사람들이 모두 알고 있고 조야가 다 함께 분노하고 있다. 그래도 극형에서는 벗어나 가급적 가벼운 형벌을 받게 하노라……〉 하였으며, 이어 하교하기를 〈이이를 두고 붕당을 이룬다고 하니, 이러한 말로 나의 뜻을 움직일 수 있겠는가. 아, 진실로

** 외적에 영혼을 판 송나라 고종 때의 재상.

군자라면 그의 당이 있는 것을 근심하지 말고 오직 그의 당이 적을까 근심해야 할 것이라 하였으니, 나도 주희의 이 말을 본받아 이이와 성혼의 당에 들어가고 싶다. 지금 이후로는 나를 이이와 성혼의 당이라 해도 좋을 것이다. 오직 이이와 성혼을 헐뜯고 배척하면 반드시 그 죄를 물어 용서하지 않을 것이다〉하였으며, 또 하교하기를 〈삼사의 논의는 심의겸으로 국중(國中)에 함정을 만들어 놓고 무릇 한 시대의 명신과 현사들 중 자기네와 주장이 다른 이들을 기필코 그 속에 밀어 넣고 공공연히 심의겸의 당으로 만들려는 것에 불과하다. 그들은《한 번 이러한 죄명을 씌워 놓으면 사람들이 구원할 수 없고 임금도 의심할 터이니, 우리의 목적을 얻을 수 있고 우리의 뜻을 이룰 수 있을 것이다》라고 생각할 것이다. 그러나 군자가 보면 폐간(肺肝)을 들여다보듯[見如肺肝] 그 속셈이 훤히 드러난다는 것을 유독 모르고 있으니, 비록 10년 동안 그러한 주장을 편다 해도 어찌 나의 마음을 움직일 수 있으며 어찌 나의 뜻을 흔들 수 있겠는가〉하였다.

선생이 파주에서 해주로 내려간 지 오래지 않아 판돈녕부사로 소명을 받고 상소하여 사직하니, 상이 비답에서 〈아, 하늘이 우리 국가를 잘 다스려진 세상으로 만들고 싶지 않은 것인가. 생각건대 하늘이 경으로 하여금 동심인성(動心忍性)하여 부족한 부분을 더욱 보완하게 하여 장차 후일에 주즙(舟楫)과 임우(霖雨)의 중책을 맡기려는 것일 터이다. 따라서 하늘이 경에 대해서는 잘 다듬어서 좋은 옥으로 만들어 준다 할 만하니, 경에게 무슨 손실이 있겠는가〉하였다.

겨울에 특별히 이조판서에 배수되었다. 선생이 또 상소하여 간절히 사직하니, 상이 비답에서 〈경은 조정의 중신이니, 임하(林

下)의 선비에 비할 바가 아니다. 따라서 경의 일신의 진퇴도 마음대로 결정해서는 안 되는데 나에게 와서 사직의 말도 하지 않는 것이 마치 도망쳐 숨는 사람과 같다. 경이 오기를 기다리는 것이 기갈에 물을 찾는 것보다 간절하니, 설혹 사직하더라도 반드시 내 앞에 와서 직접 말하는 것이 예에 맞을 것이다〉 하였다.

이에 선생이 부득이 소명을 받고 도성에 들어가니, 상이 즉시 인견하였다. 선생이 스스로 인구(引咎)하여 진사(陳謝)한 다음 찬축한 세 사람을 방환(放還)할 것을 힘써 청하는 한편 이어 치사(致仕)를 청하였으나, 상이 모두 윤허하지 않았다. 선생이 우계 성혼에게 〈세 사람은 언관으로서 죄를 받아 원찬(遠竄)되기에 이르렀으니, 반복해 진계(陳啓)하여 성상의 뜻을 돌리지 않아서는 안 된다〉 하였다. 그리고 우계 성혼과 함께 입시하여 전후로 간절히 진계하였으나 성상의 노여움이 끝내 풀리지 않았다.

선생은 자신이 외로운 형세로 남다른 은권(恩眷)을 받고 있다 하여 전적으로 조정을 조화하는 데 힘쓰고 피차를 따지지 않으며 오직 양변(兩邊)의 사류들을 수습하는 것으로 선무(先務)를 삼았다. 그러나 시배들이 모두 대각(臺閣)에 포진되어 의심을 품은 채 고망(顧望)하고 주저하며 눈치만 볼 뿐 함께 일할 뜻이라곤 없자, 선생은 탄식하기를 〈시배들 중 마음이 공정한 사람은 오랫동안 내가 하는 일을 보면 필시 나의 적심(赤心)을 알 것이다〉 하였다. 그리고 얼마 뒤에 홀연 대사동(大寺洞) 우사(寓舍)에서 병으로 역책(易簀)*하고 말았다. 이날 밤, 가인(家人)의 꿈에 흑룡이 선생의 침방에서 나와 지붕을 뚫고 나가 하늘로 날아갔고, 그 이튿

* 증자가 죽을 때 삿자리를 바꾸었다는 옛일에서, 학식과 덕망이 높은 사람의 죽음이나 임종을 이르는 말.

날 아침에 선생이 운명하였으니, 갑신년(1584, 선조 17년) 1월 16일이었다. 선생이 조정에 돌아와 정무를 본 지 겨우 60여 일이었고, 향년은 49세였다.

운명하기 이틀 전에 서익(徐益)이 순무어사(巡撫御使)로 명을 받고 북변을 안찰하러 간다는 소식을 듣고 선생은 그를 불러 방략을 지시해 주려 했다. 선생의 건강을 염려하여 자제들이 다투어 말리자 선생은 〈이는 국가의 대사이니, 내 어찌 신병을 지나치게 염려하여 이 중요한 기무(機務)를 놓칠 수 있겠는가. 더구나 사생(死生)은 운명에 달린 것이니, 내 어찌 반드시 이 일 때문에 죽기야 하겠느냐〉 하고는 부축 받아 병든 몸을 일으켜 입으로 방략을 부르고 아우 이우(李瑀)를 시켜 받아쓰게 하니, 모두 여섯 조목이었다. 이것이 선생의 절필이다.

글을 다 쓰자 기력이 가물가물 쇠진하더니, 마침내 병이 위독해졌다. 임종에 정신이 없을 때에도 잠꼬대처럼 하는 말들이 모두 국가의 일이었고 집안일은 한마디도 언급하지 않았다. 선생이 세상을 떠난 뒤 집 안에는 남은 곡식이 없었고 남의 집에서 옷을 빌려 염습하였다. 그리고 도성에는 집이 없어 처자식이 의탁할 곳 없이 이리저리 전전하며 기한(飢寒)을 면치 못하였다. 이에 선생의 붕우와 선비들이 곡식과 베를 거두어 도성 안에 집 한 채를 사 주었으며, 또 서자 두 사람을 위해 곡식을 국가에 납부하여 사로(仕路)를 허통(許通)할 수 있게 해 주었다.

선생이 와병 중일 때 상이 날마다 태의(太醫)를 보내고 계속하여 약을 보내었으며, 부음이 들리자 너무도 심하게 애통(哀慟)하여 곡하는 소리가 밖에까지 들렸다. 그리고 소선(素膳)을 올릴 것을 명하고 사흘 동안 조회를 중지하였으며, 예관을 보내 조제(弔祭

祭)하는 한편 연로(沿路)의 주군(州郡)에 명하여 운구를 잘 호송하게 하였다. 이에 선생과 종유하던 선비들과 풍문을 듣고 선생의 의기를 흠모하는 사람들 및 궁향(窮鄉)의 시골 백성들까지도 모두 모여서 거애(擧哀)하고 슬피 통곡하며 서로 조문하기를 〈생민(生民)이 복이 없다〉 하였다. 태학생 수백 명과 금군, 저자의 백성, 유품(流品)의 서관(庶官), 각사(各司)의 이서(吏胥)들도 모두 와서 지극한 슬픔으로 조곡하고 갔다. 발인하던 날에는 교외에서 바라보며 횃불을 잡고 전송하는 사람들이 무려 수십 리에 이어졌으며, 거리마다 사람들이 슬피 오열하고 통곡하는 소리가 들판을 진동하였다. 이해 3월에 파주 자운산(紫雲山) 선영에 안장하였다.

부인 노씨(盧氏)는 곡산(谷山)의 망족(望族)인 종부시정(宗簿寺正) 경린(慶麟)의 따님으로 인순(仁順)하고 자애로워 군자의 배필이 되기에 손색이 없었으며, 종사[宗姒 종부(宗婦)인 동서]를 받들어 모심에 정성과 공경을 다하였다. 선생이 세상을 떠나자 조석의 상식(上食)을 반드시 손수 지었으며, 삼년상을 마친 뒤에도 삭망의 곡전(哭奠)을 거르지 않았다. 그리고 종족을 대하고 첩들을 보살피는 것은 한결같이 선생이 살아 계실 때의 범절을 그대로 본받았다.

임진년의 변란 때 부인이 자질(子姪)들에게 말하기를 〈큰 도적이 세상에 가득하니, 필시 살길이 없을 것이다. 피란하다 타향에서 죽느니보다는 차라리 여기 파산(坡山)에서 죽는 편이 나을 것이다. 너희들은 나를 염려하지 말고 피란하고 훗날 묘소 곁에서 나의 유골이나 잘 수습해라〉 하였다. 자질들이 누차 말리니 부인이 말하기를 〈나는 지아비를 잃은 지 8년이니, 나의 목숨도 모질

지 않으냐. 더구나 대란을 만났으니, 구차히 산들 무슨 의미가 있
겠느냐〉하였다. 부인은 어가가 서쪽으로 몽진했다는 소식을 듣
고는 신주를 모시고 파산으로 돌아갔다. 적이 이르자 적을 꾸짖
으며 굴하지 않다가 선생의 묘소 곁에서 피살되었다. 이에 파주
고을에서 이 사실을 상주(上奏)하니, 상이 정려를 내릴 것을 명하
였다.

측실에 아들 둘을 두었으니 경림(景臨), 경정(景鼎)이고, 딸은
하나이다. 경림은 아들 다섯을 두었는데 제(穧)는 진사이고 나머
지는 아직 어리다. 경정은 아들 둘을 두었는데 아직 어리다. 딸은
진사 김집(金集)의 첩이 되었다.

선생은 천자(天資)가 지극히 높고 출중하게 영준하였다. 그 인
품은 청명하고 온수(溫粹)하며 충후하고 화락하여, 관대하면서
도 절제가 있고 화합하면서도 시류에 빠져들지 않으며 고도(古
道)를 사모하면서도 고착되지 않고 시속에 적응하면서도 그 속
에 섞여들지는 않았다. 사람을 대할 때면 가슴을 열어 숨김없이
적심(赤心)을 환히 드러내 보였으며, 처사는 평탄하여 위세와 격
의를 두지 않았다. 종일토록 낙이(樂易)하였고 화내는 모습을 보
인 적이 없었다. 그 용모에는 광휘가 환히 어리고 덕의 광채가 밝
게 비쳐 나왔기에 바라보면 상운(祥雲)·서일(瑞日)과 같아서 성
덕(盛德)의 군자임을 알 수 있었다.

소싯적에는 비록 제가(諸家)의 서적을 두루 일람하다 선학(禪
學)에 빠져들었지만 기질이 명투(明透)하였기에 그 잘못을 깨닫
고 이내 정학(正學)으로 돌아왔다. 이로부터 용력(用力)이 더욱
깊어지고 학문이 더욱 전일하였으며 심력을 다해 사색하고 정밀
한 조예로 실천하였다. 학문의 이치에 있어서는 대원(大原)을 통

견(洞見)하여 사승(師承) 없이도 견해가 오묘한 도에 암합(暗合)
하였다. 그 공부의 차제를 보면 오로지 염락(濂洛)의 종파(宗派)
에 근본하였는데 주자에게서 얻은 것이 특히 많았다. 그러므로
그 문로(門路)의 바름은 비록 전성(前聖)에 질정(質正)해도 의심
할 나위가 없으며, 육경(六經)의 오의(奧義)와 백가(百家)의 이설
에 이르러서도 모두 깊이 연구하여 가슴속에서 판단하여 그 허실
을 환히 알고 있었다.

사람을 가르칠 때에는 반드시 입지를 우선하고 궁행에 힘쓰게
하였다. 그리하여 공부에 순서를 두어 잘 인도하고 귀찮아하지
않았으며 사람의 재품(才品)에 따라 성심으로 개도(開導)하였다.
학문을 강론할 때에는 분석이 정미(精微)하여 깊은 이치를 남김
없이 드러내었으며, 그 입언(立言) 저술은 전인이 발명하지 못한
이치를 발명한 것이 많다. 일찍이 운봉 호씨(雲峯胡氏)*의 심성
정론(心性情論)을 보고 글을 지어 그 잘못을 변박(辨駁)하였다.
그리고 퇴계 선생과 이기(理氣)에 관해 토론하였고 우계 선생과
인심도심(人心道心)에 관해 토론하며 왕복한 장서(長書)가 수십
편에 이르렀는데, 그 학설이 모두 자득(自得)한 경지에서 나와 고
인의 진부한 말을 답습하지 않았고 근거가 명백하여 곡창방통(曲
暢旁通)**하며 횡설수설(橫說竪說)***이 모두 이치에 맞았다.

평생에 『소학』을 존신(尊信)하였는데 그 구주(舊註)들에 오류
가 많고 상략(詳略)이 서로 다른 것을 문제점으로 생각하여 여러
설을 절충하고 정요(精要)한 것을 선택하고 번복된 것을 산삭(刪

*   송나라와 원나라 때의 경학가 호병문(胡炳文, 1250~1333?)
**   말이나 글이 조리가 분명하고 명확하며 널리 통함.
*** 해박한 지식으로 가로로 세로로, 말 그대로 종횡무진하며 다른 사람을 깨우침.

削)*한 다음 미진한 부분은 자기의 견해로 보완하였다. 이렇게 하여 만든 책을 『소학집주』라 명명하였다. 그리고 사서오경도 구결(口訣)로 뜻을 해석하여 경정한 곳이 많으며 소주(小註)의 설들도 취사(取捨)한 바가 많다.

한편 초학자들이 학문의 향방을 알지 못할까 염려하여 『격몽요결』·『학규(學規)』 등의 책을 저술하였으며, 『성학집요』에 이르러서는 격치성정(格致誠正)의 공부와 수기치인(修己治人)의 방법이 모두 구비되었고 정학(正學)을 밝히고 이단을 물리치는 설에 특히 상세하였다. 대개 선생은 이치에 밝고 의리에 정밀하며 함양한 공부가 깊었다. 이것이 내면에 충실하여 덕행이 되고 외면에 발현하여 사업이 된 것으로 모두 명체적용(明體適用)**의 학문이었으니, 실로 침잠하여 자기의 학문만 할 뿐 세무(世務)를 익히지 않는 학자에 비할 바가 아니다.

집안에서는 효우(孝友)와 돈목(敦睦)이 천성에서 나온 것이었다. 과부가 된 맏형수를 집에서 모시고 그 자녀를 자기 자식처럼 보살펴 길렀으며, 형제와 조카들을 모두 한집에 모아 함께 살면서 나란히 베개를 베고 잤다. 세시(歲時)에는 술상을 차려 놓고는 아우에게 거문고를 타게 하고 집안의 어른, 아이 모두 노래하며 즐겼다.

언제나 새벽에 일어나 의관을 정제하고 사당에 참배했으며, 삭망에는 사당에 참배한 뒤 정침(正寢)에 앉아서 남녀 자질들의 절을 받았다. 그리고 동거상계사(同居相戒辭)를 지어 읽힘으로써 집안의 남녀를 경각시키니, 집안의 사람들도 뜰 아래에 나누어

---

* 쓸모없는 문자나 어구를 삭제함.
** 본체에 밝고 실용에 알맞음.

서서 행례(行禮)하였으며, 또 방언으로 동거상계사를 풀이하여 자상하게 가르쳤다. 이렇게 하는 것을 상례(常例)로 삼았다. 봉제사(奉祭祀)는 오로지 『가례』를 따르고 힘써 정성과 공경을 다하였다.

서모의 성품이 사납고 술을 좋아하였다. 그러나 선생은 친모처럼 섬겨 출입할 때 반드시 찾아뵙고 인사드렸으며, 새벽이면 반드시 술을 데워 가지고 침소에 가서 기거의 안부를 물었다. 그리고 녹봉도 마음대로 쓰지 않았으며, 혹 서모의 안색이 좋지 않으면 부드러운 말로 공경을 다하여 그 마음을 기쁘게 하고야 말았다. 이에 서모도 뒤에는 감화되어 선생이 세상을 떠나자 3년 동안 상복을 입었다.

중형(仲兄)을 섬김에 사랑과 공경이 모두 지극하여 그 분부를 받드는 것이 마치 엄부(嚴父)를 섬기는 듯했으며, 높은 벼슬에 오른 뒤에도 이러한 모습은 언제나 변치 않았다. 문인들이 혹 〈너무 지나친 듯합니다〉 하면 선생은 〈붕우의 사이에는 지나친 공손이 비례(非禮)이나 부형의 앞에서는 행동이 지나치게 공손한 것이 예이다〉 하였다.

자신을 돌보는 것에 검소하고 생업에 관심을 두지 않았기 때문에 집안이 가난하여 자주 양식이 떨어져 향리에 살 때는 혹 보리밥을 먹기도 하였다. 그러나 매일 새벽에 일어나면 반드시 서모와 형수에게 드릴 음식을 먼저 짓게 했는데 밥이 멥쌀이 아니고 반찬이 여러 가지가 아니면 감히 올리지 않았다. 규문(閨門)의 안에는 내외의 분별이 분명하여 처첩과 동복(僮僕)들도 감히 말을 함부로 하는 사람이 없었다.

남의 급한 사정을 보살피는 것이 마치 수화(水火)에서 구해 내는 듯했고, 사람을 접할 때는 간격을 두지 않아 친소와 귀천에 관계없이 오로지 성심으로 대했으며, 사람들과 함께 담소할 때에는 화기(和氣)가 가득하였다. 평생에 남과 몰래 얘기한 적이 없어 흉금이 후련히 트이고 표리가 한결같았다. 남의 선을 말하기를 좋아하고 남을 너그럽게 대했기 때문에 어진 사람과 어리석은 사람, 선한 사람과 악한 사람을 막론하고 모두 진정을 토로할 수 있었다.

평소에 산수를 좋아하였다. 일찍이 율곡의 옛 별업(別業)에서 화석정(花石亭)의 옛터를 수리하였으며, 그 후에는 석담정사(石潭精舍)를 개축하여 일실(一室)에 도서를 가득 비치해 놓고 고명한 이치를 사색하며 충담(沖澹)한 취미로 함양하고 정일(精一)의 공부를 쌓았다. 이로부터 학문은 더욱 깊어지고 행실은 더욱 닦여서 도가 날로 높아지고 명성이 날로 알려지니, 종유(從遊)하는 선비들이 날로 많아졌다. 학문을 강마(講磨)하는 여가에 때로 관동(冠童)과 더불어 수석(水石)의 사이를 거닐고 시를 읊어 즐기며 시원스레 속진(俗塵)을 벗어난 생각이 있고 일체 세미(世味)에는 담박하였다.

입조(立朝)할 때에는 관직에서는 반드시 옛날의 선현과 선철을 본받을 것을 스스로 기약하고 임금을 반드시 당우(唐虞)와 삼대의 성군으로 인도할 것을 기약하였다. 그리하여 오직 성심과 성의를 다하여 자신이 마땅히 해야 할 일을 할 뿐이었고 상례를 따르고 구규(舊規)를 지키려고만 하지 않았다. 부귀와 빈천, 훼예(毀譽)와 영욕에는 한 번도 마음을 움직인 적이 없었으며, 오직 선인(善人) 군자의 형통과 비색(否塞)으로 자신의 경사와 근심을 삼고 국사의 치란으로 자신의 즐거움과 근심을 삼았다. 늘 말하기를 〈임금의 마음은 정치를 하는 근본이다〉 하고 경연에서의 권강(勸講)과 소장에서의 진설(陳說)에서 지성스럽고 간절하게 아뢴 내용이 모두 인의에 근본하였다. 매양 상의 앞에서 치도(治道)를 개진하고 사의(事宜)를 설명할 때 義利(의리)·공사(公私)의 구별과 천인(天人)·왕패(王霸)의 구분 및 치민(治民)·비변(備邊)의 계책을 숨김없이 나열하고 고금의 사례를 들어 인증하니, 상도 허심탄회하게 받아들여 칭찬한 바가 많았다. 그리하여 혹 날이 저물어서야 주대(奏對)를 마친 적도 있었다. 김공 응남(金公應南)이 연중(筵中)에서 나와 사람들에게 말하기를 〈오늘에 다시 삼대의 도유(都兪)의 성대한 광경을 다시 보게 될 줄 몰랐다〉 하였다.

선생은 늘 사론이 양쪽으로 나뉘어 서로 어긋난 것을 조정의 고질적인 병폐로 여겨 동서분당을 타파하여 모두 힘을 모아 나라를 위해 일하게 하려고 노력하였다. 비록 사람들의 마음이 선생 자신의 마음과 같지 않아 끝내 동서 양당의 괴격(乖隔)한 의론을 조정하지는 못하였으나 그 공평정대한 마음은 신명(神明)에 질정해도 의심할 나위가 없을 것이다. 그리고 외로운 충성으로 성상의 지우를 입게 되어서는 은우(恩遇)에 감격하여 일심으로 국가를 위해 아는 것은 시행하지 않음이 없었고 진언은 극진하지 않음이 없었다.

일찍이 연중에서 청하기를 〈미리 10만의 병력을 길러 국가의 위급한 상황에 대비해야지 그러지 않으면 10년이 넘지 않아 장차 나라가 토붕와해(土崩瓦解)*하는 변고를 당하게 될 것입니다〉

---

* 흙이 붕괴되고 기와가 깨진다는 뜻으로, 사물이 수습할 수 없을 정도로 철저하게 궤멸되는 것.

하니, 서애(西厓) 유공 성룡(柳公成龍)이 〈무사한 상황에서 병력을 기르는 것은 화를 기르는 것입니다〉 하였다. 당시 오래 평안한 세월이 지속된 터라 연대(筵對)하는 신하들이 모두 선생의 말을 지나치다 하였다.

선생이 연중에서 나와서 유성룡에게 말하기를 〈국가의 형세가 누란(累卵)의 위기에 놓였는데 속유(俗儒)들은 시무를 모르고 있습니다. 다른 사람은 진실로 그렇다 치더라도 군(君)도 이러한 말을 하시오? 지금 미리 병력을 길러 두지 않으면 필시 손을 쓸 수 없게 될 것이오〉 하고는 근심스런 기색을 보였다. 임진년의 왜란이 일어난 뒤 서애가 조당에서 재신(宰臣)들에게 말하기를 〈당시에는 나도 괜한 소란을 일으킬까 염려하여 그 말을 반대하였는데 지금에 와서 보니 이 문정(李文靖)은 참으로 성인이다. 만약 그 말을 따랐다면 국사가 어찌 이 지경에 이르렀겠는가. 전후로 올린 소장과 차자의 주책(籌策)도 그 당시에는 사람들이 혹 헐뜯고 반대하였으나 지금에 와서는 모두 분명한 선견지명에서 나온 것이니, 참으로 탁월한 재주이다. 율곡이 있다면 필시 오늘의 시국을 수습할 수 있을 것이다〉 하였으니, 이는 참으로 이른바 〈사후에 백 년이 지나지 않고도 옳은 평판을 얻는다〉라는 것이다.

문장과 논설을 지을 때는 반드시 성리에 근본을 두어 구름이 가고 물이 흐르는 듯, 애써 구상하지 않아도 말을 내면 그대로 문장이 되어 웅혼하여 끝없이 드넓었다. 그 문장은 숙속(菽粟)*과 같고 추환(芻豢)**과 같으며 대해에 파도가 소용돌이치는 것 같고 천마가 하늘을 달려가는 것 같아서, 읽는 사람의 마음이 융해

* 매일 먹는 느끼하지 않고 산뜻한 음식.
** 소·말·양·돼지 등으로 아주 잘 차린 음식.

되어 이치가 환히 드러나고 가슴속에 사욕의 찌꺼기가 말끔히 사라지게 하니, 참으로 세상을 경영하고 사도(斯道)를 보위하는 글이라 할 만하다. 문집 10권이 세상에 간행되어 있다.

아, 하늘이 태평한 세상을 열 임금을 위해서는 반드시 명세(鳴世)의 인재를 내어서 보좌하게 한다. 선묘(宣廟)가 선치(善治)에 힘쓸 때 이분을 보좌로 삼았으니, 하늘이 큰 임무를 맡을 인재를 낸 것이 우연한 뜻은 아니었던 듯하다. 명군과 양신이 서로 만난 것은 천재일우의 드문 일이니, 참으로 성대하다 할 만하다. 그러나 세상이 어진 이를 쓰는 것과 어진 이가 세상에 쓰이는 것이 한 가지 길만은 아니니, 작게 쓰면 작게 효과를 거두고 크게 쓰면 크게 효과를 거두는 법이다. 선생과 같은 분은 차라리 쓰이지 않을지언정 작게 쓰일 수는 없는 분이다. 선생의 정심한 학문, 순비(淳備)*한 덕행, 탁월한 의론, 정대한 출처는 모두 속사(俗士)의 천견으로 헤아려 알 수 있는 바가 아니니, 그 풍모는 마치 세상에 나타난 상서로운 기린과 봉황, 만물을 진압하는 태산교악(泰山喬嶽), 중천에 높이 뜬 해와 별, 질탕한 물결 속에 우뚝 선 지주(砥柱)와도 같았으며, 그 고원한 재주와 식견은 고금을 두루 꿰뚫었고 그 굉대한 지략과 모유(謨猷)는 우주에 높이 걸렸다. 이미 사민(斯民)을 구제할 책임을 맡았고 게다가 임금의 권우를 입게 되자 장차 세도(世道)를 만회하여 당우(唐虞)와 같은 치세로 만들어 한 시대의 예악을 흥기하고 백 년 동안 퇴폐한 기상을 진작하려 하였으니, 그 포부와 기대가 어떠했겠는가.

그러나 유속(流俗)의 사람들은 선생을 알지 못하고 당의(黨議)는 선생을 배척하여, 고도(古道)를 실행하려 하면 실정에 어둡다

* 완전하여 흠이 없음.

하고 폐법을 제거하려 하면 번거롭게 고친다 하고 사류의 분쟁을 조정하려 하면 모호한 태도를 보인다 하고 세무(世務)를 떠맡으려 하면 권력을 전횡한다 하는 등 뭇사람들이 배척하고 비방하여 하루도 조정에 편안히 있을 수 없게 하였다. 그리하여 비록 그 도를 실행하고 세상을 구제하려는 마음과 임금을 사랑하고 나라를 근심하는 생각은 가슴속에 간절했으나 벼슬에 나아감은 어렵게 하고 벼슬에서 물러남은 쉽게 하여 구차히 작록에 연연하지 않았던 것이 진실로 평생의 조수(操守)*였다.

그러므로 충성을 다해 임금의 마음을 감오(感悟)시키다가 진언이 받아들여지지 않으면 조정을 떠났으며 정성을 다해 조정의 의론을 조정하다가 의리에 맞지 않으면 조정을 떠났다. 이에 선생이 조정에 있으면서 하루도 벼슬에서 물러날 것을 잊은 적이 없었으며 초야에 물러나서는 하루도 세상을 잊은 적이 없었다는 것을 알 수 있다. 선생의 도는 당시에 크게 행해지지 못했으니, 선생의 심사(心事)는 슬프다 하겠으나 그 진퇴의 대절(大節)은 평소의 학문을 저버리지 않았다 할 만하다.

성상이 강건한 결단을 내려 선생에 대한 권애(眷愛)와 신임이 겨우 높아지자 선생은 이미 병들었다. 연세는 반백(半百)도 채우지 못하고 지위는 태정(台鼎)**에 오르지 못해 결국 그 뜻을 펴지 못하였으니, 하늘이 큰 재능을 주어 놓고 빨리 데려간 것은 과연 무슨 뜻이었을까. 아, 조정의 의론은 양쪽으로 나뉘어 날이 갈수록 서로 어긋나고 현로(賢路)***는 날이 갈수록 더욱 기구하니, 군자가 세상에 용납되지 못하는 것은 예로부터 그러한 터라 비록

* 지조나 정조 따위를 굳건히 지킴.
** 영의정, 좌의정, 우의정.
*** 덕과 능력을 갖춘 사람이 관리에 임용되는 기회.

선생이 오래 국병(國柄)*을 맡았다 하더라도 선생의 뜻과 같이 일하여 큰 공업을 이룰 수 있었을지는 진실로 알 수 없다. 위태한 화기(禍機)를 건드려 낭패를 당하여 길이 사림의 한으로 남게 되었을지도 어찌 알겠는가. 이것이 선생이 인간 세상에 미련 없이 훌쩍 떠나 하늘로 가버린 까닭일 터이니, 선생에 있어서야 진실로 유감이 없을 것이다.

그리고 선생의 가르침과 저술이 후학을 개도하고 선생의 유풍(遺風)과 여운이 쇠속(衰俗)을 용동(聳動)하고 있으니, 선생의 도는 당시에 크게 행해지지 못했으나 선생의 유택(遺澤)은 무궁한 후세에까지 미친다 할 만하다. 혹 이것이 하늘의 뜻인가.

만력(萬曆) 임자년(1612, 광해군 4년) 봄

---

* 나라를 통치하는 권력.

율곡 연보(음력)

1536년(중종 31년) 12월 26일, 현 강릉시 죽헌동 외가 오죽헌 몽룡실에서 태어나다.

1541년(중종 36년) 6세 강릉 외가에서 어머니를 따라 서울 수진방(지금의 청진동) 서울 집으로 가다.

1543년(중종 38년) 8세 화석정 시를 짓다.

1548년(명종 3년) 13세 진사 시험에 장원으로 합격하다.

1551년(명종 6년) 16세 어머니 신사임당의 상(喪)을 당하다.

1554년(명종 9년) 19세 금강산으로 출가하다.

1555년(명종 10년) 20세 「자경문」을 짓다.

1556년(명종 11년) 21세 한성시에 응시해 장원하다.

1557년(명종 12년) 22세 성주 목사 노경린의 딸 곡산 노 씨와 결혼하다.

1558년(명종 13년) 23세 퇴계를 만나다. 겨울에는 별시에 장원하다.

1561년(명종 16년) 26세 아버지 이원수 공의 상을 당하다.

1564년(명종 19년) 29세 8월 명경과에 급제해 호조좌랑에 임명되다.

1568년(선조 원년) 33세 11월에 이조좌랑이 됐으나 외할머니의 병환 소식을 듣고 벼슬을 버리고 강릉으로 내려가다.

1569년(선조 2년) 34세　7월에 조정에 돌아오다. 10월에 휴가를 얻어 강릉으로 돌아가 외할머니 상을 곡하다. 『동호문답』을 지어 올리다.

1572년(선조 5년) 37세　병이 생겨 고향 율곡으로 돌아가다.

1575년(선조 8년) 40세　홍문관 부제학에 임명되다. 『성학집요』를 짓다.

1577년(선조 10년) 42세　12월에 『격몽요결』을 완성하다.

1582년(선조 15년) 47세　이조판서가 되다. 8월에 형조판서, 9월에 의정부 우참찬, 12월에 병조판서에 임명되다.

1583년(선조 16년) 48세　4월에 국방을 위해 〈10만 양병설〉을 올리다.

1584년(선조 17년) 49세　정월 16일 서울 대사동(현 인사동)에서 별세. 3월 20일에 파주 자운산 선영에 장사 지내다.

참고문헌

1차 사료

조선왕조실록

단행본

곽신환, 『1583년의 율곡 이이』, 서광사, 2019

김영수 역해, 『율곡의 사상』, 일신서적, 1990

김태완, 『경연, 왕의 공부』, 역사비평사, 2011

배병삼 편역, 『맹자, 마음의 정치학』(전3권), 사계절, 2019

송복, 심재철 외, 『서애 류성룡의 리더십』, 법문사, 2019

신두환, 『선비, 왕을 꾸짖다』, 2009, 달과소

신용구, 『격몽』, 블루닷, 2011

이광표, 정옥자, 『시대가 선비를 부른다』 효형출판, 1998

이광호 편역, 『퇴계와 율곡, 생각을 다투다』, 홍익출판사, 2013

이이, 『국역 율곡전서』 1~7권, 한국정신문화연구원 편집부 엮음, 한국정신문화연구원, 1988

이이, 『격몽요결』, 김성원 옮김, 명문당, 2008

이이, 『동호문답』, 안외순 옮김, 책세상, 2005

이이, 『석담일기』, 민족문화추진회 편, 솔출판사, 1998

이이, 『율곡 이이 시선』, 허경진 옮김, 평민사, 2020

이이, 『율곡 이이 직간』, 오세진 옮김, 홍익출판사, 2016

이이, 『율곡 이이의 노자』, 김학목 옮김, 예문서원, 2001

이이, 『율곡의 경연일기』, 오항녕 옮김, 너머북스, 2016

이이, 『율곡집』, 김태완 옮김, 한국고전번역원, 2015

한영우, 『율곡 이이 평전』, 민음사, 2013

한영우, 『한국선비지성사』, 지식산업사, 2010

한정주, 『율곡 인문학』, 다산북스 2017

황의동, 『이율곡 읽기』, 세창미디어, 2013

논문

김영주, 「조선조 민간인쇄 조보의 몇 가지 쟁점」, 『지역과 커뮤니케이션』 3, 1999

김영주, 이범수, 「조선 시대 민간 인쇄 조보의 언론사적 의의」, 『한국언론정보학보』 85, 2017

박정규, 「朝報의 기원에 대한 연구」, 『언론정보연구』 15, 1978

손흥철, 「율곡의 경세론과 소통의 정신」, 『율곡학연구』 27권, 2013

신두환, 「서애 유성룡의 상소문을 통해 본 소통의 미학: 임진왜란을 중심으로」, 『동방한문학』 65권, 2015

신하령, 「경연일기를 통해 본 율곡의 당대 인물평-'卒記'를 중심으로」, 『율곡학연구』 18권, 2009년 6월

이재호, 「선조수정실록 기사의 疑點에 對한 辨析: 특히 리률곡의 '십만양병설'과 류서애의 '양병불가론'에 대하여」, 『대동문화연구』 19, 성균관대, 1985

이정기, 「조선 시대 언로에 대한 연구: 정도전, 조광조, 조식의 언론 사상과 정치사회적 배경을 중심으로」, 경희 사이버대학교 학술제, 2008

장숙필, 「율곡 양병설과 그 도학적 특징」, 『율곡학연구』 25권, 2012년 12월

정연구, 「동양의 언론사상과 언론방식에 관한 연구: 율곡의 언론사 상을 중심으로」, 『연세대 사회과학논집』 2권, 1990

정항교, 「율곡 이이의 시문학 연구」, 『동악한문학논집』 11집, 2003

조기영, 「율곡의 시문학관(Ⅱ)」, 『율곡학연구』 17권, 2008년 12월

최영성, 「석담일기의 역사의식과 서술방법」, 『율곡사상연구』 18집, 2009

홍상기, 「율곡의 언론사상에 대한 연구」, 연세대학교 석사논문, 1984

신문 기사 및 인터넷 자료

신병주, 「1583년 이이의 십만양병설과 그 진실공방」, 한국역사연구 회 웹 사이트, 2007년 10월 9일(http://www.koreanhistory.org/3792)

오항녕, 「'십만양병설 조작' 주장은 '율곡전서' 판본 무지서 비롯」, 한겨레, 2009년 7월 22일(http://www.hani.co.kr/arti/culture/book/367319.ht ml#csidxef1a6284af3d07aa317c6927890cb45)

오항녕, 「율곡 10만 양병설은 조작?」, 신동아 2013년 4월 18일 (https://shindonga.donga.com/3/all/13/112025/1)

지은이 **임철순** 서울 보성고, 고려대 독문과, 한양대 언론정보대학원을 졸업했다. 한국일보 편집국장과 주필, 이투데이 이사 겸 주필을 역임했다. 한국기자상, 녹십자언론상, 참언론인 대상, 장한 고대 언론인상, 위암 장지연상, 삼성언론상, 자랑스러운 보성인상, 보성언론인상 등을 수상했다. 현재 자유칼럼그룹 공동 대표, 언론문화포럼 회장을 맡고 있다. 서예 단체 겸수회 회원이며, 대한민국서예대전에서 수차례 입선했다.

저서로는『노래도 늙는구나』,『효자손으로도 때리지 말라』,『손들지 않는 기자들』(이상 열린책들),『1개월 인턴기자와 40년 저널리스트가 만나다』(전자책, 한국일보사),『마르지 않는 붓』(공저, 두리반),『내가 지키는 글쓰기 원칙』(공저, 이화여대출판부)이 있다.

한국의 맹자 언론가 이율곡

발행일   2020년 11월 25일 초판 1쇄

지은이   임철순
발행인   홍지웅·홍예빈
발행처   주식회사 열린책들

경기도 파주시 문발로 253 파주출판도시
전화 031-955-4000 팩스 031-955-4004
www.openbooks.co.kr

Copyright (C) 임철순, 2020, *Printed in Korea.*
ISBN 978-89-329-2068-9 03150

이 도서의 국립중앙도서관 출판예정도서목록(CIP)은 서지정보유통지원시스템 홈페이지(http://seoji.nl.go.kr)와 국가자료공동목록시스템(http://www.nl.go.kr/kolisnet)에서 이용하실 수 있습니다.(CIP제어번호:CIP2020036684)